Beck-Rechtsberater

Presserecht für Journalisten

Beck-Rechtsberater

Presserecht für Journalisten

Freiheit und Grenzen
der Wort- und Bildberichterstattung

Von Dorothee Bölke,
Rechtsanwältin in Hamburg

1. Auflage 2005
Stand: 1. Oktober 2004

Deutscher Taschenbuch Verlag

Im Internet:
dtv.de
beck.de

Originalausgabe
Deutscher Taschenbuch Verlag GmbH & Co. KG,
Friedrichstraße 1 a, 80801 München
© 2005. Redaktionelle Verantwortung: Verlag C. H. Beck oHG
Druck und Bindung: Druckerei C. H. Beck, Nördlingen
(Adresse der Druckerei: Wilhelmstraße 9, 80801 München)
Satz: Fotosatz Otto Gutfreund GmbH, Darmstadt
Umschlaggestaltung: Agentur 42 (Fuhr & Partner), Mainz,
unter Verwendung eines Fotos der Creatas Bildagentur
ISBN 3 423 50627 X (dtv)
ISBN 3 406 51349 2 (C. H. Beck)

Vorwort

Den großen Teil seiner Arbeit erledigt der Journalist mit professioneller Routine. Doch oft genug tauchen Probleme auf, die ihn unsicher machen. Wie soll er sich entscheiden? Darf er diesen speziellen Sachverhalt wirklich öffentlich machen? Darf er Namen nennen, zufällig aufgeschnappte Äußerungen zitieren? Muss er auf die Wünsche seines Interviewpartners wirklich eingehen? Wie geht er mit Informationen aus einer dubiosen Quelle um? Der Journalist muss in seiner alltäglichen Arbeit Fragen schnell und eindeutig klären.

Aus meiner langjährigen Erfahrung als Verlagsjustiziarin, Rechtsanwältin und Presserats-Geschäftsführerin, aus meinen Aktivitäten bei der journalistischen Aus- und Fortbildung weiß ich, dass sich für Journalisten immer wieder die gleichen Fragen ergeben. Sie betreffen vor allem die Sorgfaltspflichten und das Allgemeine Persönlichkeitsrecht. Wie viel Freiheit darf sich ein Journalist für seine Berichterstattung nehmen, was ist möglich? Andererseits: Welche Grenzen hat er zu beachten, was darf oder sollte nicht sein? Er muss ständig abwägen und entscheiden.

Dabei soll ihm dieses Buch helfen, dessen Aufbau und Sprache sich an den Erfordernissen der Praxis ausrichten. Es verzichtet auf rechtsdogmatische Erörterungen und stützt sich überwiegend auf Argumente der Rechtsprechung, die für das journalistische Alltagsgeschäft entscheidend sind. Es zitiert vor allem Urteile und deren Begründungen, um deutlich zu machen, welchen Freiraum die Gerichte den Journalisten zubilligen und wo dieser Freiraum endet. Es bezieht ein zweites Sanktionssystem mit eigenen Standards ein: Entscheidungen des Deutschen Presserats auf der Grundlage des Pressekodex. Dessen Handlungsanweisungen sollen offenkundig gemacht und neben die entsprechenden Argumente der Rechtsprechung gestellt werden. Das Buch soll Journalisten vermitteln, wie aktuelle Probleme ihrer täglichen Arbeit mit Blick auf vergleichbare Konflikt-Fälle eingeordnet und gelöst werden können. Mit Tipps und Check-Listen, zum Beispiel zum Umgang mit Verdächtigungen und Gerüchten, wird gezeigt, wie die von den Gerichten formulierten Grundsätze in den einzelnen Arbeitsschritten des Journalisten praktisch umzusetzen sind. Das Buch will ihm auch den Mindestbestand an Common Sense aufzeigen, das „Vernünftige" zu tun.

Der journalistische Volontär mag das Buch als eine Einführung in die juristischen Fragen seines Berufes sehen, dem erfahrenen Redakteur soll es helfen, sich Gewissheit in Fragen zu verschaffen, die ihn schon oft beschäftigt haben und immer wieder beschäftigen werden. Er wird besser für die alltäglichen Aufgaben gerüstet sein, sowohl für die Recherche als auch für die Berichterstattung.

Dieses Buch behandelt gezielt juristische Fragen der journalistischen Praxis. Es möchte ein Grundverständnis wecken und in Entscheidungssituationen erste Hilfe leisten. Für Anregungen ist die Autorin offen und dankbar.

Hamburg im Oktober 2004 *Dorothee Bölke*

Inhaltsübersicht

Inhaltsverzeichnis

C. Verbreiten, behaupten, kommentieren

D. Das allgemeine Persönlichkeitsrecht

G. Bildberichterstattung

H. Redaktionelle Inhalte und Werbung

Anhang

Abkürzungsverzeichnis

a. A.	andere Ansicht
a.a.O.	am angegebenen Ort
Abs.	Absatz
a. F.	alte Fassung
AfP	Archiv für Presserecht
AG	Amtsgericht
AmtsBl.	Amtsblatt
Anm.	Anmerkung
ArchPR	Archiv presserechtlicher Entscheidungen
ARD	Arbeitsgemeinschaft der öffentlich-rechtlichen Rundfunkanstalten der Bundesrepublik Deutschland
Aufl.	Auflage
Az.	Aktenzeichen
BayObLG	Bayerisches Oberstes Landesgericht
Bd.	Band
BDSG	Bundesdatenschutzgesetz
BDZV	Bundesverband Deutscher Zeitungsverleger
BGB	Bürgerliches Gesetzbuch
BGBl.	Bundesgesetzblatt
BGH	Bundesgerichtshof
BGHSt	Sammlung der Entscheidungen des BGH in Strafsachen
BGHZ	Sammlung der Entscheidungen des BGH in Zivilsachen
BT-Drs.	Bundestags-Drucksache
BVerfG	Bundesverfassungsgericht
BVerfGE	Entscheidungen des Bundesverfassungsgerichts
BVerwG	Bundesverwaltungsgericht
BVerwGE	Entscheidungen des Bundesverwaltungsgerichts
d. h.	das heißt
d. Verf.	des Verfassers
DJV	Deutscher Journalisten-Verband

EGMR	Europäischer Gerichtshof für Menschenrechte
Einl.	Einleitung
etc.	et cetera
EU	Europäische Union
EuGH	Europäischer Gerichtshof
FAZ	Frankfurter Allgemeine Zeitung
ff.	fortfolgende
GBl./GesBl.	Gesetzblatt
GbO	Grundbuchordnung
GG	Grundgesetz für die Bundesrepublik Deutschland
ggf.	gegebenenfalls
GmbH	Gesellschaft mit beschränkter Haftung
grds.	grundsätzlich
GRUR	Gewerblicher Rechtschutz und Urheberrecht
GVBl.	Gesetz- und Verordnungsblatt
GVG	Gerichtsverfassungsgesetz
GWB	Gesetz gegen Wettbewerbsbeschränkung
h. L.	herrschende Lehre
h. M.	herrschende Meinung
hrsg.	herausgegeben
HWG	Gesetz über die Werbung auf dem Gebiet des Heilwesens
i. S.	im Sinne
IWF	Internationaler Währungsfonds
JW	Juristische Wochenschrift
JZ	Juristenzeitung
Kap.	Kapitel
KG	Kammergericht/Kommanditgesellschaft
KUG	Gesetz betr. des Urheberrecht an Werken der bildenden Künste und der Fotografie
KunstUrhG	Gesetz betr. des Urheberrecht an Werken der bildenden Künste und der Fotografie
LG	Landgericht

LMedienG	Landesmediengesetz
LPG	Landspressegesetz
LRG	Landesrundfunkgesetz
MDStV	Mediendienstestaatsvertrag
m.w.N.	mit weiteren Nachweisen
NDR	Norddeutscher Rundfunk
n.F.	neue Fassung
NJW	Neue Juristische Wochenschrift
o.Ä.	oder Ähnliche(s)
OLG	Oberlandesgericht
OVG	Oberverwaltungsgericht
Richtlinie	Richtlinien des Presserats, abgedruckt im Anhang II unter den jeweiligen Ziffern der Publizistischen Grundsätze (Pressekodex)
RGZ	Entscheidungen des Reichsgerichts in Zivilsachen
RPG	Reichspressegesetz
Rz.	Randzahl
S.	Seite
s.	siehe
s.o.	siehe oben
sog.	so genannt
StA	Staatsanwaltschaft
StGB	Strafgesetzbuch
StPO	Strafprozessordnung
StUG	Stasi-Unterlagengesetz
s.u.	siehe unten
TDG	Teledienstegesetz
u.a.	unter anderem
UrhG	Gesetz über Urheberrecht und verwandte Schutzrechte, Urheberrechtsgesetz
usw.	und so weiter
u.U.	unter Umständen
UWG	Gesetz gegen den unlauteren Wettbewerb

VDZ	Verband Deutscher Zeitschriftenverleger
VerlG	Gesetz über das Verlagsrecht
VersG	Versammlungsgesetz
VG	Verwaltungsgericht
VGH	Verwaltungsgerichtshof
vgl.	vergleiche
VO	Verordnung
WRP	Wettbewerb in Recht und Praxis
ZAW	Zentralausschuss der Werbewirtschaft
z. B.	zum Beispiel
ZDF	Zweites Deutsches Fernsehen
Ziffer	Ziffer der Publizistischen Grundsätze (Pressekodex), abgedruckt im Anhang II
ZPO	Zivilprozessordnung
ZUM	Zeitschrift für Urheber- und Medienrecht

Literaturverzeichnis

Baumbach/Hefermehl, Wettbewerbsrecht, 22. Auflage, Verlag C. H. Beck, München 2001

Burghard/Wenzel, Urheberrecht für die Praxis, AfP Praxisreihe, 4. Auflage, Stuttgart

Damm/Rehbock, Widerruf, Unterlassung und Schadensersatz in Presse und Rundfunk, 2. Auflage, München 2001

Deutscher Presserat, Schwarzweißbuch, Band 1 und Band 2, Bonn 1990 und 1996

Grimm, Dieter, Prof. Dr., „Die Meinungsfreiheit in der Rechtsprechung des Bundesverfassungsgerichts", NJW 1995, 1697

Hesse, Albrecht, Rundfunkrecht, 3. Auflage, Verlag Vahlen, 2003

Hesse, Konrad, Grundzüge des Verfassungsrechts, 20. Auflage, Heidelberg 1999

Jarass, Hans D., Pieroth, Bodo, Kommentar zum Grundgesetz für die Bundesrepublik Deutschland, 7. Auflage, Verlag C. H. Beck, München 2004

Krimphove, Dieter, Die UWG-Reform, Das Gesetz gegen den unlauteren Wettbewerb, Haufe-Verlag, Freiburg u. a. 2004

Löffler, Martin, Presserecht, Kommentar zu den Pressegesetzen, 4. Auflage, Verlag C. H. Beck, München 1997

Löffler/Ricker, Handbuch des Presserechts, 4. Auflage, 2000

Prinz/Peters, Medienrecht, Die zivilrechtlichen Ansprüche, Verlag C. H. Beck, München 1999

Rehbinder, Manfred, Urheberrecht, 13. Auflage, Verlag C. H. Beck, München 2004

Seitz/Schmidt/Schoener, Der Gegendarstellungsanspruch, 3. Auflage, Verlag C. H. Beck, München 1998

Soehring, Jörg, Presserecht, 3. Auflage, Schäffer-Poeschel Verlag, Stuttgart 2000

Schricker, Gerhard, Kommentar zum Urheberrecht, 2. Auflage, Verlag C. H. Beck, München 1999

Schulze, Gernot, Meine Rechte als Urheber, 5. Auflage, Verlag C. H. Beck, München 2004

Starck, Christian, „Informationsfreiheit und Nachrichtensperre",
in: Archiv für Presserecht 1978, 171–177

Tröndle/Fischer, Kommentar zum Strafgesetzbuch, 52. Auflage,
Verlag C. H. Beck, München 2004

Weischenberg, Siegfried, Ethik und Journalismus, DJV-Dokumen-
tation in journalist 7/1992, 63–69;

Weischenberg, Siegfried, Journalistik Band 1: Mediensysteme – Me-
dienethik – Medieninstitutionen, 3. Auflage, VS Verlag für Sozial-
wissenschaften, Wiesbaden 2004

Wente, Jürgen, Das Recht der journalistischen Recherche, Baden-
Baden 1987

Wenzel, Egbert, Das Recht der Wort- und Bildberichterstattung,
Handbuch des Äußerungsrechts, 5. Auflage, Verlag Dr. Otto
Schmidt, Köln 2003

Zentek, Sabine/Meinke, Thomas, Das neue Urheberrecht, Haufe-
Verlag, Freiburg u. a. 2002

A. Berichten oder verzichten?

Ein öffentliches Ereignis ist oft auch ein Medienereignis. Medien berichten, werden dadurch selbst zum Thema und dann häufig kritisiert. Wenn Journalisten, wie andere Menschen auch, bei ihrer Arbeit Fehler machen, sehen sie sich nicht selten öffentlicher Pauschalschelte ausgesetzt, und der Ruf nach dem Gesetzgeber wird laut. Härtere Gesetze zum Schutz der Persönlichkeit sollen her, lautet die Forderung. Die Grenzen journalistischer Arbeit werden unscharf, Interessenvertreter und PR-Profis benutzen Medien für ihre Zwecke, Menschen drängen an die Öffentlichkeit und schließen sie wieder aus.

Die Orientierung für Journalisten, die mit Anstand ihren Beruf ausüben, wird zunehmend schwerer. Sie müssen unter neuen Bedingungen ständig wie eh und je Entscheidungen treffen: Darf ich die Nachricht verbreiten oder nicht, und wenn ja: wie? Harter Wettbewerbsdruck und eine anschwellende Flut von Informationen machen ihnen das Entscheiden schwer. Journalismus ist gefahrgeneigte Arbeit. Selbst Berichte über unspektakuläre Fälle, die insbesondere im lokalen Bereich immer wieder veröffentlicht werden, können großen Schaden anrichten, wenn die Grenzen fairer Berichterstattung nicht beachtet wurden.

Eine „gute Geschichte" ist nur dann wirklich eine gute Geschichte, wenn sie anschließend auch einer rechtlichen und ethischen Überprüfung stand hält. Journalisten müssen deshalb den rechtlichen Rahmen, in dem sie arbeiten dürfen, auch ohne Hilfe von Juristen zunächst selbst einschätzen können. Eine Grundkenntnis von Rechten und Pflichten gehört zu ihrer Professionalität. Sie schafft Unabhängigkeit, verhindert Ärger und gibt Orientierung.

I. Pressefreiheit, Freiheit von Rundfunk und Film

Art. 5 GG. (1) Jeder hat das Recht, seine Meinung in Wort, Schrift und Bild frei zu äußern und zu verbreiten und sich aus allgemein zugänglichen Quellen ungehindert zu unterrichten. Die Pressefreiheit und die Freiheit der Berichterstattung durch Rundfunk und Film werden gewährleistet. Eine Zensur findet nicht statt.

(2) Diese Rechte finden ihre Schranken in den Vorschriften der allgemeinen Gesetze, den gesetzlichen Bestimmungen zum Schutze der Jugend und in dem Recht der persönlichen Ehre.

Der Schutz der Presse- und Rundfunkfreiheit reicht von der **Beschaffung der Information** bis zur **Verbreitung der Nachricht und der Meinung**. Dabei ist der publizistischen Vorbereitungstätigkeit, zu der insbesondere die Beschaffung von Informationen gehört, stets besonderes Gewicht beigelegt worden. Nur durch **ungehinderten Zugang zu Informationen** können Presse und Rundfunk ihre Funktionen wirksam wahrnehmen, die ihnen in der freiheitlichen Demokratie zugedacht sind (BVerfG NJW 1995, 184).

Die Äußerungsfreiheit umfasst **sämtliche Äußerungsformen** durch Wort, Schrift, Bild und in sonstiger Weise. Es müssen „geistige Argumente" vorgebracht werden (Wenzel, Kap. 1, Rz. 16). Ist das der Fall, kommt es nicht darauf an, ob die Äußerung wertvoll oder wertlos, richtig oder falsch, rational oder emotional, begründet oder grundlos ist und ob sie von anderen für nützlich oder schädlich gehalten wird. Das Grundrecht der Meinungsfreiheit schützt auch die polemische oder verletzende Formulierung (BVerfG NJW 2001, 3613).

Allerdings sind weder Pressefreiheit noch Rundfunkfreiheit vorbehaltlos gewährleistet. Gemäß Art. 5 Abs. 2 Grundgesetz finden sie ihre **Schranken in den allgemeinen Gesetzen**. Darunter sind alle Gesetze zu verstehen, die sich nicht speziell gegen die Medien oder eine bestimmte Meinung richten, sondern dem Schutz eines Rechtsgutes dienen, das dem Grundrechtsschutz der Medien nicht nachsteht. Da nicht jedes Gesetz von vornherein eine Gefahr für die Pressefreiheit bedeutet, ist in jedem Fall eine Abwägung zwischen den geschützten Gütern erforderlich, der Pressefreiheit auf der einen und einem anderen durch Gesetz geschützten Gut auf der anderen Seite.

Was bedeuten diese Verfassungs-Grundsätze konkret für die tägliche Arbeit eines Journalisten?

II. Wahrheit und Abbilden von Wirklichkeit

Der Journalist ist neugierig, er will Dinge erfahren, Zusammenhänge verstehen, Geschehnisse begreifen. Er ist, wenn er seinen Beruf ernst nimmt, ständig auf der Suche nach der Wahrheit. Aber was ist Wahrheit? Philosophen haben sich immer wieder mit dieser Frage beschäftigt, doch mit abstrakten Definitionen sind Probleme in der journalistischen Tagesarbeit nicht zu lösen. Ganz gewiss ist Wahrheit nicht immer das Offensichtliche, sie verbirgt sich oft hinter vielen bisweilen widersprüchlichen Einzelheiten.

Die Leitlinien, die der Gesetzgeber und der Deutsche Presserat, das Selbstkontrollorgan der gedruckten Medien (siehe Anhang), für die journalistische Arbeit formuliert haben, klingen eindeutig. So postuliert der Presserat:

„Die Achtung vor der Wahrheit, die Wahrung der Menschenwürde und die wahrhaftige Unterrichtung der Öffentlichkeit sind oberste Gebote der Presse." (Ziffer 1 Pressekodex)

Und das Bundesverfassungsgericht entschied:

„Wenn die Presse von ihrem Recht, die Öffentlichkeit zu unterrichten, Gebrauch macht, ist sie zur wahrheitsgemäßen Berichterstattung verpflichtet." (BVerfGE 12, 113, 130)

Doch was bedeutet die „wahrheitsgemäße Berichterstattung"? Es kann nur zweierlei heißen:
(1) Auch ein hervorragender Rechercheur wird kaum jemals die volle, die absolute Wahrheit eines Ereignisses erfassen, aber er muss alle Aspekte einer Geschichte prüfen, solange er noch Möglichkeiten sieht, Wesentliches zu erfahren. Er muss eine möglichst dichte **Annäherung an die Wahrheit** suchen.
(2) Der Journalist muss das, was ihm nach gründlicher Recherche als plausibel und richtig – und in diesem Sinne als „wahr" – erscheint, auch entsprechend berichten.

Die Forderung nach wahrheitsgemäßer Berichterstattung wird vielfach noch diffuser formuliert: Der Journalist solle „objektiv" berichten. Da wird Unmögliches verlangt. Eben weil die Wahrheit zumeist sehr vielschichtig ist, erliegen die Menschen ganz unter-

3

schiedlichen – subjektiven – Eindrücken. Auch der Journalist kann nicht aus seiner Haut. Man darf jedoch von ihm verlangen, dass er fair berichtet, wenn er erst einmal Ereignisse im oben beschriebenen Sinne als „wahr" erkannt hat. Welche Regeln dabei zu beachten sind, wird in den Kapiteln dieses Buches beschrieben.

1. Ist Wahrheitspflicht Berichterstattungspflicht?

Das Bundesverfassungsgericht weist der Presse einerseits ein Recht zur Berichterstattung zu, leitet jedoch andererseits daraus eine Verpflichtung zur wahrheitsgemäßen Darstellung ab. Bedeutet dies, dass es eine Pflicht zur Berichterstattung gibt?

Das Grundrecht der Pressefreiheit garantiert zwar, dass jeder Verlag und jeder Sender **selbst entscheiden** kann, was er veröffentlicht und was nicht (BVerfG NJW 1997, 386 und 2589). Doch wie steht es mit der „öffentlichen Aufgabe", von der in einigen Landespressegesetzen die Rede ist? Bedeutet „Aufgabe", dass über alles berichtet werden muss, was von öffentlichem Interesse ist? Und wer bestimmt, ob und wann ein „öffentliches Interesse" gegeben ist?

a) Öffentliche Aufgabe

Welche Rechtsfolge sich aus dem Begriff „Öffentliche Aufgabe" entwickeln sollte, bleibt in der Rechtsprechung unklar. Er beinhaltet jedenfalls **keine besondere Legitimation** der Presse zur Wahrnehmung fremder Angelegenheiten (BVerfG NJW 61, 819 – Schmid-Entscheidung). **Ebenso wenig** ist damit gemeint, dass derjenige, der an der Verbreitung „meinungsrelevanter Druckwerke" (Löffler, Presserecht, § 3, Rz. 20) mitwirkt, **für öffentliche Zwecke in die Pflicht genommen** wird. Gleiches gilt auch für Rundfunk- oder Fernsehsender.

In der Demokratie erfüllt die Presse ihre öffentliche Funktion, indem sie im gesellschaftlichen Raum **unabhängig** agiert. Sie informiert ohne Auftrag, ohne organisatorische oder inhaltliche Steuerung durch Parlament, Regierung und Verwaltung. Sie soll in voller Unabhängigkeit Fakten recherchieren und verbreiten, Meinungen der Öffentlichkeit zugänglich machen und kommentieren; sie hält dadurch eine freie öffentliche Meinungsbildung in Gang (BVerfGE 20, 162, 175 – Spiegel). In diesem Sinne ist ihre öffentliche Aufgabe zu verstehen. Eine **Kontrolle über** die **Erfüllung dieser Aufgabe** oder die Einforderung von Ergebnissen **ist nicht vorgesehen** (vgl. Löffler, § 3, Rz. 28).

b) Auswahl von Nachrichten

Die Presse darf nach ihren **publizistischen Kriterien** beurteilen, was öffentliches Interesse erweckt (BVerfG NJW 2000, 1021 ff.). Als 1993 der SPIEGEL und Panorama (NDR) über die Kontakte berichteten, die ein Ministerpräsident im Rotlichtmilieu pflegte, sprach der von „Schweinejournalismus", weil in seiner **Privatsphäre** herumgeschnüffelt würde. Eine reine Privatsache wäre es wohl auch gewesen, wenn der Ministerpräsident nur ein paar Bier in einer Kneipe getrunken hätte. Doch bei seinen Lokalbesuchen hatte der Politiker Kontakte zu zwielichtigen Figuren des Milieus geknüpft, die schließlich auch die Staatskanzlei involvierten. Dadurch wurden die Lokalbesuche zu einem **Politikum**, zu einem Fall von öffentlichem Interesse.

Es muss nicht immer Politik sein: Auch **unterhaltende Beiträge** können ein öffentliches Interesse befriedigen. Unterhaltendes in der Presse ist nach Ansicht des Bundesverfassungsgerichts (Urteil vom 15. 12. 1999, NJW 2000, 1021) nicht unbeachtlich oder gar wertlos und deswegen ebenfalls in den Schutz der Presse- und Meinungsfreiheit einbezogen.

Der bloßen Unterhaltung kann der Bezug zur Meinungsbildung nicht von vornherein abgesprochen werden. „Es wäre einseitig anzunehmen, Unterhaltung befriedige lediglich Wünsche nach Zerstreuung und Entspannung, nach Wirklichkeitsflucht und Ablenkung. Sie kann auch **Realitätsbilder** vermitteln und stellt **Gesprächsgegenstände** zur Verfügung, an die sich **Diskussionsprozesse** und **Integrationsvorgänge** anschließen können, die sich auf Lebenseinstellungen, Werthaltungen und Verhaltensmuster beziehen, und erfüllt insofern **wichtige gesellschaftliche Funktionen**." Das Bundesverfassungsgericht billigt die wachsende Tendenz in der Medienberichterstattung, Information und Unterhaltung miteinander zu vermischen (Infotainment), und stellt fest, dass viele Leser die ihnen wichtig oder interessant erscheinenden Informationen gerade aus unterhaltenden Beiträgen beziehen (BVerfG a.a.O., 1024).

Der Gesetzgeber und die Gerichte haben jedoch Grenzen der Berichterstattung definiert. Im Einzelfall kann dies dazu führen, dass berechtigte private Interessen über das öffentliche Informationsinteresse zu stellen sind und die Berichterstattung über einzelne Begebenheiten unterbleiben muss. „Erst bei der Abwägung mit kollidierenden Persönlichkeitsrechten kann es darauf ankommen, ob Fragen, die die Öffentlichkeit wesentlich angehen, ernsthaft und sachbezogen erörtert oder lediglich private Angelegenheiten, die nur die Neugier befriedigen, ausgebreitet werden." (BVerfG a.a.O.)

c) Berichterstattungspflicht im Einzelfall

Die Pflicht zur wahrheitsgemäßen Berichterstattung nötigt dem Journalisten immer die Entscheidung ab, wie er die von ihm erkannte „Wahrheit" in seiner Darstellung plausibel macht. Er kann **nicht jedes Detail eines Vorgangs** erfassen, und sein Bericht wird trotzdem „wahrheitsgemäß" im Sinne des Presserechts sein – sofern er die Spielregeln seines Gewerbes beachtet. Die verpflichten nur so weit, dass er **Nachrichten** vor ihrer Verbreitung **mit der nach den Umständen gebotenen Sorgfalt** auf Inhalt, Herkunft und Wahrheit **prüfen** soll. Was diese allgemeine Handlungsanweisung bedeuten kann, ist inzwischen von der Rechtsprechung in vielen Einzelfällen konkretisiert worden (s. u. D.IX. Verdächtigungen und Gerüchte).

aa) Vollständigkeit: Dem in der Rechtspraxis für die journalistische Wahrheitspflicht entwickelten **Maßstab** der **journalistischen Sorgfalt** kommt eine besondere Bedeutung zu, wenn es in einem Bericht um **angebliches Fehlverhalten** von Personen, Unternehmen oder Institutionen geht. Vor allem Vollständigkeit ist dann geboten, weil leicht ein **verzerrtes Bild** der Wirklichkeit entstehen kann, wenn allzu viele **Fakten weggelassen** werden. Die Recherche darf sich nicht nur auf negative Tatsachen und Umstände beschränken (BGH NJW 1966, 1213).

Berichtet der Journalist zum Beispiel über ein Strafurteil, das noch nicht rechtskräftig ist, muss er auf diese Tatsache hinweisen (BGHZ 57, 325 – Freispruch). **Entlastende Umstände** und Aussagen von Gewicht muss der Journalist erwähnen, wenn es beispielsweise um die Vermutung geht, ein Arzt habe mehrfach versagt: Die Aussage des Vorgesetzten, er halte die Vorwürfe für unbegründet, darf ebenso wenig verschwiegen werden wie die Tatsache, dass der Betroffene eine Untersuchung durch die Ärztekammer gegen sich selbst beantragt hat (BGH NJW 1997, 1148 – Stern-TV).

Unvollständige Berichterstattung ist in Einzelfällen wie **unwahre Tatsachenbehauptung** anzusehen.

Beispiel: Eine öffentlich-rechtliche Rundfunkanstalt hatte einen Bauauftrag zunächst ohne Ausschreibung an ein Unternehmen vergeben. Es gab freundschaftliche Kontakte zwischen dem Leiter der Bau- und Liegenschaftsverwaltung und dem Bauunternehmer. Erst auf internen Druck wurde nachträglich doch eine Ausschreibung durchgeführt. Die örtliche Zeitung berichtete über diesen Fall. Sie unterschlug dabei die Tatsache, dass der beauftragte Bauunternehmer bei der Ausschreibung auch das günstigste Angebot eingereicht hatte. Beim Leser konnte hierdurch der Eindruck entstehen, die Beauftragung sei allein wegen der persönlichen Kontakte der Auftraggeber zum Bauunternehmer zustande gekommen. Wenn sich aus mitgeteilten wahren Tatsachen, so urteilte der BGH, eine bestimmte (ehrverletzende) Schlussfolgerung ziehen lasse, die bei Offenlegung einer verschwiegenen Tatsache jedoch weniger nahe liegen würde, so ist jedenfalls eine bewusst unvollständige Berichterstattung rechtlich wie eine unwahre Tatsachenbehauptung zu behandeln. Durch das Verschweigen könne beim Durchschnittsleser ein falscher Anschein entstehen (BGH NJW 2000, 656).

Gerichts- und Parlamentsberichte müssen wahr, nicht notwendig vollständig sein. Führt allerdings die Kürzung des Berichts dazu, dass der Leser gerade in Punkten, die wesentlich für die vollständige Darstellung des Sachverhalts sind, ein schiefes Bild bekommt, kann ein davon Betroffener Richtigstellung verlangen (Seitz/Schmidt/Schoener, Rz. 281).

Beispiel: Fehlt bei der Aufzählung der an einer Beschlussfassung beteiligten politischen Gruppierungen die Nennung einer Partei, so ist der Sitzungsbericht nicht nur unvollständig, sondern auch nicht wahrheitsgetreu (OLG Karlsruhe AfP 1984, 114).

bb) Fortsetzungsberichte: Grundsätzlich können Medien nicht verpflichtet werden, die Entwicklung eines Vorfalles, über den sie berichtet hatten, weiter zu beobachten und in ihrer Berichterstattung fortzuschreiben. Insbesondere müssen sie nicht im Anschluss an eine zulässige Gerichts- und Verdachtsberichterstattung über den rechtskräftigen Freispruch oder Einstellung des Verfahrens berichten. Gerichte lehnen eine **generelle Pflicht der Medien ab, die Berichterstattung** über ein einmal aufgegriffenes Thema bei neuen Entwicklungen **fortzusetzen.** Sie sehen auch keine Verpflichtung des Journalisten, selbst nachzuforschen, ob sich ein Verdacht bewahrheitet hat oder nicht. Der Betroffene kann von der Presse nicht verlangen, dass im Rahmen einer ergänzenden Mitteilung über die Einstellung eines Ermittlungsverfahrens berichtet wird, die jederzeit durch eine neue Entscheidung der Staatsanwaltschaft überholt werden kann (BVerfG NJW 1997, 2589; LG Hamburg AfP 1999, 93).

Ob und wie eine Redaktion neue Entwicklungen durch ergänzende Berichterstattung aufgreift, steht in ihrem Ermessen (Soehring, Rz. 31.16). Folgeberichterstattung ist nur dann rechtlich geboten, wenn die **Abwägung** zwischen den Rechtsgütern der Beteiligten zu dem Ergebnis führt, dass die **fortwirkenden Folgen** der Ausgangsberichterstattung für den Betroffenen **schwerer wiegen** als das Recht der Medien, ihr Produkt nach eigenen Vorstellungen zu gestalten. Es kommt darauf an, ob zu dem Zeitpunkt, an dem der Betroffene von der Redaktion einen Fortsetzungsbericht verlangt, die Beeinträchtigung seines Rufes noch andauert. Das wird insbesondere von der Schwere des Falles sowie der Intensität der vorausgegangenen Berichterstattung abhängen. Beim zeitlichen Limit richtet sich die Rechtsprechung nach der gesetzlichen Verjährungsfrist von drei Jahren (BVerfG NJW 1997, 2589).

Der **Deutsche Presserat** sieht es strenger als die Rechtsprechung. Nach Richtlinie 13.1 „soll" die Presse im Anschluss an eine Gerichts- und Verdachtsberichterstattung nicht nur über den rechtskräftigen Freispruch berichten, sondern sogar über Minderungen des Strafvorwurfs und Einstellungen des Ermittlungsverfahrens. Die an anderen Stellen vom Presserat – zu Recht – geforderte Differenzierung im Einzelfall wird der Presse hier nicht zugebilligt.

cc) Vertragliche Pflichten: Mit vertraglichen Vereinbarungen kann sich ein Medium ebenso zur Veröffentlichung von Berichten verpflichten, wie es sich zur Unterlassung einer Veröffentlichung verpflichten kann. In der Praxis ergeben sich derartige Verpflichtungen häufig im Zusammenhang mit Lizenzvereinbarungen. So kann die Erlaubnis, ein Buchmanuskript vor Erscheinen des Werkes in einer Zeitschrift zu veröffentlichen, an die Bedingung geknüpft werden, dass der Abdruck auch tatsächlich und zu einem fest vereinbarten Termin erfolgt. Gleiches kann bei der Vermarktung von Senderechten im Zusammenhang mit Sportveranstaltungen gelten.

dd) Wahlkampf und Hinweispflichten: Gibt es eine **Pflicht** der Medien zur Wahlkampfberichterstattung über alle, also auch die kleinen politischen Parteien? **Redaktionelle Berichte** können rechtlich grundsätzlich nicht eingefordert werden.

Allerdings haben öffentlich-rechtliche Rundfunkanstalten die **Chancengleichheit** der politischen Parteien zu beachten. Redaktionelle Sendungen unterliegen auch in Wahlkampfzeiten dem Schutz von Art. 5 GG und der redaktionellen Entscheidungsfreiheit. Zu bedenken sei aber, so das Bundesverfassungsgericht (NJW 2002, 2939), dass die Sendungen für die jeweils dazu eingeladenen Politiker eine Werbewirkung haben. Das redaktionelle Konzept müsse dies berücksichtigen und Chancengleichheit einräumen. Für die Beurteilung, ob die Chancengleichheit verletzt wird, komme es auf die Gesamtheit der wahlbezogenen Sendungen an, nicht nur auf eine einzelne. So konnte der Kandidat der FDP, Westerwelle, seine Teilnahme an dem TV-Duell der Kanzlerkandidaten im September 2002 nicht einklagen, weil er nach Ansicht des Bundesverfassungsgerichtes bis zur Wahl noch in weiteren redaktionellen Beiträgen „Gelegenheit der Selbstdarstellung" hatte (vgl. Hesse, Rundfunkrecht).

Zeitungen bleibt es selbst überlassen, ob, und wenn ja, in welchem Rahmen sie über eine Partei bzw. deren Kandidaten berichten. Eine Pflicht, allen Kandidaten und Parteien gleichen Raum in der Berichterstattung einzuräumen, gibt es nicht (Deutscher Presserat B 145/98, Jahrbuch 1998, 222), ebenso wenig die Verpflichtung, alle zu einer bestimmten Wahl kandidierenden Parteien zu berücksichtigen (B 59/97, Jahrbuch 1997, 333). Zu einer **fairen Berichterstattung** gehört aber, dass die Äußerungen der Parteien **ausgewogen** und korrekt wiedergegeben werden. Es entspricht nach Auffassung des

Presserats journalistischer **Fairness**, dient der Informationsfreiheit der Bürger und wahrt die Chancengleichheit der demokratischen Parteien, wenn die Presse in ihren Berichten über Wahlkampfveranstaltungen auch Auffassungen beschreibt, die sie selbst nicht teilt (Richtlinie 1.2).

Darüber hinaus haben Medien in Einzelfällen Hinweispflichten. Bei der Wiedergabe von **Meinungsumfragen** etwa, die von Rundfunkveranstaltern durchgeführt werden, ist ausdrücklich anzugeben, inwiefern sie repräsentativ sind (§ 10 Rundfunkstaatsvertrag). Zu veröffentlichten **Umfrageergebnissen** von Forschungsinstituten sollten Zahl der Befragten, Zeitpunkt der Befragung, Auftraggeber sowie die Fragestellung mitgeteilt werden (Richtlinie 2.1). **Symbolfotos** sollten in der Bildlegende oder im Bezugstext deutliche Erklärungen enthalten. (LG München AfP 2003, 337; Richtlinie 2.2; s. u. 4. Wirklichkeit in Bildern)

2. Nachricht veröffentlichen oder verzichten?

Der SPIEGEL meldete im Februar 2000, die Staatsanwaltschaft plane eine Durchsuchung in Helmut Kohls Privathaus. Dies hatte zur Folge, dass die Ermittler noch am Tag des Erscheinens dieser Meldung auf die geplante Aktion verzichteten. Der Überraschungseffekt sei nicht mehr gegeben, eine Durchsuchung sei deshalb sinnlos. Durch den Bericht wurde ein wichtiger Schritt zur weiteren Aufklärung der Parteispenden-Affäre verhindert – was wohl kaum im Sinne der Öffentlichkeit war.

Die Frage liegt auf der Hand: Soll der Journalist auf einen Bericht verzichten, wenn er **unerwünschte Folgen** der Veröffentlichung befürchten muss? Einerseits dürfen die Journalisten ihre Meinung in der ihnen geeignet erscheinenden Form ebenso frei und ungehindert äußern wie jeder andere Bürger (BVerfG NJW 60, 29 – NRW –, BVerfG NJW 82, 2655 – Kredithaie). Sie dürfen auch frei entscheiden, welches Thema sie im öffentlichen Interesse für Wert halten, veröffentlicht zu werden (siehe oben). Gleichzeitig kann die **Wirkung,** die von den Massenmedien ausgeht, aber nicht unberücksichtigt bleiben. Wer Presse-, Rundfunk- und Filmfreiheit in Anspruch nimmt, hat die **besonderen Pflichten** zu beachten, die sich aus der Wirkung dieser Medien ergeben (BGH NJW 80, 1790). Dementsprechend reicht das Recht, sich in den Medien zu äußern, weniger weit als die private Äußerungsfreiheit.

So dürfen private Personen ohne weiteres Themen aus anderen Medien aufgreifen und offen darüber diskutieren (sog. Laien-Privileg). Journalisten dagegen dürfen derartige Veröffentlichungen nicht ungeprüft übernehmen und in ihren Berichten verbreiten. Sie haben eine besondere Verantwortung bei der Veröffentlichung nachteiliger Tatsachen (BVerfG NJW 1992, 1439; Grimm, NJW 1995, 1697; s. u. D.IX. Verdächtigungen und Gerüchte).

a) Rechtliche Schranken

Die Pflicht zur Information der Öffentlichkeit und das Recht zur freien Berichterstattung gelten nicht unbegrenzt. Zu den rechtlichen Schranken im Sinne des Art. 5 GG gehören der Jugendschutz, das Recht der persönlichen Ehre, das allgemeine Persönlichkeitsrecht, Wettbewerbsrecht, Urheberrecht, vertragliche Begrenzungen, Sperrfristen oder auch der Informantenschutz

Wird über **Ereignisse aus dem privaten Bereich**, über Unglücksfälle, Straftaten, Ermittlungs- und Gerichtsverfahren berichtet, so ist es in der Regel nicht gerechtfertigt, beteiligte Personen identifizierbar zu machen und Namen zu nennen; dem Informationsinteresse können die **Persönlichkeitsrechte** der Betroffenen entgegen stehen. Ähnliches gilt in Fällen von Krankheit und für die Berichterstattung über Selbsttötung. Die freie Meinungsäußerung findet ihre Grenze in der **Schmähung:**

Wer schmäht, **beleidigt** (§ 185 StGB) und verletzt Persönlichkeitsrechte (§ 823 BGB). Die Veröffentlichung unbegründeter Behauptungen und **ehrverletzender Beschuldigungen** erfüllt den strafrechtlichen Tatbestand der **Verleumdung** (§ 186 StGB), verletzt Persönlichkeitsrechte (§ 823 BGB) und widerspricht überdies journalistischem Anstand (Ziffer 9 Pressekodex). Eine Ehrverletzung ist jedoch in Kauf zu nehmen, wenn die Medien „in Wahrnehmung berechtigter Interessen" einen noch nicht gerichtlich bestätigten Verdacht öffentlich erörtern („erlaubtes Risiko" – s. u. D.IX. Verdächtigungen und Gerüchte).

Das **Recht am gesprochenen Wort** dient dem Schutz privater Gespräche und der freien Selbstbestimmung des Einzelnen. Belauschte Unterhaltungen (Mithöranlage) dürfen nur verwertet werden, wenn ein gewichtiges höheres Interesse die Persönlichkeitsrechtsverletzung überwiegt (BVerfG NJW 2002, 3619; siehe auch bei B.II. Äußerungen von Personen), heimliche Tonbandaufnahmen und unbefugtes Fotografieren in Wohnungen sind unter Strafe verboten.

Auch der Journalist hat das Hausrecht anderer zu achten. **Hausfriedensbruch** (§ 123 StGB) ist für ihn ebenso strafbar wie für andere Menschen auch. Fremde Briefe dürfen auch zu Recherchezwecken nicht geöffnet werden (§ 202 StGB, **Briefgeheimnis**). Journalisten dürfen nicht **Amtsträger** mit Geld **bestechen**, damit die etwas erzählen, und sie dürfen nicht zum **Geheimnisverrat anstiften**.

b) Ethische und andere Schranken

Ethik ist Sittenlehre und versucht die Frage zu beantworten, wie der Mensch sich verhalten soll, um **anständig** zu sein. „Richtiges", sittliches Handeln wird nur möglich, wenn der Handelnde sich an Werten orientiert, wie etwa Ehrlichkeit, Zuverlässigkeit, Fairness oder Selbstbeherrschung. Diese Werte sollten das Verhalten von Menschen in einer Gesellschaft ganz allgemein bestimmen. Eine **spezielle journalistische Ethik** gibt es deshalb nicht. Es besteht allerdings eine **besondere** Verantwortung des Journalisten, da seine Tätigkeit – wie auch die etwa der Politiker – in die Öffentlichkeit wirkt und **gravierende Folgen** für betroffene Menschen haben kann.

Wer, wie der Journalist, **Freiheit** in Anspruch nehmen will, muss grundsätzlich auch bereit sein, **Verantwortung** zu tragen. Gerade von ihm muss verlangt werden, dass er Werte, die das Zusammenleben der Menschen sinnvoll machen, beachtet. Die Grenzen der Freiheit sind nicht immer präzise gezogen. Der Journalist bedauert dies oftmals, weil er keine Planungssicherheit hat. Diese Unsicherheit ist allerdings nur die Kehrseite seines Vorteils: Die Freiheit der Berichterstattung wird nicht durch starre **Generalklauseln** eingeengt.

Die Formulierung allgemeiner ethischer Grundsätze und der Appell an das Verantwortungsbewusstsein der Journalisten können nicht mehr als eine Orientierungshilfe sein. In der alltäglichen Arbeit müssen **Einzelfälle** immer wieder neu **konkret bewertet** werden.

Der **Deutsche Presserat** versucht, mit seinem Kodex und seinen Richtlinien, eine Art „berufsethisches Entscheidungsprogramm" für Journalisten (Weischenberg, Journalistik 196), zu vermitteln. Zunehmend sind sie deckungsgleich mit gesetzlichen Regelungen und wiederholen nur geltendes Recht. Das gilt besonders für den Bereich der Persönlichkeitsrechte, speziell auch für die Verdachtsberichterstattung. Manchmal weichen sie davon allerdings auch ab (s. o. Fortsetzungsberichte; s. u. Äußerungen von Personen und Anhang: Deutscher Presserat).

Kodex und Richtlinien des Presserats decken nicht den gesamten Arbeitsbereich des Journalisten ab, sie helfen aber, manche **abstrakte Anstandsregel** in konkrete **Handlungsanregung** für Journalisten zu „übersetzen", unabhängig davon, ob sie für **Presse** oder für **elektronische Medien** arbeiten.

Beispiele:

- Wenn **Leben und Gesundheit von Menschen** (etwa den Opfern eines Verbrechens) durch Veröffentlichung von Einzelheiten gefährdet würden, so der Deutsche Presserat, sollte für begrenzte Zeit auf Berichterstattung verzichtet werden. Die Bedingung wäre allerdings eine überzeugende Begründung der Strafverfolgsbehörden. Im Fall der Entführung des Unternehmers Jan Philipp Reemtsma (1996) war diese Bedingung erfüllt, und die Presse hielt sich zurück, obwohl sie über Einzelheiten des Geschehens informiert war. Ähnlich war es im Fall der Entführung des BDI-Präsidenten Hanns Martin Schleyer 1977.

- Die Berichterstattung über **Unglücksfälle und Katastrophen** findet ihre Grenzen im **Respekt vor dem Leid** von Opfern und den Gefühlen von Angehörigen. Die vom Unglück Betroffenen dürfen grundsätzlich durch die Darstellung nicht ein zweites Mal zu Opfern werden (Richtlinie 11.3).

- Die Berichterstattung über Selbsttötung (Richtlinie 8.4) und über Menschen mit körperlichen und psychischen **Erkrankungen** gebietet Zurückhaltung. Die Presse sollte hier auf Schilderung von Details, Namensnennung und Bild sowie auf abwertende Bezeichnungen der Krankheiten verzichten (Richtlinie 8.3).

- Die Zugehörigkeit von Verdächtigen und Tätern zu **religiösen, ethnischen oder anderen Minderheiten** ist nicht zu erwähnen, wenn dies „für das Verständnis des berichteten Vorgangs" keinen Sachbezug hat (Richtlinie 12.1). Besonders ist zu beachten, dass die Erwähnung **Vorurteile** gegenüber schutzbedürftigen Gruppen schüren könnte.

- Hat ein **Informant** die Verwertung seiner Information davon abhängig gemacht, dass er als Quelle **nicht erkennbar** wird, so ist diese Bedingung zu respektieren. Ausnahmen sind möglich bei Verbrechen, übergeordneten staatspolitischen Gründen, einer Gefahr für die verfassungsmäßige Ordnung oder wenn aus anderen Gründen eine Pflicht besteht, den betreffenden Vorgang bei der Polizei anzuzeigen (Richtlinie 5.1).
- In der Berichterstattung über **Länder**, in denen **Opposition** gegen die Regierung **Gefahren** für Leib und Leben bedeuten kann, ist immer zu bedenken, dass Betroffene identifiziert und **verfolgt** werden könnten. Dies gilt insbesondere auch für **Flüchtlinge**. „Die Veröffentlichung von Einzelheiten über Geflüchtete, die Vorbereitung und Darstellung ihrer Flucht sowie ihren Fluchtweg kann dazu führen, dass zurückgebliebene Verwandte und Freunde gefährdet oder noch bestehende Fluchtmöglichkeiten verbaut werden."(Richtlinie 8.6)
- Interviews mit kriminellen Tätern sollte es während des Geschehens nicht geben (Richtlinie 11.2; siehe unten B. VIII. Presse und Polizei).
- Verbrecher-Memoiren sollen nicht veröffentlicht werden, wenn damit nachträglich Straftaten relativiert, Opfer unangemessen belastet und nur Sensationsbedürfnisse befriedigt werden (Richtlinie 11.5).

3. Wahl der Worte

Worte haben nicht nur eine Bedeutung, die sich aus dem reinen Wortsinn ergibt. Ihr Sinn kann sich aus den Besonderheiten desjenigen ergeben, der sie ausspricht, aus der Situation, in der sie verwendet werden oder aus der Art des benutzten Mediums. Eine Wechselwirkung kann sich durch Kombination von Bild und Text ergeben. Oft ist der **Sinn** einer Formulierung erst aus dem **Zusammenhang** zu erkennen, in den sie gestellt wird. Sie darf nicht isoliert betrachtet werden (BGH NJW 1997, 2513; s. u. C.I. Einordnen: Meinung oder Tatsache). Für alle Wortkombinationen gilt: Es kommt nicht darauf an, **was der Journalist** ausdrücken **wollte**, sondern darauf, welche Botschaft beim **unbefangenen Durchschnittsempfänger** ankommt, und zwar unter Berücksichtigung der Gesamtdarstellung wie sie für den Rezipienten erkennbar ist (Wenzel, Rz. 4.4 ff.).

Beispiele:
- Die Schlagzeile „**Ein Jude**" ist allein noch keine Volksverhetzung. Das Regensburger Wochenblatt hatte sich mit bevorstehenden Personal-

entscheidungen in der Regensburger Stadtverwaltung auseinander gesetzt ("Kultur: Ein Jude? Recht: Rosenmeier! Umwelt: Schörming?!") Der Begriff Jude war hier, wie sonst häufig, nicht in einem diskriminierenden Sinne gebraucht. Der Bewerber für Kultur hatte seine Religionszugehörigkeit selbst herausgestellt. Dazu das Bundesverfassungsgericht: Die auf die Religion verweisende Bezeichnung „Jude" bedeutet nicht von vornherein eine Verletzung der Menschenwürde. Im Einzelfall könne durch die Begleitumstände aber eine Verletzung gegeben sein, zum Beispiel wenn der Begriff im Zusammenhang mit nationalsozialistischer Rassenideologie gebraucht werde (BVerfG NJW 2001, 61).

- Die Verwendung des Begriffes **„Betrug"** – muss nicht in einem strafrechtlichen Sinne gemeint sein. Sie kann als pauschale Kritik an einem als anstößig bewerteten Missverhältnis von Leistung und Gegenleistung verstanden werden (BGH NJW 2002, 1192).
- Auch die Bezeichnung **„Sexstar in Pornos"** kann durchaus zulässig sein. Sie bedeute nicht von vornherein, der betreffende Schauspieler habe an strafrechtlich relevanter Pornografie mitgewirkt (OLG München AfP 1990, 214).

Bei der Gestaltung von **Überschriften**, die nur schlagwortartig den Inhalt des Artikels wiedergeben, billigen die Gerichte dem Journalisten einen Freiraum zu. So darf von der Überschrift nicht verlangt werden, dass sie den Gesamtbeitrag wiedergibt (BVerfG AfP 1992, 51). Entscheidend ist, ob und welche Information über tatsächliche Einzelheiten der Durchschnittsleser damit verbindet (KG Berlin AfP 1999, 369).

Beispiel: Die Überschrift **„Tod auf dem Strich"** war nicht angemessen. Sie suggeriert beim Leser Vermutungen über die Umstände eines Todesfalles, die nicht dem wahren Geschehen entsprachen. Tatsächlich handelte es sich um einen Motorrad-Unfall auf der Strasse in einem Vergnügungsviertel. Der Chefredakteur der Zeitung entschuldigte sich bei den Hinterbliebenen (Presserat, Eingabe 1989, Jahrbuch 1989, 30).

Die Beispiele zeigen, dass es **allgemeine Sprachregelungen für Journalisten** nicht geben kann. Der Deutsche Presserat befasst sich schon mal mit der Zulässigkeit einzelner Ausdrücke, lehnt aber grundsätzliche Regelungen ab (Jahrbuch 1990, 19). Er bewertet allenfalls konkrete Einzelfälle und appelliert an die Journalisten, auf **Ausdrücke von Gewalt und Brutalität** zu verzichten. Das hielt er zum

Beispiel 1990 für notwendig, als einige Sportredakteure in einen allzu militaristischen Jargon verfielen („Deutschland fantastico – Matthäus erschoss die Jugos"). 1995 appellierte er an Medien, bei der Berichterstattung über Krieg und Verbrechen die oft verharmlosende Sprache von Beteiligten und Tätern nicht unkritisch zu übernehmen (Jahrbuch 1995, 52).

Tückisch sind oft **plakative** Formulierungen, die zunächst harmlos erscheinen, die aber im Kontext ein schiefes Bild zeichnen oder diskriminierend wirken. Dafür finden sich immer wieder Beispiele, wie die folgende Aufzählung zeigt:

Beispiele:
- **„Terroristen-Sohn will in Bundestag"**: Eine Zeitung berichtet über den Lebenslauf und die politischen Ziele eines Mannes, der sich um ein Grünen-Mandat für den Bundestag bewirbt. Er ist der Sohn einer ehemaligen RAF-Terroristin. Die Bezeichnung „Terroristen-Sohn", so der Deutsche Presserat, beschränkt die Beschreibung seiner Person auf einen Teilaspekt seines Lebens. Zwar ist der Begriff sachlich nicht falsch, die Persönlichkeit des Mannes wird aber einzig und allein auf die Tatsache reduziert, dass seine Mutter eine Terroristin war. Der angehende Politiker wird nicht als ganze Person gesehen, sondern nur als Sohn einer Gewalttäterin vorgestellt: Dies sei Verletzung der Menschenwürde (Presserat Jahrbuch 1998, 85).
- **„Säubern"**: Eine Boulevardzeitung berichtet, in der bosnischen Stadt Zepa seien Frauen, Kranke und Kinder von Serben deportiert worden. Überschrift: „Serben säubern Zepa". Der Presserat sah darin eine unangemessene Darstellung von Gewalt (Ziffer 11). Die Verwendung dieses Wortes, das in der Tat negativ besetzt ist, sei geeignet, einen kriegerischen Akt gegen die Menschlichkeit zu verharmlosen und seine Opfer herabzuwürdigen. Die Redaktion habe diesen Ausdruck ohne ausreichende Distanz verwendet (Presserat Jahrbuch 1995, 52).
- **„Vergasen"**: Auch dieser Begriff ist wegen seiner schrecklichen historischen Bedeutung mit Vorsicht – oder gar nicht, wenn es um Menschen geht – zu gebrauchen. Umso erstaunlicher ist die Entscheidung des Presserats. Es ging in diesem Fall um einen Mann, der sich durch Abgase eines Autos das Leben nahm. Der Begriff „vergasen" schien dem Presserat angemessen: Er beschreibe exakt die Art und Weise, wie sich der Mann umgebracht habe (Presserat Jahrbuch 1997, 274).
- **„Abgeschmettert"**: Eine Zeitung berichtete, eine Klage sei vom Gericht abgeschmettert worden – tatsächlich war es gar nicht zu einer Ent-

scheidung gekommen, weil der Kläger vorher die Klage zurückgenommen hatte. Nach Ansicht des Presserats war der Fehler „nicht schwerwiegend", eine andere Formulierung hätte den Sachverhalt nur „genauer getroffen". Aber Vorsicht: Rechtlich könnte diese „Ungenauigkeit" doch als bedeutend (falsche ehrverletzende Tatsachenaussage) eingestuft werden und durchaus juristische Folgen haben (s. u. C. Verbreiten, behaupten, kommentieren).

- **„Vorbestraft":** Über einen Boxer, der sein Come-back im Ring feiern wollte, wurde berichtet, er sei wegen Menschenhandels vorbestraft. Tatsächlich gab es vor Jahren ein Strafverfahren gegen den Mann, das zunächst zu einer Verurteilung, in der Revision aber zum Freispruch geführt hatte. Eine „Vorstrafe", die im Zentralregister aufgeführt war, gab es also nicht, der Mann war folglich – trotz des Verfahrens – nicht „vorbestraft" (s. u. D.VIII.2. Vorstrafen und alte Sünden).

- **„Rausgeflogen":** Er sei aus seinem Job rausgeflogen, berichtet die Lokalzeitung über den Geschäftsführer der städtischen Wasserwerke. Dieser Ausdruck steht für „unfreiwillig" und kann als „Kündigung" verstanden werden. Der Mann stand wegen Misswirtschaft und etlicher rufschädigender Affären unter Druck und wurde vom Aufsichtsrat zu einem Auflösungsvertrag genötigt, um einer Kündigung zuvor zu kommen. Für die Berichterstattung gilt: Es gibt eine beiderseits unterzeichnete Vereinbarung, formal geht der Mann also nicht wegen einer einseitig vom Arbeitgeber ausgesprochenen Kündigung. Da „rausgeflogen" als „gekündigt" verstanden werden kann, wäre der Begriff hier als falsche Tatsachenaussage angreifbar (s. u. C.).

- **„Die fiesen Tricks der Versicherungsheinis":** Pauschalangaben können, so der Presserat, gegen das Wahrhaftigkeitsgebot verstoßen. Der Bericht, in dem dies geschrieben wurde, befasste sich nur mit einigen wenigen schwarzen Schafen (Presserat Jahrbuch 1997, S. 323).

4. Wirklichkeit in Bildern

Bildliche Darstellungen wie Fotos, Foto-Montagen, Illustrationen usw. können vom Text losgelöste Aussagen vermitteln. Beispiel: Ein Foto zeigt den Bundespräsidenten beim Eröffnungstanz des Bundespresseballs, woraus auch ohne Text die Mitteilungen zu entnehmen sind, der Präsident sei (a) aktuell (b) Besucher eines Balles gewesen und habe (c) getanzt. In der Regel ergeben sich Aussagen aber aus der **Kombination von Text und Bild**. So können auch bildliche Darstellungen einen Gegendarstellungsanspruch auslösen, wenn darin Tatsachenbehauptungen enthalten sind (Löffler/Ricker, 25. Kap. Rz. 11).

Beispiel:

- In einer Fernsehreportage über die Nitratbelastung von Grund- und Mineralwasser wurde das Etikett einer bestimmten Mineralwasser-Marke eingeblendet. Daraus muss der Zuschauer die Behauptung entnehmen, auch diese Sorte gehört zu den belasteten Wässern (OLG Stuttgart AfP 1988, 147).

- Das Bild einer jungen Frau wird zu einem Beitrag abgedruckt, in dem es um „sexuelle Frühlingsgefühle" geht. Hieraus kann die Behauptung entnommen werden, im Text gehe es um die Schilderungen dieser Frau über ihre intimen Gefühle (OLG Hamburg AfP 1995, 508).

Bilder in Fernsehberichten dürfen grundsätzlich nicht über das gesprochene Wort hinaus interpretiert werden und dessen Aussagegehalt erweitern. Zwar sind sie zusammen mit dem ihnen zugeordneten Text Informationsträger, sie setzen aber **zu allererst das Gesagte nur „ins Bild"**. Für eine **texterweiternde Sinngebung** müsste das Bild als eigenständiger Informationsträger noch besonders herausgestellt werden (BGH NJW 1992, 1312). Das war z. B. nicht der Fall in einem Bericht über das Stafverfahren gegen einen städtischen Amtsleiter, der Schmiergelder von einem Bauunternehmen dafür genommen hatte, daß er viele Straßenpoller aufstellen ließ. Dazu wurde ein Standard-Modell einer Firma gezeigt, die mit dem Fall nichts zu tun hatte. Es sei nur die Aufstellung solcher, nicht dieser Poller beschrieben worden, so der BGH (a.a.O.).

Oft stehen Redaktionen Bilder von dem konkreten Vorfall, über den sie berichten wollen, nicht zur Verfügung. Sie wählen dann Bilder aus dem **Archiv** oder stellen **Montagen** her, die nur zur beispielhaften Illustration eines schriftlichen Berichtes herangezogen werden. Diese Bilder sollen nicht den authentischen Sachverhalt wiedergeben oder ihn belegen. Dies kann zu Missverständnissen führen, denn grundsätzlich müssen Fotos oder Filmaufnahmen, die in Medien veröffentlich werden, so verstanden werden, dass es sich dabei um die Wiedergabe eines tatsächlichen Geschehens handelt.

„Auch wenn es durch die heutigen (computer-)technischen Möglichkeiten immer einfacher geworden ist, täuschend echt aussehende Fotomontagen herzustellen oder Bilder zu verändern, folgt daraus nicht, dass der Betrachter von vornherein damit rechnen müsste, dass ein ihm dargebrachtes Foto nicht echt ist, sondern letztlich ein Produkt freier gestalterischer Schöpfung. Dies würde unerträgliche Folgen für die Glaubhaftigkeit (und auch den Beweiswert) veröffentlichter Fotografien mit sich bringen, da sich niemand mehr darauf verlassen könnte, dass ein in einem Druckerzeugnis abgebildetes Foto – oftmals als Beleg für eine Sachaussage dienend – die Wirklichkeit wiedergibt." (LG München AfP 2003, 337)

a) Symbolfotos und Foto-Montagen

Um zu vermeiden, dass der Betrachter eines Fotos irregeführt wird oder falsche Behauptungen über abgebildete Personen entstehen, müssen Symbolfotos und Montagen deutlich **gekennzeichnet** werden. Im Fernsehen sollte eine nur symbolische Bebilderung dadurch kenntlich gemacht werden, dass entweder das Wort „Archiv" oder ein vom Ereignis abweichendes Aufnahmedatum eingeblendet wird.

Hat die Redaktion den **Hinweis** auf eine **Foto-Montage** nicht **deutlich wahrnehmbar** angebracht und ist die Montage oder Simulation als solche nicht offensichtlich, können den abgebildeten Personen oder Unternehmen Ansprüche wegen **falscher Tatsachenbehauptung** zustehen. Auch eine Gegendarstellung ist möglich.

Beispiel: Eine Zeitschrift, die auf der Titelseite Fotos von der Ehefrau und der Freundin eines Fußballspielers nebeneinander montierte, brachte den Hinweis darauf nicht am Bild unmittelbar an, sondern erst unter dem Inhaltsverzeichnis im Heftinnern. Dies hielt das LG München für nicht ausreichend, obwohl an dieser Stelle üblicherweise der Bildquellennachweis für das Titelfoto zu finden ist. Nach Ansicht des Gerichts musste der Betrachter das Foto so verstehen, als seien die zwei Frauen nebeneinander stehend abgelichtet worden. Text der Gegendarstellung, zu deren Abdruck die Zeitschrift verurteilt wurde: „Auf der Titelseite von A. . . . ist ein Foto abgebildet, das Simone Kahn, Oliver Kahn und mich zeigt. Hierzu heißt es ‚Oliver Kahn zwischen Ehefrau Simone und Freundin Verena K.(l.).' – Hierzu stelle ich fest: Das Foto ist eine ohne mein Einverständnis hergestellte Fotomontage. Verena K."

In seiner Richtlinie 2.2 (Symbolfoto) empfiehlt auch der Deutsche Presserat die präzise Kennzeichnung von Fotos:

„Kann eine Illustration, insbesondere eine Fotografie, beim flüchtigen Lesen als dokumentarische Abbildung aufgefasst werden, obwohl es sich um ein Symbolfoto handelt, so ist eine entsprechende Klarstellung geboten. So sind

- Ersatz- oder Behelfsillustrationen (gleiches Motiv bei anderer Gelegenheit, anderes Motiv bei gleicher Gelegenheit etc.)
- Symbolische Illustrationen (nachgestellte Szene, künstlich visualisierter Vorgang zum Text etc.)
- Fotomontagen oder sonstige Veränderungen

deutlich wahrnehmbar in Bildlegende bzw. Bezugstext als solche erkennbar zu machen."

b) Verfremdung erlaubt: Karikatur

Von dem Wahrhaftigkeitsgebot ausgenommen sind solche verfälschenden Fotomontagen und Bilder, die zweifelsfrei als **Karikatur** einzuordnen sind. Satire oder Karikatur sind Kunstgattungen, die mit **Verzerrungen** und **Verfremdungen** arbeiten. Diese Verfremdung, die gerade darauf gerichtet ist, ein Zerrbild der Wirklichkeit zu schaffen, wird man regelmäßig als eine erlaubte Meinungsäußerung einordnen können (BVerfG AfP 1998, 53; Löffler/Ricker a.a.O.; s.u. C.I.4.a) Karikatur und Satire sowie G.IV.5. Karikatur erlaubt?).

B. Recherche und die Verwertung von Informationen

Der Journalist bezieht seine Informationen aus vielen unterschiedlichen Quellen und stößt dabei auf vielfältige tatsächliche und rechtliche Probleme. Jede Quelle hat typische Eigenschaften, die Auswirkungen auf die Qualität der Informationen und auf die Risiken ihrer journalistischen Verwertung mit sich bringen. So ist ein Dokument, das die Nachricht „schwarz auf weiß" belegt immer noch die angenehmste Arbeitsgrundlage des Journalisten, weil es inhaltlich klar zu verarbeiten und im Streitfall ein sicherer Beweis für die Richtigkeit der Darstellung ist. Unsicherheiten und Fallstricke verschiedener Art bieten dagegen Aussagen von Informanten; Informationen aus Behörden sind in der Regel schwer zu bekommen und bruchstückhaft, andere Medienberichte sind womöglich falsch; das Internet bietet gewaltige Recherchemöglichkeiten, aber auch Risiken. Woher stammt die Information, ist sie wahr? Fehlen wichtige Details? Wie sind Lücken zu füllen? Sind Lücken vertretbar? Wem gehören Texte und Bilder im Netz?

Das Grundrecht der Presse- und Rundfunkfreiheit nimmt Rücksicht auf die Tücken bei der Informationsbeschaffung und bei deren journalistischer Verarbeitung. So fällt in den **Schutzbereich des Grundgesetzes** nicht nur die Herstellung eines Medienproduktes und die mit ihm bezweckte Veröffentlichung von Tatsachenberichten und Meinungen, sondern darüber hinaus **jede Tätigkeit**, die eines von beiden oder beides erst ermöglicht und vorbereitet. Dazu gehören folgende Tätigkeiten:

- Das Befragen von Personen, das Aufspüren von Tatsachenmaterial, von Sachen und Personen, jedes zu einem dieser Zwecke geführte Telefongespräch und jeder zu einem dieser Zwecke geführte Schriftwechsel;
- das Sammeln von Nachrichten und Äußerungen Dritter in Karteien und Archiven, das Beschaffen und Aufbewahren von Bildmaterial, die Kontaktaufnahme mit Presseagenturen.

I. Rechte und Pflichten der Medien

1. Journalistische Sorgfaltspflicht

Wer Presse-, Rundfunk- und Filmfreiheit in Anspruch nimmt, hat besondere Pflichten zu beachten. Journalisten müssen die zur Veröffentlichung bestimmten Nachrichten und Informationen auf ihren Wahrheitsgehalt, auf Richtigkeit, Vollständigkeit und Herkunft prüfen. Dabei ist **das Maß** an Sorgfalt aufzubringen, das jeweils „**nach den Umständen des Einzelfalles geboten**" ist (nahezu gleich lautende Formulierung in den Landespressegesetzen, den Rundfunkstaatsverträgen, den Landesmediengesetzen und im Mediendienstestaatsvertrag). Die journalistische Sorgfaltspflicht ist **von allen Massenmedien zu beachten** (Wenzel, 6 Rz. 110 ff.). Für **Buchautoren** gelten ebenfalls die „pressemäßigen Sorgfaltsanforderungen" (BGH NJW 1996, 1131, 1133). Und auch für **Presseagenturen** gilt trotz der großen Zahl an Meldungen, die sie zu bewältigen haben, nichts anderes (BVerfG NJW 2004, 589).

Die Sorgfaltspflichten des Journalisten ergeben sich unmittelbar als Folge seiner besonderen Freiheit: Es gibt keine Verpflichtung der Medien, „absolute Wahrheit" zu gewährleisten. Dies wäre nicht vereinbar mit dem Anspruch aktueller Berichterstattung (BGH AfP 1987, 497). Medien müssen deshalb mit der Berichterstattung über einen Vorgang nicht abwarten, bis er abgeschlossen und seine Richtigkeit festgestellt und bewiesen ist. Schon ein **Verdacht darf öffentlich gemacht werden**, auch wenn er sich später als unbegründet erweist (BGH NJW 2000, 1036 – erlaubtes Risiko). Die für den demokratischen Staat konstitutive Kontroll- und Wächterfunktion der Medien wäre anderenfalls nicht zu erfüllen. Es sei „**legitime Aufgabe**" der Medien, so der Deutsche Presserat, **Missstände aufzudecken** und darüber zu berichten. **Vermutetes Fehlverhalten** staatlicher Instanzen müsse öffentlich gemacht werden, „anderenfalls würde die Öffentlichkeit wesentliche Kontrollrechte in der Demokratie aufgeben" (Deutscher Presserat, Beschluss vom 25. 11. 1987 aus Anlass der Barschel-Affäre, Jahrbuch 1987, 526 f.). Berichterstattung über politisch, gesellschaftlich oder wirtschaftlich brisante Themen wäre nicht möglich, wenn Medien erst dann berichten dürften, wenn die „objektive Wahrheit" fest-steht.

Zu bedenken ist dabei aber, dass schon der Umstand, einen Vor-wurf öffentlich zu diskutieren, Schaden für die Betroffenen mit sich bringt, unabhängig davon, wie vorsichtig und rechtlich korrekt der Journalist formuliert. Deshalb bedarf die **öffentliche Diskussion eh-renrühriger Vorfälle** durch die Medien der **Legitimation**. Sie liegt in der Beachtung der Sorgfaltspflichten.

a) Verifikation von Vermutungen

Ist der Sachverhalt noch ungeklärt und widersprüchlich, muss der Journalist alle erreichbaren Quellen ausforschen, um der Wahrheit nahe zu kommen. Dazu gehört auch die **Nachfrage beim Betroffe-nen**. Soweit sich Meldungen, Gerüchte oder Vermutungen nicht be-stätigen lassen, muss dies dem Leser oder Zuschauer deutlich ge-macht werden. Zweifel sind als solche erkennbar zu machen. (Was im Einzelfall konkret zu beachten ist: s. u. D.IX. Verdächtigungen und Gerüchte.) Besonders gründlich muss die **Gegenrecherche** des Journalisten dann ausfallen, wenn es sich bei den Betroffenen um Angehörige von Berufen handelt, die der gesetzlichen Schweige-pflicht unterliegen und dadurch in ihrer Möglichkeit der öffent-lichen Verteidigung beschränkt sind, wie zum Beispiel Ärzte oder Einrichtungen wie Kliniken, Alten- oder Pflegeheime.

Als **Maßstab der Sorgfalt** gilt: Je höher die **Intensität des potentiel-len Eingriffs in Rechte Dritter** ist, desto höher das Maß an Sorgfalt. Wenn Medien sich mit dem angeblichen Fehlverhalten Dritter be-fassen, müssen sie beachten, dass als **Folge nachlässiger Recherche** der Dritte geschädigt werden kann. Der Journalist muss die prakti-schen Möglichkeiten zur Überprüfung der Richtigkeit einer Nach-richt **im Rahmen des Zumutbaren** nutzen, wobei es eine **Überspan-nung der Anforderungen** nicht geben darf (BVerfG NJW-RR 2000, 1209).

Ist die Intensität eines potentiellen Eingriffs in Rechte des Betrof-fenen gering, reduziert sich die Sorgfaltspflicht nicht etwa auf null. Auch Behauptungen, die **auf den ersten Blick harmlos** und nicht eh-renrührig erscheinen, müssen nachgeprüft werden, selbst wenn es zum Beispiel nur um die Behauptung geht, der **Bundeskanzler** habe seine **Haare getönt:** Der Journalist muss dies unter den gegebenen Umständen **verifizieren**.

> **Beispiel:** In dem vom Bundesverfassungsgericht bewerteten Fall hatte sich eine „Imageberaterin" gegenüber einer Presseagentur zu Kleidung und Styling der Kanzlerkandidaten Stoiber und Schröder geäußert. Zu Schröder sagte sie, dessen durchgehend dunkles Haar wirke unglaubwürdig. „Es käme seiner Überzeugungskraft zugute, wenn er sich die grauen Schläfen nicht wegtönen würde." Zu dieser Behauptung hätte der Kanzler, so das Bundesverfassungsgericht, vorher **befragt werden müssen**. Die Bedeutung dieser eher unwichtig scheinenden Aussage sei durch den Kontext, in dem es um den Vergleich der Kanzlerkandidaten im Wahlkampf ging, doch nicht unerheblich, weil die Aussage zu der Haartönung an die Glaubwürdigkeit und Überzeugungskraft des Politikers anknüpfte (BVerfG NJW 2004, 589).

b) Prüfung der Quelle

Basieren die Vorwürfe, über die der Journalist berichten will, zum Beispiel auf Mitteilungen aus dem Kollegenkreis eines Betroffenen, belasten etwa Mitarbeiter eines Unternehmens ihre Manager oder Geschäftsleute ihre Wettbewerber, sollten die Aussagen nicht als alleinige Grundlage eines Berichts verwertet werden. Immer ist die Motivation, das Eigeninteresse des **Informanten** und seine eigene Beteiligung an dem Vorgang zu **hinterfragen**. Es gehört zum normalen Alltag der Medien, dass sie von Informanten zu deren eigenen Zwecken **instrumentalisiert**, dass sie als Mittel im Streit zwischen Widersachern missbraucht und dabei auch belogen werden.

Informationen aus **anderen Presseberichten** sind zu verifizieren, ebenso Fakten, die aus dem **Internet** bezogen werden (im Einzelnen s. u. B.II.7.).

Dagegen ist die Prüfungspflicht für den Journalisten weniger streng, wenn es um die Übernahme von Fakten aus so genannten **privilegierten Quellen** geht, das sind Agenturmeldungen, Urteile und behördliche Mitteilungen. Privilegiert ist auch die wahrheitsgemäße Wiedergabe von Vorgängen in Parlaments- und Gerichtsverhandlungen (im Einzelnen s. u. B.IV.1.). Hat z. B. eine Tageszeitung vom Polizeisprecher erfahren, ein Waffenbesitzer sei NPD-Mitglied, was tatsächlich nicht stimmt, ist das Verbreiten dieser falschen Tatsache durch die Zeitung nicht sorgfaltswidrig (AG Frankfurt-Oder AfP 2004, 161).

c) Pflicht zur Güterabwägung

Auch nachweislich wahre Geschichten können für die Berichterstattung tabu sein. Das ist der Fall, wenn **schutzwürdige Belange eines Betroffenen höher** einzustufen sind als das **Informationsinteresse der Öffentlichkeit**, zum Beispiel bei Themen aus der Intim- und Privatsphäre. Der Journalist hat sein Recht der Pressefreiheit gegen den Schutz der Menschenwürde, der Persönlichkeit und der Ehre abzuwägen. Nicht **jedes Detail** aus der Ermittlungsakte darf ohne weiteres zitiert werden, nicht immer dürfen **Namen** von Beteiligten an einem Ereignis oder **frühere Straftaten** eines Menschen veröffentlicht werden (siehe unten D. IX. Verdächtigungen und Gerüchte).

Beispiele:
- Mitarbeiter eines Spitzenpolitikers beschuldigen ihren Chef der **sexuellen Belästigung** – Privatsache oder Veröffentlichung erlaubt?
- Die Jugendamtsleiterin verhindert – zum Nutzen der betreuten Jugendlichen, dass eine Auslandsreise wegen zu geringer Beteiligung nicht stattfindet, indem sie auch Mitarbeiter des Amtes auf die Teilnehmerliste setzt. Die Behörde leitet wegen **unlauterer Mittelverwendung** ein Disziplinarverfahren ein, die Staatsanwaltschaft sieht keinen Handlungsbedarf – darf der Name der Frau genannt werden?

Die Güterabwägung muss der Journalist unter einer echten **Gewissensanspannung** vornehmen, um den Sorgfaltsanforderungen zu genügen (BGH NJW 1996, 1131). Folgt aus der Güterabwägung, dass Informationsinteressen den Individualinteressen unterliegen, muss der Journalist entweder das Einverständnis des Betroffenen einholen (was selten gelingen wird) oder auf Veröffentlichung verzichten.

d) Folgen der Sorgfaltspflichtverletzung

Wer die journalistische Sorgfaltspflicht bei der Berichterstattung missachtet, handelt fahrlässig im Sinne des § 276 BGB. Die Nichtbeachtung hat zur Folge, dass die dann fahrlässige Veröffentlichung nicht rechtfertigungsfähig ist, der Verletzte kann zivilrechtliche An-

sprüche geltend machen, zum Beispiel Unterlassung und Geldentschädigung fordern oder auch strafrechtliche Verfolgung auslösen.
Die Beachtung der journalistischen Sorgfaltspflicht hat damit unmittelbar rechtliche Relevanz für die „Haltbarkeit" eines Berichtes
gegenüber rechtlicher Überprüfung.

2. Wahrnehmung berechtigter Interessen

Hat der Journalist nicht vorsätzlich oder fahrlässig gegen die journalistische Sorgfaltspflicht verstoßen, ist sein Verhalten nicht nur
schuldlos, sondern strafrechtlich (§ 193 StGB) auch rechtfertigungsfähig: Er handelt in Wahrnehmung berechtigter Interessen. So
ist ein Bericht über Vorgänge, deren Wahrheit oder Unwahrheit zum
Zeitpunkt der Veröffentlichung nicht feststeht, selbst dann nicht
rechtswidrig, wenn sich die Vorgänge nachträglich tatsächlich als
unwahr erweisen (**Grundsatz des „erlaubten Risikos"**). Um dieses
Privileg für sich in Anspruch nehmen zu können, müssen Medien
die nötigen Sorgfaltsregeln beachtet haben. Sie sind von der Verpflichtung sorgfältiger Arbeit nicht entlastet (BGH NJW 1985,
1621).

Berechtigt sind die von Medien wahrgenommenen **Interessen**,
wenn es sich bei den Themen um Angelegenheiten handelt, an denen ein **ernsthaftes Interesse der Öffentlichkeit** besteht (was darunter zu verstehen ist: siehe oben unter „Auswahl der Nachrichten").
Der Grundsatz der „Wahrnehmung berechtigter Interessen" hat für
den Journalisten als Rechtfertigungsgrund praktische Bedeutung,
wenn wegen seines Berichtes Schadensersatz oder Unterlassung
verlangt wird (Soehring, Rz. 15.1 ff.). Kann der Verletzte dagegen beweisen, dass der Journalist seine Sorgfaltspflicht missachtet hat, geht
sein Anspruch auf Schadensersatz oder Unterlassung durch. Formalbeleidigungen (siehe unten D.V.1.), Verleumdungen und Verun-
glimpfungen (§§ 187 und 189 StGB) sind nicht rechtfertigungsfähig.

3. Weitere Sonderrechte

Angehörige der Medienberufe genießen in der Rechtsordnung
eine bevorzugte Stellung, aber nur **„um ihrer Aufgabe willen** und nur
im Rahmen dieser Aufgabe eingeräumt. Es handelt sich **nicht** um

persönliche Privilegien" (BVerfGE 20, 162/176). Neben der „Wahrnehmung berechtigter Interessen" betrifft dies im Einzelnen:

- Zeugnisverweigerungsrecht/Beschlagnahmeverbot (siehe unten)
- Auskunftsanspruch gegen Behörden (siehe unten)
- Verbot des Standeszwanges und berufliche Zugangsschranken (z. B. §§ 1 und 2 Landespressegesetz BaWü)
- Kurze Verjährung von Presseinhaltsdelikten (Presseverstöße, z. B. Verbreitung pornographischer Schriften, § 184 StGB, und öffentliches Auffordern zu einer Straftat, § 11 StGB, unterliegen einer kurzen Verfolgungsfrist)

II. Äußerungen von Personen

Gespräche aller Art sind wichtige Informationsquellen des Journalisten. Sie kommen bei unterschiedlichen Gelegenheiten und unter verschiedenen Bedingungen zustande: verabredet oder zufällig, schriftlich oder telefonisch, mit dem Journalisten selbst oder zwischen anderen Personen geführt, vom Journalisten in aller Öffentlichkeit wahrgenommen, belauscht oder zufällig mitgehört.

Gesprächsformen sind das journalistische Informationsgespräch, das Hintergrundgespräch, das Privatgespräch, das Interview oder das Exklusiv-Gespräch. Aber auch Aussagen, die dem Journalisten nicht selbst mitgeteilt wurden, fließen in seine Recherche ein. Wie hat er damit umzugehen?

1. Das Recht am gesprochenen Wort

Jeder Mensch kann selbst bestimmen, wie er sich in der Kommunikation mit anderen selbst darstellt. Er darf entscheiden, ob und mit welchen Worten er sich äußert, wie er mit seinen Worten einer Situation angemessen begegnet und wie er sich auf den jeweiligen Gesprächspartner einstellt. Er kann bestimmen, ob seine Äußerung einzig seinem Gesprächspartner, einem ganz bestimmten, begrenzten Personenkreis oder der Öffentlichkeit zugänglich sein soll. Er hat die Wahl, wer ihm zuhören, wer Kenntnis vom Gesprächsinhalt haben darf (BVerfGE 54, 148, 154; BVerfG NJW 2002, 3619).

2. Journalistisches Informationsgespräch und Zitate

Journalisten, die Aussagen von Personen für die Berichterstattung verwerten wollen, müssen sich gegenüber ihren Gesprächspartnern **als Berichterstatter zu erkennen geben** und mitteilen, für **welches Medium** sie arbeiten. Lässt sich der Gesprächspartner daraufhin auf ein Gespräch ein, kann der Journalist davon ausgehen, dass das gesprochene Wort für seine Veröffentlichung freigegeben wird (zur Abgrenzung „Privatgespräch" s. u. B.II.5. und 7.c)).

Lässt der Journalist anschließend in seinen Bericht einzelne Äußerungen mit Bezug auf den Gesprächspartner einfließen, muss er äußerst sorgfältig sein. **Zitate** müssen **richtig** wiedergegeben werden. Derjenige, dessen Äußerung unrichtig, verfälscht oder entstellt wiedergegeben wird, kann sich auf sein allgemeines Persönlichkeitsrecht berufen, weil er hierdurch sozusagen als Zeuge gegen sich selbst ins Feld geführt wird (BVerfG NJW 1980, 2072). Auch die Tatsache, dass sich jemand **überhaupt geäußert** hat, muss stimmen. (BGH NJW 1998, 1391) Für die Wiedergabe von Äußerungen in **indirekter Rede** gilt nichts anderes. Verfälscht wird ein Zitat auch dann, wenn es im falschen **Kontext** wiedergegeben wird, etwa wenn die vorangestellte Frage nicht so gestellt wurde wie veröffentlicht, oder wenn die **Antwort unvollständig** wiedergegeben wird (Wenzel Kap. 5, Rz. 91).

Auch die **Tendenz** einer Äußerung darf nicht verändert werden, der Journalist darf sie nicht für seine kritische Sicht „dienstbar" machen, wenn sie **mehrdeutig** ist: Je stärker ein Missverständnis den Zitierten belastet, umso mehr muss der Journalist erkennbar machen, ob er zitiert oder selbst nur interpretiert (BGH NJW 1998, 1391).

Zum Schutz vor fehlerhaftem Zitieren verlangen Gesprächspartner häufig, dass sie vor Veröffentlichung sehen und **„autorisieren"**, was als **wörtliches Zitat** im Bericht erscheinen soll. Dies kann ihnen nicht verwehrt werden. Die Notwendigkeit folgt aus dem Recht am gesprochenen Wort: Der sich Äußernde darf über sein gesprochenes Wort selbst bestimmen (s. o. BVerfG NJW 2002, 3619), und soweit Vertraulichkeitsabsprachen getroffen werden (Hintergrundgespräche), sind sie vom Journalisten einzuhalten (siehe unten, sowie Pressekodex und Satzungen der Pressekonferenzen für ihre Mitglieder). So darf ein Redner danach sogar seine Äußerungen vor der

Pressekonferenz als vertraulich qualifizieren (Soehring, Presserecht, Rz. 7.74). Deshalb muss ihm wohl das Recht zugestanden werden zu verlangen, dass er entweder gar nicht wörtlich **zitiert** wird, oder dass er, falls er zitiert wird, das vom Journalisten zur Veröffentlichung ausgewählte **Zitat** vorher **frei gibt**. Dies müsste aber vor dem Gespräch vereinbart werden, zumindest bevor man sich trennt. Nachgeschobene Bedingungen müssen eingehalten werden, wenn eine allgemeine Praxis in der Redaktion besteht, von der der Gesprächspartner ausgehen durfte.

Der Gesprächspartner hat aber **keinen Anspruch** darauf, dass ihm das komplette **Manuskript** mit dem Bericht des Journalisten vor der Veröffentlichung vorgelegt wird. Hier geht sein Recht nicht so weit, wie im Falle eines Interviews, das er insgesamt sehen darf (dazu unten B.II.3.).

3. Interview

Interviews sind **Gesprächsprotokolle**, in denen Fragen und Antworten **in wörtlicher Rede** wiedergegeben werden. Durch diese Darstellungsform werden sehr persönliche Eigenheiten des Gesprächspartners wie Ausdrucksweise, innere Haltung, Gedankenführung usw. sichtbar, die intimen Einblick in seine Persönlichkeit geben. Der Interviewpartner kann sich deshalb frei entscheiden, ob und wem er ein Interview geben will. Ein Interview ist immer eine **Sache der Vereinbarung**. Das gilt auch für Politiker – es sei denn, es handelt sich um situationsgebundene Live-Interviews bei öffentlichen Auftritten, die nach dem Gleichheitsgrundsatz keine Medien ausschließen dürfen. Demzufolge war die Weigerung Bundeskanzler Schröders im Frühjahr 2004, der BILD-Zeitung Interviews zu geben, keine grundsätzliche Verweigerung von Informationen und gesetzeswidrige Benachteiligung eines einzelnen Mediums. Auch den Repräsentanten staatlicher Gewalt steht das Recht zu, ihre politische Meinung frei zu äußern, es zu unterlassen oder zu bestimmen, wem gegenüber sie sich äußern wollen und wem gegenüber nicht (Soehring, Rz. 7.68).

Weil das Interview Vereinbarungssache ist, verläuft es nach den **Absprachen**, die vorher getroffen wurden, insbesondere nach den

Bedingungen, die der Gesprächspartner stellt. Wenn nichts ausdrücklich vereinbart wird, gilt die **ständige redaktionelle Praxis**, etwa zur Autorisierung.

a) Autorisierung

Der Gesprächsverlauf muss wahrheitsgemäß und ohne sinnentstellende Kürzungen wiedergegeben werden. Verlangt der Interview-Partner zur Sicherheit, das redigierte Interview vor der Veröffentlichung zu autorisieren, muss die Redaktion dem folgen. Wird veröffentlicht, ohne diese Einwilligung einzuholen, stellt dies eine Persönlichkeitsrechtsverletzung dar, auch wenn das Gespräch korrekt wiedergegeben wird. Der Gesprächspartner wird in solchem Fall in seinem Selbstbestimmungsrecht verletzt (s. o. B.II.1. Das Recht am gesprochenen Wort; Soehring, Rz. 7.65 ff.).

Wird Autorisierung **nur unter** dem **Vorbehalt** erteilt, dass bestimmte **Änderungen des Textes** vorgenommen werden, muss die Redaktion dem Folge leisten. Wird der Text in einem solchen Umfang verändert, dass es mit dem geführten Gespräch gar nichts mehr zu tun hat, gilt nichts anderes: Wenn die Redaktion dann eine Veröffentlichung journalistisch nicht mehr verantworten kann und will, weil das Gespräch völlig verändert wurde, hat sie nur noch die Wahl, auf die Veröffentlichung des Interviews ganz zu **verzichten.**

Oft kommt es vor, dass der Interviewpartner sogar die **Fragen des Journalisten ändern** will. Dazu hat er kein Recht. Wenn er allerdings die Änderung zur **Bedingung seiner Autorisierung** macht, muss sich der Journalist doch fügen, auch hier gilt: entweder ändern oder auf Veröffentlichung ganz verzichten. Die Gründe des Interviewpartners, die Autorisierung zu verweigern, müssen also nicht auf seinen Redebeitrag beschränkt und plausibel sein. Er kann die Autorisierung auch ohne Angabe von Gründen verweigern und sein Interview ganz zurückziehen, solange er noch nicht autorisiert hat (Soehring, Rz. 7.71).

Diese rechtlich starke Position wird von vielen Politikern und Prominenten zur eitlen Selbstdarstellung und zum Verdruss der Journalisten häufig **missbraucht**. Der Autorisierungsvorbehalt wird deshalb von Journalisten oft als **missliebige Arbeitsbehinderung** empfunden. Das jedoch wäre mit Blick auf die Gesamtheit aller Risiken und Probleme bei Interviews zu kurz gedacht. Der **Autorisierungs-vorbehalt** dient in der Regel auch **dem eigenen Nutzen** und **Schutz der Redaktion**. Interviews müssen **gekürzt und redigiert** werden, meistens sind die Gespräche zu lang und enthalten sprachliche Mängel, die behoben werden müssen. Die Überarbeitung kann – in der Hektik der Produktion ungewollt und unbemerkt – zu Veränderungen des Sinngehalts von Äußerungen führen. Durch Flüchtigkeit könnte es zu einer Persönlichkeitsrechtsverletzung des Gesprächspartners kommen, weil man seine Aussagen nicht korrekt wiedergegeben hat. Eine Autorisierung schützt die Redaktion also auch vor Fehlern und anschließenden berechtigten Beschwerden und Ansprüchen des Interviewten. Zu bedenken ist auch, dass ein Gesprächspartner seiner Rede und seinen **Gedanken freieren Lauf lässt**, wenn er sich nicht unter dem Zwang fühlt, gleich „druckreif" **sprechen** zu müssen. Das fördert vielleicht sogar – zur Freude des Journalisten – bessere Informationen zutage.

Erfundene Interviews sind selbstverständlich unzulässig (BGH NJW 1995, 861 – Caroline von Monaco I –, BGH NJW 1965, 685 – Soraya –). Solche Fälle journalistischer Fehlleistung sollte die betreffende Redaktion, wenn sie schon passiert sind, nach Möglichkeit nicht auch noch verteidigen und durch die Instanzen prozessieren – es sei denn, sie sieht sich dazu gezwungen, weil die Forderungen des Verletzten zum Abdruck eines Widerrufs und einer Geldentschädigung unzumutbar weit gehen (s. u. F. III. Nacharbeiten: Schadensbegrenzung).

b) Verwertbarkeit nicht autorisierter Interviews

Was kann der Journalist noch anfangen mit einem Gespräch, das nicht autorisiert wurde? Wer sein Interview nicht autorisiert und zurückzieht, gibt sein gesprochenes Wort nicht zur Veröffentlichung frei. Damit **verbietet es sich** aus den oben genannten Grundsätzen zum Recht am gesprochenen Wort, das **Gespräch** ganz oder auch nur in **Zitaten** zu veröffentlichen, auch nicht in indirekter Rede.

Aber der Journalist ist in den **Besitz von Informationen** gelangt, die er für berichtenswert hält. Er darf sie veröffentlichen. Voraussetzung: Der Informant wird nicht mit der Information verknüpft. Dies ergibt sich aus folgender Überlegung: Der Informant hat seinen

Willen zur Veröffentlichung der Information **untrennbar** damit verbunden, dass sie nur in **Interviewform**, nur **mit seinen eigenen Worten**, also in von ihm streng kontrolliertem Kontext, erscheinen soll. Der Interviewpartner kann geltend machen, so gestellt zu werden, als habe das **Gespräch nicht stattgefunden**. Sofern nichts anderes vereinbart oder offenkundig ist, muss also davon ausgegangen werden, dass er **nicht als Übermittler** der Informationen **erscheinen** will.

Dies muss der Journalist meines Erachtens respektieren – es sei denn, er bemüht sich um die **Einwilligung** und bekommt sie auch. Der Umgang mit den gewonnenen Informationen richtet sich andernfalls nach den Grundsätzen zur Vertraulichkeitsabrede: Der Gesprächspartner sollte **nicht als Quelle der Informationen**, die er im Interview mitgeteilt hat, **erkennbar** werden (im Einzelnen s. u. B.II.10. Hintergrundgespräche und Quellenschutz).

Will der Journalist die **Fakten,** von denen er bei Gelegenheit des Interviews erfahren hat, für seine Berichterstattung **verwerten**, muss er ggfs. prüfen, ob die vorliegenden Aussagen ausreichen oder ob **zusätzliche Belege recherchiert** werden müssen, denn sein bislang einziger **Zeuge** steht ihm wegen des Quellenschutzes für gerichtliche Aussagen nicht zur Verfügung. Zum sorgfältigen Quellenschutz hat er in diesem Zusammenhang auch zu bedenken, ob nicht schon die Veröffentlichung der **Information allein Hinweis auf die Quelle** gibt. Das könnte zum Beispiel der Fall sein, wenn zum gegenwärtigen Zeitpunkt nur diese eine Person darüber Auskunft geben konnte. Hier kann der Quellenschutz ebenfalls eine **Zusatzrecherche** oder **Abwarten** bestimmter weiterer Entwicklungen notwendig machen.

4. Mitschneiden und Mithören

Grundsätzlich darf jeder selbst bestimmen, ob sein gesprochenes Wort auf Tonträger aufgenommen wird, wie dies geschieht, ob und von wem seine Stimme wieder abgespielt wird. Jedermann soll selbst darüber befinden können, ob seine „flüchtige" Rede durch Herstellung einer Tonbandaufnahme manifestiert und auf Dauer auch im Detail nachvollziehbar wird (vgl. Prinz/Peters, Rz. 111). Solange ein Tonträger mit dem aufgezeichneten Wort einem Dritten zur Verfügung steht, ist ihm das Wort des Redners auch zu einer Zeit verfügbar, zu der es nicht gesprochen wird. Darin liegt die Beschränkung des Selbstbestimmungs- und Selbstentfaltungsrechts des von der Aufzeichnung Betroffenen (BGH NJW 1988, 1016).

a) Aufzeichnen von öffentlichen Reden

Auch bei öffentlichen Veranstaltungen, die für Medien zugänglich sind, darf die öffentlich gehaltene Rede eines Teilnehmers nicht ohne weiteres auf Tonträger aufgenommen werden, es bedarf **auch hier** der besonderen **Einwilligung**. Die Einwilligung gilt als **konkludent** erteilt, wenn aus den konkreten Umständen, zum Beispiel durch Vorhalten von Mikrofonen, **ersichtlich** ist, dass aufgezeichnet wird. Das gilt auch für den Fall, dass jemand sich bei einer Veranstaltung zu Wort meldet, für die Tonbandaufnahmen generell zugelassen sind, etwa Sitzungen der Landesparlamente, des Bundestages und bei Kongressen (Soehring, Rz. 10.16 m. w. N.).

Für politisch-administrative Veranstaltungen wie etwa eine öffentliche **Gemeinderatssitzung** kann eine Aufzeichnung der Ratssitzung auf Tonband **untersagt** werden. Medien haben keinen Anspruch auf Zulassung von Tonbandaufnahmen, wenn die **Güterabwägung** zu dem Ergebnis führt, dass das Interesse der Gemeindeverwaltung an einer **sachgerechten Aufgabenerfüllung** Vorrang hat. Dieses schützenswerte Interesse soll nach Ansicht des Bundesverwaltungsgerichtes in einer „von psychologischen Hemmnissen möglichst unbeeinträchtigten Atmosphäre" des Sitzungsbetriebes liegen. Auf das allgemeine Persönlichkeitsrecht des Abgeordneten kommt es nicht an. Es könne aber die „Besorgnis nicht vernachlässigt werden, dass insbesondere **in kleineren und ländlichen Gemeinden** weniger redegewandte Ratsmitglieder durch das Bewusstsein des Tonmitschnitts ihre **Spontaneität verlieren**, ihre Meinung nicht mehr geradeheraus vertreten oder **schweigen, wo sie sonst gesprochen hätten**. Denn Tonbandaufzeichnungen zeitigen nun einmal für das Verhalten der Betroffenen erhebliche Wirkung, weil sie **jede Nuance der Rede**, einschließlich der rhetorischen Fehlleistungen, der sprachlichen Unzulänglichkeiten und der Gemütsbewegungen des Redners, dauerhaft und ständig reproduzierbar **konservieren**" (BVerwG NJW 1991, 118/119).

b) Heimliche Gesprächsaufzeichnung und Mithöranlagen

Das **heimliche** Aufzeichnen des nicht öffentlich gesprochenen Wortes (Gespräch eines begrenzten Teilnehmerkreises) auf Tonträgern ist **verboten** und stellt sogar einen **Straftatbestand** dar (§ 201 StGB). Daran ändert auch die ehrenwerte Absicht des Journalisten nichts, mit der Aufzeichnung den Gesprächsinhalt nur für seinen Bericht korrekt festhalten zu wollen. Der Grund für diese strenge Regelung besteht in der Gefahr des Missbrauchs mit Bandaufzeichnungen: Sie könnten Dritten zugänglich werden und sich vom ursprünglichen Gespräch lösen und verselbständigen. Sie können bei anderer Gelegenheit und in anderem Zusammenhang hervorgeholt werden, einzelne Äußerungen in einem sich entfaltenden Gespräch könnten gegen den Sprechenden verwendet werden (BVerfGE 34, S. 238, 246). Tonbandaufnahmen, die nicht autorisiert wurden, scheiden deshalb als legale Sicherung von Rechercheergebnissen aus.

Das heimliche Belauschen von Äußerungen über eine Mithöranlage, ist zwar nicht strafbar, stellt aber zivilrechtlich einen Eingriff in das allgemeine Persönlichkeitsrecht dar (BVerfG NJW 2002, 3619). Niemand muss sich gefallen lassen, dass dritte Personen als Zuhörer in sein Gespräch einbezogen werden (s. o. B.II.1. Das Recht am gesprochenen Wort; zur Verwertbarkeit s. u. B.II.6.).

5. Privatgespräch

Äußerungen in privaten Gesprächen zählen zur Privatsphäre (BGH NJW 1987, 2667) und dürfen grundsätzlich nicht öffentlich zitiert werden. Geschützt ist das **private Thema** und die **private Umgebung**, in der jemand spricht. Ausnahme: Der Redner ist damit einverstanden, dass seine Aussagen öffentlich verbreitet werden. Solange sich jemand aber nicht öffentlich oder bewusst gegenüber den Medien äußert, muss er es nicht hinnehmen, in den Medien zitiert zu werden.

Andererseits ist nicht jedes Gespräch mit einem Journalisten oder im Bewusstsein der Anwesenheit von Journalisten öffentlich und zur Verbreitung freigegeben. Für einen **Prominenten** oder einen **Politiker** wird eine private Party nicht schon deshalb zur Öffentlichkeit, weil mit ihm zusammen auch Journalisten Gäste der Party sind.

Auch Prominente und Politiker, die in der Öffentlichkeit stehen und sie suchen, haben einen verfassungsrechtlich geschützten Anspruch auf Wahrung ihrer **Privatsphäre**. Gespräche **unter Freunden, im kleinen Kreis**, gehören dazu. Soll aus ihnen zitiert werden, muss der Betreffende zustimmen. Geschützt sein muss die **Vertraulichkeit des gesprochenen Wortes**. In einem vom BGH entschiedenen Fall war ein Gespräch zwischen den CDU-Politikern Helmut Kohl und Kurt Biedenkopf **belauscht** worden, die sich u. a. über unerfreuliche Vorgänge innerhalb der Partei und die Kritik der Presse unterhielten. Die detaillierte Wiedergabe des Gesprächs in einer Zeitschrift hielt der BGH für unzulässig. Die Tatsache, dass sich Politiker in ihrer Privatsphäre mit politischen und gesellschaftlichen Themen auseinander setzen, an denen die Öffentlichkeit ja ein Interesse haben muss, gibt Journalisten nicht ohne weiteres das Recht, in die geschützte Privatsphäre einzudringen (NJW 1963, 665).

Verhält ein Redner sich allerdings so, dass seine Worte von einer **unbestimmten Zahl Menschen** ohne besondere Bemühungen gehört werden können, hat er sich **das Zuhören Dritter selbst zuzuschreiben**. So ist er nicht davor geschützt, dass **unerwünschte Hörer** an seinem Gespräch teilhaben, wenn er sie in seiner Nähe **übersieht** oder wenn er die **Lautstärke seiner Äußerung** falsch einschätzt.

Beispiel: Altbundeskanzler Helmut Kohl war in einer Sitzungspause des Deutschen Bundestages Gast im Bundeshausrestaurant. Das Parlament hatte sich zu der vielbeachteten Sondersitzung zur Hochwasserkatastrophe im Sommer 2002 zusammengefunden. Um den Politiker herum hielten sich auch andere Parlamentarier und Journalisten als Gäste des Restaurants auf. Ein Spiegel-Redakteur, am Nebentisch sitzend, vernahm die private Äußerung Kohls gegenüber anderen Abgeordneten über den Bundestagspräsidenten Thierse: „Das ist der schlimmste Präsident seit Hermann Göring". Die Äußerung wurde in der nächsten Ausgabe des Magazins veröffentlicht. Kohl mochte sich anschließend zu „privaten Gesprächen" nicht äußern und warf dem Spiegel „unseriöse Praktiken" vor. Rechtliche Schritte unternahm er wohlweislich nicht. Er hätte bei dieser Sachlage wohl kaum eine Chance gehabt, vor Gericht Recht zu bekommen.

Entscheidend ist, ob der Sprechende aufgrund der **Rahmenbedingungen** zu Recht erwarten darf, nicht von Dritten gehört zu werden.

Zu solchen Rahmenbedingungen gehört zum Beispiel auch die räumliche Privatsphäre außerhalb der Häuslichkeit, der **erkennbar abgeschiedene Bereich,** in dem sich der Sprechende aufhält (BVerfG NJW 2002, 3619). Einer prominenten Person soll auch außerhalb ihrer Wohnung eine Sphäre zustehen, in der sie sich nicht unter ständiger öffentlicher Beobachtung weiß und ihr Verhalten nicht daraufhin kontrollieren muss. Dazu gehört ein Restaurant nicht ohne weiteres. Es muss vielmehr aus der Situation und **für Dritte erkennbar** sein, dass der Betreffende sich der Öffentlichkeit entzieht, etwa in einem separaten Bereich eines Restaurants (BVerfG NJW 2000, 1021).

Als privat gilt eine Äußerung auch, wenn sich zum Beispiel jemand zwar in öffentlicher Gerichtsverhandlung geäußert hat, der Inhalt der Äußerung aber zur geschützten Intimsphäre gehört (BGH NJW 1988, 1984; OLG Hamburg AfP 1998, 643; s. u. D.VIII. Gerichtsberichterstattung).

6. Verwertbarkeit

Ein **Verwertungsverbot** gilt vor allem für die Verbreitung der **Informationen als Äußerung** des Redners. Allenfalls ein **sehr ernstes Informationsinteresse** der Öffentlichkeit könnte nach Ansicht des BGH auch den „Zugriff auf die Person" durch die **authentische Wiedergabe des Gesprächs** rechtfertigen. Dies sei allerdings nicht dadurch zu begründen, der Journalist wolle etwa über die Aussagen von Spitzenpolitikern möglichst umfassend berichten. Auch das Argument, er wolle zeigen, welcher Sprache sie sich bedienen, wenn sie nicht vor dem Mikrofon stehen, oder der Sachverhalt könne nur auf diese Weise am genauesten dargestellt werden, reicht nicht (BGH NJW 1979, 649).

Ob die Verwertung einer über die Mithöranlage am Telefon **belauschten Äußerung** gerechtfertigt ist, richtet sich nach dem Ergebnis der Abwägung zwischen dem **gegen** eine Verwertung stehenden **allgemeinen Persönlichkeitsrecht** auf der einen Seite und einem **für** die Verwertung sprechenden **rechtlich geschützten Interesse** auf der anderen Seite. In dem vom Bundesverfassungsgericht bewerteten Fall ging es um die Frage, ob der heimliche Mithörer als „Mithörzeuge" zur Wahrheitsfindung in einem Prozess herangezogen werden durfte, was für jenen Fall verneint wurde (BVerfG NJW 2002, 3619; siehe auch BVerfGE 80, 367, 373).

Damit ist die Verwertbarkeit von Gesprächen aus privater Umgebung oder mit der Abrede der Vertraulichkeit aber nicht völlig ausgeschlossen. So kann die Verbreitung der **aus diesen Gesprächen gewonnenen Informationen,** losgelöst von der Äußerung, durch das Informationsinteresse der Öffentlichkeit gerechtfertigt sein. Dürften solche **Informationen** überhaupt nicht verwertet werden, könnte nach Ansicht des BGH die **Kontrollfunktion der Presse** leiden (BGH NJW 1987, 2670; s. u. B.II.10.b) Informantenschutz). Vor allem in **Fragen, welche die Allgemeinheit interessieren,** muss die Presse auch über Vorgänge berichten dürfen, die von den Betroffenen nicht zur Veröffentlichung freigegeben sind. Der Journalist kann auch dann seine Informationen verwerten, wenn sie aus privaten Bereichen kommen, die der Öffentlichkeit nicht ohne weiteres zugänglich sind (BGH zum „Einschleichen" Günther Wallraffs bei der BILD-Zeitung, NJW 1981, 1366).

Sofern es sich allerdings um einen heimlichen **Tonband-Mitschnitt** oder um ein mit **Abhörgerät abgehörtes** Gespräch handelt, ist nach **§ 201 StGB** eine Veröffentlichung der Äußerung sowohl im Wortlaut als auch nur dem **„wesentlichen Inhalt"** nach **verboten.**

„... wird bestraft, wer unbefugt... das... aufgenommene oder... abgehörte nichtöffentlich gesprochene Wort eines anderen im Wortlaut oder seinem wesentlichen Inhalt nach öffentlich mitteilt." (§ 201 Abs. I Nr. 2 StGB)

Gerechtfertigt sein kann eine derartige Veröffentlichung allenfalls, wenn sie zur Wahrnehmung **„überragender** öffentlicher Interessen" gemacht wird (§ 201 Abs. 2 StGB). Das ist der Fall, wenn die Bedeutung der Information für die Öffentlichkeit eindeutig die Nachteile überwiegt, welche der Rechtsbruch für den Betroffenen nach sich zieht. Nur Missstände von erheblichem Gewicht können „überwiegendes" öffentliches Interesse auslösen (BVerfGE 66, 139; Tröndle/Fischer § 201, Rz. 13).

7. Übernahme vorveröffentlichter Äußerungen

Beispiel: Eine Zeitschrift berichtete darüber, wie sich die deutsch/amerikanischen Spannungen auf junge Deutsche auswirkten, die sich während des Irak-Krieges als Austauschschüler oder Studenten in den USA aufhielten. Sie ließ dazu mehrere Schülerinnen zu Wort kommen. Nach dieser Veröffentlichung hagelte es Proteste: Mehrere Zitate stammten aus einem Schüleraustauschforum im Internet, die Autorin der Zeitschrift habe keinen persönlichen Kontakt zu den Zitierten gehabt, auch seien nur die negativen Statements abgedruckt worden. Es sei erlaubt, aus öffentlichen Foren zu zitieren, entgegnete der Ressortleiter der Zeitschrift.

Darf der Journalist **Äußerungen,** die jemand **über ein anderes Medium** öffentlich kundgetan hat, frei in seinen Bericht einarbeiten? Ja, aber nicht ohne weiteres. Natürlich muss als erstes das Zitat stimmen. Wird jemandem eine Aussage, die er gar nicht von sich gegeben hat, in der Zeitung als **Zitat untergeschoben,** dann gilt das als falsche Tatsachenbehauptung und Verletzung des allgemeinen Persönlichkeitsrechts; der Betroffene kann neben Unterlassung auch Gegendarstellung und Widerruf mit Richtigstellung verlangen (BGH NJW 1995, 861 ff. Caroline v. Monaco I). Die **sorgfältige Verifikation** von Zitaten aus der Quelle Internet empfiehlt sich in besonderem Maße, da das Risiko für Fälschungen im Netz hoch ist. Wird ein Zitat übernommen, darf es nicht verändert, beim Kürzen darf sein Sinngehalt **nicht verfälscht** werden; auch darf eine Äußerung nicht in einen Zusammenhang gestellt werden, in dem sie nicht gefallen war. Der Journalist hat demnach **differenzierende Aussagen** des Zitierten, eventuell auch in anderen Veröffentlichungen, zu beachten (BVerfG NJW 1989, 1789 Rasterfahndung).

a) Einwilligung

Der freien Verbreitung von Äußerungen, die mit **Einwilligung** in anderen Medien veröffentlicht wurden, steht grundsätzlich nichts entgegen. Das können auch die Äußerungen von Privatpersonen sein. Wer z. B. einem bestimmten Medium gegenüber **exklusiv Intimitäten ausplaudert,** wird in seinem allgemeinen Persönlichkeitsrecht nicht dadurch verletzt, dass seine Mitteilungen **auch anderenorts publiziert** werden. Ein Straftäter, der den Medien Informationen über sein früheres Privatleben gibt, ist in der Regel nicht dagegen geschützt, dass auch andere Medien diese **Informationen auswerten** und publizieren (Soehring, Rz. 19.47). „Der Schutz der Privatsphäre vor öffentlicher Kenntnisnahme entfällt..., wenn sich jemand selbst damit einverstanden zeigt, dass bestimmte, gewöhnlich als privat geltende Angelegenheiten öffentlich gemacht werden" (BVerfG NJW 2000, 1021).

Wer sich gegenüber der Bild-Zeitung über staatsanwaltliche Durchsuchungen in seinen Geschäftsräumen äußert, gibt zu erkennen, dass er gegen eine öffentliche Thematisierung nichts einzuwenden hat. Er kann deshalb auch nicht andere Medien daran hindern, wenn sie darüber berichten (LG Berlin AfP 2004, 68).

Diese Grundsätze müssen meines Erachtens auch diejenigen gegen sich gelten lassen, die in öffentlichen Foren, weltweit für jedermann auf Abruf wahrnehmbar, nachweislich unverfälscht und mit Einwilligung über ihre privaten Erlebnisse sprechen. Zu prüfen ist allerdings bei **Minderjährigen,** ob eine **wirksame Einwilligung** vorliegt bzw. ob die Eltern hier vielleicht stillschweigend ihr Einverständnis erklärt haben.

b) Zeitliche Begrenzung

Die Zitierfreiheit gilt jedoch **nicht zeitlich unbegrenzt.** Selbst wenn jemand zum Beispiel bereitwillig über seine Krankheit öffentlich Auskunft gegeben hat, so das OLG Oldenburg (NJW 1983, 1202), kann dies nicht zu jedem beliebigen Zeitpunkt in der Zukunft wieder veröffentlicht werden. Es sei davon auszugehen, dass eine „durch Pressepublikationen in der Öffentlichkeit für einen gewissen Zeitraum **freigelegte Intimsphäre** eines Menschen sich **nach einer gewissen Zeit wieder schließt** und es deshalb der **erneuten Einwilligung** des Betroffenen mit ihrer Freilegung bedarf". Mit Zeitablauf entwickelten sich Schicksal, Persönlichkeit und Erfahrungen des Menschen fort, Meinungen änderten sich. Der einmalige **Verzicht auf die Privatsphäre**, wie er auch in Internet-Foren zum Ausdruck kommt, wirkt also **nicht zeitlich schrankenlos** fort.

c) Wille des Zitierten und Quellenangabe

Probleme können sich noch durch die Art und Weise des Zitierens ergeben. Übernimmt ein Journalist – inhaltlich korrekt – die Äußerung einer Schülerin aus dem Internet-Forum in seinen Zeitungsartikel, ohne die Quelle zu erwähnen, kann der **Eindruck** entstehen, es sei ein **Gespräch** geführt worden, dessen Aussagen **für die Leserschaft dieser Zeitung** bestimmt waren. Entsteht ein solcher Eindruck, obwohl die Zitierte sich gerade nicht gegenüber dieser Zeitung geäußert hat und es auch nicht wollte, wird sie in ihrem allgemeinen Persönlichkeitsrecht verletzt (vgl. BGH NJW 1995, 861). Es entspricht dem Recht der allgemeinen Handlungsfreiheit, sich gar nicht oder **nur gegenüber ausgewählten Medien** öffentlich zu äußern (Soehring, Rz. 7.67, negative Meinungsäußerungsfreiheit). Nennt allerdings der Redakteur die Quelle, aus der er ein Zitat übernimmt, dann setzt er sich nicht über diesen **Willen des Zitierten** hinweg. Der Deutsche Presserat vertritt die rechtlich bedenkliche, für den Journalisten nicht ungefährliche Meinung, es sei gleichgültig, von welchem publizierenden Medium ein Informant ausgeht, denn es sei ja auch Nachdruck eines Artikels in anderen Medien möglich (Jahrbuch 1996, 31). Das Bundesverfassungsgericht vertritt strengere Grundsätze (NJW 2002, 3619).

Sofern **Ermittlungsbehörden** vor den Medien mit Namensnennung erklären, dass eine Person als Zeuge Auskunft gegeben habe und im Verfahren zur Verfügung stehe, **willigt diese Person nicht** in Berichterstattung **ein**. Ihre Persönlichkeitsrechte sind von den Medien weiterhin davon unabhängig zu beachten (LG Berlin AfP 2004, 68).

Im Ausgang-Beispiel hatte die Zeitschrift für mehrere Zitate der Schülerinnen die Quelle unmissverständlich benannt („... hat sich das Internet zu einer Art Kummerkasten entwickelt. Dort berichtete...“). Die Aussagen einer Schülerin aber, so erklärt der Ressortleiter auf Nachfrage, habe er von ihrer Homepage ohne Quellenangabe in den Bericht gestellt; die Schülerin sei jedoch angesprochen und ihr seien Fragen gestellt worden, sie habe daraufhin ihre Aussagen bestätigt und geantwortet, der Zeitschrift Auskunft geben zu wollen. Handwerklich war der Fall zwar nicht ideal gelaufen, aber ein entgegenstehender Wille der Zitierten, wahrheitswidriges Zitieren oder Täuschung des Lesers ist darin nicht zu erkennen.

8. Gespräche mit Straftätern

Gespräche mit Straftätern sind für Journalisten von Interesse, wenn sie die Öffentlichkeit zum Beispiel über **Hintergründe einer Tat** informieren wollen. Eine Haftanstalt ist aber keine allgemein zugängliche Informationsquelle. Der Inhaftierte lebt dort in einem „Sonderrechtsverhältnis" und ist in seiner allgemeinen Handlungsfreiheit eingeschränkt. Daher hängt der Zugang für Journalisten zu diesen Gesprächspartnern nicht von deren Willen, sondern von der **Erlaubnis der Anstaltsleitung** ab. Dabei stehen sich im Einzelfall die Interessen des Strafvollzugs (Erfüllung des Haftzwecks: Wiedereingliederung des Täters in die Gesellschaft), und das öffentliche Informationsinteresse gegenüber. So hatte das LG Karlsruhe (Az. 2 StVK 44/98) die Weigerung der Anstaltsleitung, Journalisten ein Gespräch mit einem inhaftierten Mitglied der ehemaligen RAF zu erlauben, für rechtmäßig erklärt, weil der Haftzweck durch öffentliche Äußerungen womöglich gefährdet worden wäre. („Breitenwirkung" der vermeintlich rechtsstaatsfeindlichen Einstellung.)

Für einen Untersuchungshäftling dagegen, der noch nicht rechtskräftig verurteilt ist, kann die Meinungsfreiheit Vorrang haben. Ihm kann deshalb der Wunsch, sich über Medien zu äußern, nicht ohne weiteres verwehrt werden (Leeson-Beschluss des BVerfG, vom 7. 5. 1991).

Einschränkungen sollten sich Medien selbst auferlegen, wenn die Belastung für die Opfer eines Verbrechens den Informationswert einer Täterbefragung übersteigen würden. So verstößt die Veröffentlichung so genannter **Verbrecher-Memoiren** gegen die publizistischen Grundsätze, wenn Straftaten nachträglich **gerechtfertigt oder relativiert** werden, die Opfer unangemessen belastet und durch eine detaillierte Schilderung eines Verbrechens lediglich **Sensationsbedürfnisse** befriedigt werden (Presserats-Richtlinie 11.5). Nach Ansicht des Deutschen Presserates ist auch dann eine Grenze überschritten, wenn Journalisten während des noch andauernden Verbrechens Straftäter interviewen. Interviews mit Tätern während des

Tatgeschehens dürfe es nicht geben. (Richtlinie 11.2; s. u. B. VIII. Unglück und Verbrechen: Presse und Polizei.)

9. Exklusivvereinbarungen und Scheckbuchjournalismus

Der zunehmende Wettbewerb unter den Medien bringt es mit sich, dass die Exklusivität einer Nachricht immer wertvoller wird. Deshalb ist auch ein Informant, der Neues mitzuteilen hat, von besonderem Wert. Um ihn zu binden und zu verhindern, dass er seine Geschichte auch anderen Redaktionen erzählt, wird oft eine entsprechende Vereinbarungen getroffen und ihm als Gegenleistung für die Bindung ein Honorar gezahlt.

a) Exklusivverträge

Wenn sich Medien mit Exklusivverträgen einen **Informationsvorsprung sichern**, ist dies rechtlich grundsätzlich nicht zu beanstanden. Allerdings muss es sich um Informationen handeln, die auch der freien Verfügung des Informanten unterliegen. Das gilt für **Privatleute**, die selektiv einzelnen Medien Vorgänge aus ihrer Privatsphäre zur Verfügung stellen. Wer allerdings, wie **Behörden**, den Medien zur Auskunft verpflichtet ist, kann sich nicht wirksam verpflichten, nur einzelnen Redaktionen Informationen zu geben. Dies widerspräche dem gesetzlichen Gebot, alle Medien gleich zu behandeln (Soehring, Rz. 7.5; s. u. B. VI. Auskunft von Behörden).

Was aber macht die **Redaktion, die zu spät kommt** und berichten möchte, obwohl der Informant mit dem **Konkurrenten** eine Exklusivvereinbarung unterzeichnet hat? Medien sind nicht durch die Verträge anderer daran gehindert, den gleichen, **frei recherchierbaren Stoff** ebenfalls zu beschaffen und zu verbreiten. Sofern jemand bei der Konkurrenz exklusiv über sein – **nicht frei recherchierbares – Intimleben** geplaudert hat, kann er nicht verhindern, dass andere Medien dies anschließend aus der exklusiven Quelle übernehmen, er kann sich insoweit nicht mehr auf seine Intim- oder Privatsphäre berufen. Der **Schutz entfällt**, wenn sich jemand damit einverstanden zeigt, bestimmte Angelegenheiten aus seiner Privatsphäre öffentlich zu machen, der Schutz der Privatsphäre dient nicht kommerziellen Gesichtspunkten (BVerfG NJW 2000, 1021; Wenzel 2.66; s. o. B.II.7. Übernahme vorveröffentlichter Äußerungen, dort auch zur zeitlichen Begrenzung und zur Notwendigkeit der Quellenangabe).

Unzulässig sind Verträge, wenn durch sie der Öffentlichkeit **gewichtige Informationen**, die für die Meinungs- und Willensbildung bedeutsam sind, **vorenthalten** werden. Das ist der Fall, wenn über den Exklusivvertrag **jegliche Information** zu einem bestimmten Vorgang bei einer Redaktion **monopolisiert** wird, weil der Informant die einzige zur Verfügung stehende Informationsquelle überhaupt ist und weil durch dessen vertragliche Bindung jede Recherche für andere unmöglich wird. Dem stehen nicht nur Standesregeln entgegen:

> „Wer ein Informationsmonopol anstrebt, schließt die übrige Presse von der Beschaffung von Nachrichten dieser Bedeutung aus und behindert damit die Informationsfreiheit." (Presserats-Richtlinie 1.1)

Es stehen auch rechtliche Argumente aus Art. 5 GG dagegen, weil allgemein zugängliche Informationsquellen abgeschnitten werden (Löffler/Ricker, Rz. 7.5). In der Praxis sind derartige Fälle jedoch kaum auszumachen (Beispiele: Grubenunglück von Lengede – BGH GRUR 1968, 209; Moskau-Flieger Rust, Deutscher Presserat, Jahrbuch 1988, 18).

b) Honorarzahlungen

Honorarzahlungen der Medien an **Privatpersonen** sind grundsätzlich nicht zu beanstanden. Wer aber als **Amtsträger** oder als einer ihm **Gleichgestellter** einen Vorteil dafür fordert, annimmt oder sich versprechen lässt, dass er Informationen preisgibt oder in einer gewünschten Weise tätig wird, macht sich nach § 332 StGB **wegen Bestechlichkeit strafbar**. Die Pflichtwidrigkeit besteht im Geheimnisbruch, den die Amtsträger begehen, wenn sie Journalisten unter der Hand Informationen geben. Auch wer als Beamter zur Auskunftserteilung zuständig ist, darf für die Weitergabe von Informationen kein Geld nehmen, es wäre als **Vorteilsnahme** strafbar (§ 331 StGB).

Auch **Journalisten** sind in diesen Fällen strafrechtlich zu verfolgen wegen aktiver **Bestechung** und wegen **Vorteilsgewährung** (§§ 333, 334 StGB).

Fazit: Journalisten dürfen Beamten, Richtern, Soldaten und ihnen aufgrund gesetzlicher Vorschriften gleichgestellten Personen für die Lieferung von Informationen nichts zahlen. Als legales Mittel der Informationsbeschaffung scheidet der Einsatz von Geld oder anderen Vorteilen ihnen gegenüber aus.

10. Hintergrundgespräche und Quellenschutz

a) Vertraulichkeitsabrede

Zitate sind für die Berichterstattung tabu, wenn ihre Autorisierung verweigert wurde, wenn ein Gespräch heimlich auf Tonband aufgenommen, wenn daraus eine Gesprächsmitschrift gefertigt oder wenn heimlich gelauscht wurde (siehe oben). Sogar Gespräche, an denen der Journalist selbst und offen teilnimmt, dürfen im Wortlaut nicht veröffent werden: Wenn **Vertraulichkeit vereinbart** wurde, oder wenn sich **Vertraulichkeit aus den Umständen** des Gesprächs ergibt, darf der Journalist das gesprochene Wort nicht in der Berichterstattung verwerten (Soehring, Rz. 7.74). Wird Vertraulichkeit vereinbart, **hat der Journalist sie grundsätzlich zu wahren**.

Auch wenn das Thema eines Gespräches mit dem Informanten selbst gar nichts zu tun hat, könnte im Falle eines Bruches der Vertraulichkeit die Privatsphäre „unter Missachtung des Geheimhaltungswillens des sich Mitteilenden", so der BGH, verletzt werden. Im Vordergrund steht das Vertrauen des Gesprächspartners in die Diskretion, der Journalist darf sich nicht über dessen Geheimhaltungswillen hinwegsetzen (BGH NJW 1987, 2667).

Beispiel: Ein ehemaliger BND-Mitarbeiter hatte einem Journalisten in ausführlichen Erzählungen Informationen für einen Roman gesteckt. Verabredet war, dass anschließend gemeinsam entschieden werden sollte, wie die Informationen publizistisch zu verwerten seien. Die waren dann aber ohne diese Absprache mit voller Namensnennung, unter Bezeichnung des Mannes als Quelle und unter Verwendung mehrerer wörtlicher Zitate veröffentlicht worden. Der BGH urteilte dazu: Der Geheimhaltungswille des Informanten wurde missachtet, der Mann wurde in der Öffentlichkeit bloßgestellt, die Preisgabe der Äußerungen verletzten ihn in seinen

Persönlichkeitsrechten. Dabei gehe es nicht um die Preisgabe von Begebenheiten aus seinem privaten oder beruflichen Leben, sondern um die **Privatheit seiner Gespräche**, die **so, wie sie geführt** worden sind, **nicht für die Öffentlichkeit bestimmt** waren, sondern **nur als Grundlage** für das geplante Manuskript dienen sollten. Schutzbedürftig sei er, weil er mit seinen Erzählungen **komplexe Einblicke** auch in seine Person selbst eröffnet habe. Gemeint waren z. B. Eigenheiten seiner **Artikulation** oder seine **innere Einstellung** zu seinem Beruf. Durch die Veröffentlichung der Erzählungen sei „seine darin verkörperte Person entsprechend umfangreich **öffentlich bloßgestellt** und in ihrer Substanz getroffen" worden (BGH a.a.O. 2669).

Den Medien ist allerdings nicht völlig verwehrt, Informationen zu veröffentlichen, die ihnen unter dem Siegel der Verschwiegenheit zugetragen wurden. Dürften die **aus Gesprächen gewonnen Informationen** überhaupt nicht verwertet werden, könnte nach Ansicht des BGH die **Kontrollfunktion der Presse** leiden (BGH NJW 1987, 2669). Das Interesse an der Wahrung der **Vertraulichkeit des gesprochenen Wortes** sei nicht gleichzusetzen mit dem Interesse, den **Inhalt des Gesprächs geheim** zu halten. Vor allem in Fragen, welche die Allgemeinheit interessieren, muss die Presse auch über Vorgänge berichten dürfen, die von den Betroffenen nicht zur Veröffentlichung freigegeben sind. Der Journalist kann folglich auch dann Informationen verwerten, wenn sie aus privaten Bereichen kommen, die der Öffentlichkeit nicht ohne weiteres zugänglich sind (vgl. BGH nach dem „Einschleichen" Günther Wallraffs bei der BILD-Zeitung, NJW 1981,1366; s. o. B.II.6. Verwertbarkeit). Es wird also immer darum gehen, jeden Einzelfall sorgfältig zu prüfen und alle Rechte, die betroffen sein könnten, sorgfältig gegeneinander abzuwägen.

b) Informantenschutz

Medien dürfen sich nicht rücksichtslos über **schützenswerte Belange des Informanten** hinwegsetzen, sie müssen sich bewusst sein, dass die Preisgabe des Informanten als **Quelle der Information** für ihn existenzvernichtend sein kann („enge Verknüpfung der Information mit der Person des Informanten" – BGH NJW 1987, 2667, 2669).

Informantenschutz erschwert die Arbeit des Journalisten in mehr-facher Hinsicht. Zum einen, weil ihm verwehrt ist, mit der Infor-mation auch Ross und Reiter zu benennen. Zum anderen kann er im Falle eines anschließenden Prozesses nicht auf den Informanten als Zeugen zurückgreifen, der Nachweis für die Wahrheit in einem Verfahren wird dadurch oft unmöglich, so dass ein Prozess auch schon mal wegen fehlender Beweise verloren geht. Diese **Nachteile** sind bei näherer Betrachtung **zweitrangig**, der Journalist sollte sie aus ganz eigenem Interesse als berufliche Selbstverständlichkeit **hinnehmen:** Nur wenn Informanten ihm **vertrauen** können, sind sie bereit, bei nächster Gelegenheit wieder Informationen zu liefern. Und auch wenn es künftig jemand anderes sein könnte, der sich bei der Redaktion meldet: Es spricht sich herum, wenn eine Redaktion leichtfertig ihre **Informanten „verbrennt".** Wer sich auf die Einhal-tung der Vertraulichkeitsabrede nicht verlassen kann, verliert Ver-trauen und wird nie wieder Informationen liefern. Das **Vertrauen von Informanten** gehört zum **Kapital des Journalisten**.

So empfiehlt auch der Deutsche Presserat:

„Hat der Informant die Verwertung seiner Mitteilung davon abhängig ge-macht, dass er als Quelle unerkennbar oder ungefährdet bleibt, so ist diese Bedingung zu respektieren. Vertraulichkeit kann nur dann nicht bindend sein, wenn die Information ein Verbrechen betrifft und die Pflicht zur Anzeige be-steht. Vertraulichkeit muss nicht gewahrt werden, wenn bei sorgfältiger Gü-ter- und Interessenabwägung gewichtige staatspolitische Gründe überwie-gen, insbesondere wenn die verfassungsmäßige Ordnung berührt oder ge-fährdet ist.

Über als geheim bezeichnete Vorgänge und Vorhaben darf berichtet wer-den, wenn nach sorgfältiger Abwägung festgestellt wird, dass das Informati-onsbedürfnis der Öffentlichkeit höher rangiert als die für die Geheimhaltung angeführten Gründe" (Richtlinie 5.1).

11. Gesetzliches Zeugnisverweigerungsrecht

In behördlichen Verfahren kann der Journalist nicht gezwungen werden, seinen Informanten preiszugeben. Ihm steht ein gesetzli-ches Zeugnisverweigerungsrecht zu (§§ 383 ZPO; 53, 94 StPO). Er muss gegenüber Behörden, Gerichten oder Strafverfolgern **keine Angaben** über den Verfasser oder **Lieferanten von Informationen** oder Unterlagen machen. Dies dient dem Schutz des Vertrauensverhältnisses zwischen Medien und Informanten, somit der ungehinderten Informationsbeschaffung. Der Journalist kann also in gerichtlichen, staatsanwaltschaftlichen und polizeilichen Vernehmungen Angaben über seine Quellen verweigern. Das Zeugnisverweigerungsrecht gilt auch für den Bereich der Herstellung und Verbreitung von nicht-periodischen Druckerzeugnissen wie Bücher und Filmberichte.

Soweit schriftliche Unterlagen Hinweise auf Informanten geben könnten, dürfen sie nicht beschlagnahmt werden, anderenfalls wäre das Zeugnisverweigerungsrecht unvollständig.

Inzwischen sind davon auch das selbstrecherchierte Material und Beobachtungen erfasst, die der Journalist selbst, zum Beispiel als Zeuge einer Straftat, gemacht hat. Allerdings gelten hier einige Ausnahmen: Wenn es um Verbrechen (Mindestfreiheitsstrafe 1 Jahr), Friedens- und Landesverrat, Taten gegen sexuelle Selbstbestimmung oder Geldwäsche geht (BGBl. 2002, I, S. 682), muss ausgesagt werden. Das Zeugnisverweigerungsrecht gilt in diesen Verfahren nur dann, wenn die Identität des Informanten preisgegeben würde und die damit verbundene Einschränkung der Pressefreiheit unverhältnismäßig wäre.

Das Zeugnisverweigerungsrecht **entfällt**, wenn Medien selbst die Identität des Informanten preisgegeben haben (OLG Dresden AfP 2002, 229) oder die **Informationen mittels Straftat** (auch Beihilfe) erlangten. Wird der **Journalist selbst verdächtigt**, an einer Straftat beteiligt gewesen zu sein, kann Beweismaterial im Grundsatz wie bisher beschlagnahmt werden, es sei denn, die Beschlagnahme ist unverhältnismäßig. Voraussetzung ist auch, dass die Ermittlungen ohne diese beschlagnahmten Informationen aussichtslos oder wesentlich erschwert würden. Zusatzfragen (z. B. zum Honorar) müssen beantwortet werden. **Anzeigepflicht** bei **geplanten Verbrechen** besteht auch für den Journalisten.

Probleme ergeben sich regelmäßig für Redaktionen, wenn Strafverfolger Redaktionen oder Wohnungen der Journalisten durchsuchen mit der Begründung, es bestehe der Verdacht, zur Beschaffung der Informationen habe der Journalist eine Straftat begangen (zum Beispiel Bestechung, Anstiftung eines Beamten zum Geheimnisverrat). Allein derartige Durchsuchungen führen – unabhängig von ihrer Berechtigung und von ihrem Ergebnis – zu einem erheblichen **Vertrauensschaden** im Verhältnis der Redaktion zu ihren Informanten. **Zufallsfunde** über Kontakte der Journalisten, die mit dem Anlass der Durchsuchung gar nichts zu tun haben, sind zu befürchten. Eine von Durchsuchung betroffene Redaktion kann dann nur noch **Schaden begrenzen.**

> **Tipp:** Stehen die **Ermittler vor der Tür**, sollte der Journalist versuchen, mit ihnen eine vernünftige **Absprache zur Verhinderung des Übermaßes** bei der Durchsuchung zu erreichen. Er sollte versuchen, einen **Rechtsbeistand herbeizuholen**, ehe mit der Untersuchung begonnen wird. In jedem Falle sollten sofort Chefredaktion und **Verantwortliche** des Medienunternehmens **benachrichtigt** werden. Es empfiehlt sich, vorsorglich für derartige Situationen hausintern Ansprechpartner zu benennen.

Nach §§ 100 g und 100 h StPO sind Provider verpflichtet, Daten der Telefonverbindungen den Ermittlern zu übergeben, wenn es um „eine Straftat von erheblicher Bedeutung" geht (BGBl. 2001, I, S. 3879). Staatlichen Stellen ist es grundsätzlich verwehrt, sich Einblick in redaktionelle Vorgänge zu verschaffen, die zur Entstehung journalistischer Beiträge geführt haben, geschützt ist nicht nur die Geheimhaltung von Unterlagen, sondern auch der Kontakt zu Personen, die selbst Gegenstand der Berichterstattung sind. Verlangen Staatsanwälte also bei Unternehmen der Telekommunikation Auskunft über die Telefongespräche einer Redaktion, greifen sie in deren Presse- und Rundfunkfreiheit ein. Der Eingriff ist aber gerechtfertigt, wenn für die Straftat von erheblicher Bedeutung auch ein konkreter Tatverdacht und eine hinreichend sichere Tatsachenbasis vorhanden ist. Dies wurde im Falle des ZDF vom BVerfG bejaht, als es 1995 um den Aufenthaltsort eines namentlich bekannten Beschuldigten (Jürgen Schneider) ging, nicht um die Identität eines Informanten (NJW 2003, 1787, 1795).

III. Verwertbarkeit privater Dokumente

Als Grundlage journalistischer Berichterstattung dienen vor allem auch schriftliche Unterlagen aller Art: Briefe, Vermerke, Berichte, anwaltliche Schriftsätze und ähnliches. Unabhängig davon, auf welche Weise die Unterlagen beschafft wurden, stellt sich dem Journalisten die Frage, ob er alles veröffentlichen darf, was ihm schriftlich oder auf Datenträgern gespeichert in die Hände kommt. Er muss abwägen, ob das berechtigte Interesse eines Verfassers überwiegt, sein Schriftstück nicht der Öffentlichkeit zugänglich werden zu lassen, oder ob das Informationsinteresse der Öffentlichkeit im Einzelfall höher zu bewerten ist.

1. Eine Frage des Inhalts

Ob eine Redaktion ein Schriftstück ohne Wissen und gegen den mutmaßlichen oder erklärten Willen des Verfassers veröffentlichen darf, richtet sich maßgeblich nach dem Inhalt des Dokumentes.

Beispiel: Der Chefarzt eines Gemeindekrankenhauses hatte dem Bürgermeister der Gemeinde einen Brief geschrieben, worin er über das als kritikwürdig empfundene Verhalten eines unterstellten Arztes berichtete und dessen Suspendierung vom Bereitschaftsdienst anregte. Der Brief sollte in einem Buch über Fälle von Behandlungsfehlern veröffentlicht werden. Der Chefarzt wollte dies verhindern, das Bundesverfassungsgericht erklärte die Veröffentlichung aber für zulässig: Zwar verletzt die Veröffentlichung eines nicht zur Verbreitung vorgesehenen Briefes das **Persönlichkeitsrecht des Autors**. Der Chefarzt habe den Brief aber nicht als Privatmann geschrieben und der Brief sei zudem auch an einen Amtsinhaber gerichtet gewesen, von dem rechtliche Schritte erbeten wurden. Es habe sich bei dem Brief nicht um private Mitteilungen gehandelt sondern um Vorfälle von öffentlichem Interesse. Hier bestehe Schutz des Persönlichkeitsrechts nicht im selben Umfang wie Mitteilungen, die zur Intim- oder Privatsphäre des Autors gehören (BVerfG NJW 1991, 2339).

Neben dem **allgemeinen Persönlichkeitsrecht** machen in diesen Fällen die Verfasser ungenehmigt veröffentlichter Schriftstücke auch **Verletzung des Urheberrechts** geltend. Von einer **Schutzfähig-**

keit nach dem Urheberrechtsgesetz ist zum Beispiel bei anwaltlichen Schriftsätzen **auszugehen** (das Schriftstück muss eine persönlich geistige Schöpfung darstellen, siehe unten Urheberrecht). Wer ein Sprachwerk ungenehmigt veröffentlicht, verletzt die Rechte des Urhebers.

Aber auch hier ist eine **Rechtfertigung möglich**, die eine journalistische Veröffentlichung sogar gegen den Willen des Urhebers zulässig macht. Das Urheberrecht ist als Ausprägung des Eigentumsrecht ebenfalls in seiner Wechselwirkung mit anderen Grundrechten zu sehen. So geht die Meinungs- und Informationsfreiheit vor, wenn eine **Abwägung** ergibt, dass schützenswerte Belange des Urheberrechtsinhabers nicht gefährdet sind und **überragende Interessen der Allgemeinheit** eine Veröffentlichung verlangen (Schricker/Wild Urheberrecht, § 97 Rz. 20). Dies wurde zum Beispiel angenommen, als ein Schriftsatz, den der ehemalige DDR-Anwalt Gregor Gysi für seinen Mandanten, den Bürgerrechtler Robert Havemann, verfasst hatte, in einem Buch veröffentlicht wurde (OLG Hamburg NJW 1999, 3343).

2. Leserbriefe und andere Zusendungen

Leser und Zuschauer reagieren auf vorausgegangene Veröffentlichungen und äußern Meinungen, sie geben Anregungen, übermitteln Informationen und machen ihrem Ärger vielleicht einfach nur mal Luft. Manchmal warnen sie auch vor Veröffentlichungen, die geplant sind: Bitte nicht das Datum unserer Goldhochzeit bekannt machen, wir können uns ein Fest mit Gästen nicht leisten. Sie wenden sich also **zielgerichtet** mit Briefen **an die Redaktion**. Im Umgang mit diesen Äußerungen unterschiedlicher Art hat die Redaktion ganz besonders aufmerksam zu sein. Sie muss den **Zweck**, zu dem ihr der Brief übermittelt wurde, **beachten** und das Selbstbestimmungsrecht des Einsenders respektieren.

Dass jemand eine Redaktion anschreibt, deren Aufgabe es ja gerade ist, Öffentlichkeit herzustellen, bedeutet zunächst noch nicht, dass der Einsender sein Schreiben auch veröffentlicht sehen will. Die Zuschrift ist nicht bereits Veröffentlichung im Sinne des Urhebergesetzes (Erstveröffentlichung). **Adressat** ist erst einmal **nur die**

Redaktion, die aus einer begrenzten Personenzahl besteht, noch **nicht** die breite **Öffentlichkeit** unmittelbar. Untersagt der Verfasser der Redaktion die Veröffentlichung seines Textes ausdrücklich, so muss sich die Redaktion danach richten. Eine Veröffentlichung gegen dieses ausdrückliche Verbot ist „nur in extremen Ausnahmefällen" (KG NJW 1995, 3392) zulässig, in denen ein „dringendes Informationsbedürfnis" besteht. Ein solcher Extremfall könnte zum Beispiel dann vorliegen, wenn sich aus dem Dokument ergibt, dass eine wichtige politische Partei einen Kurswechsel plant (KG a.a.O.).

Beispiele:
- Ein Anwalt, der einer Redaktion den Text einer Richtigstellung mit der Aufforderung zum Abdruck zuleitet, muss sich nicht gefallen lassen, dass sein komplettes Anspruchsschreiben veröffentlicht wird (BGH NJW 1954, 1404).
- Wer einen Leserbrief schreibt und die Öffentlichkeit der Zeitungsleserschaft sucht, muss nicht dulden, dass die Redaktion anstelle des Abdrucks den Brief gezielt an einige interessierte Personen versendet (Deutscher Presserat, Richtlinie 2.6, Nr. 5).

Soll eine Zuschrift also als Leserbrief veröffentlicht werden, muss die Redaktion prüfen, ob „aus Form und Inhalt erkennbar auf einen solchen Willen des Einsenders geschlossen werden kann" (Deutscher Presserat, Richtlinie 2.6).

Beim **Kürzen und Redigieren** der zum Abdruck frei gegebenen Texte ist zu beachten, dass
- dafür die **Erlaubnis** vorliegt. Bei Leserbriefen darf die Redaktion davon ausgehen, wenn sie in der Rubrik den regelmäßigen Hinweis führt, sie behalte sich das Recht zur Kürzung vor, und wenn der Absender **nicht ausdrücklich** das Kürzen **untersagt** hat;
- keine **sinnentstellende Veränderung** des eingesandten Textes vorgenommen wird.

IV. Öffentlich zugängliche Quellen

Beispiel: Die Staatsanwaltschaft teilt mit, bei einer prominenten Persönlichkeit seien „szenetypische Tütchen" gefunden worden, es werde wegen Drogenmissbrauchs ermittelt.

In einem anderen Fall meldet dpa unter Berufung auf eine Illustrierte, gegen den Lebensmittelkonzern X werde ermittelt, weil zwei Kinder nach dem Genuss einer Fertig-Torte dieses Herstellers gestorben seien.

Der Journalist will über beide Fälle schreiben. Darf er die Informationen ungeprüft übernehmen?

1. Privilegierte Quellen

Journalisten müssen Informationen grundsätzlich auf ihren Wahrheitsgehalt überprüfen, ehe sie sie veröffentlichen, dies umso mehr, je schwerer und nachhaltiger das Ansehen eines Betroffenen durch die Veröffentlichung beeinträchtigt wird (BGH NJW 1977, 1288; s. o. B.I.1. Journalistische Sorgfaltspflicht). Die Anforderungen an diese **„pressemäßige Sorgfalt"** dürfen allerdings nicht überspannt werden (BGH NJW 1996, 1131). So darf der Journalist aus mancher Quelle Informationen übernehmen, ohne sie überprüfen zu müssen, weil diese **„privilegierten" Quellen** einen **„Vertrauenseffekt"** haben, der weitere Recherchen entbehrlich macht.

a) Gerichtsurteile und -beschlüsse

Zu diesen besonderen Quellen zählen vor allem **rechtskräftige Urteile und Gerichts-Beschlüsse**, denen der Journalist Informationen entnimmt. Wenn Medien ihre Berichte darauf stützen, genügen sie nach Ansicht des Bundesgerichtshofs ihrer „Recherchierungspflicht" (MDR 1985, 1014). Ein Urteil zum Beispiel, das eine Handlung für rechtswidrig erklärt, enthält zwangsläufig auch die Feststellung, dass diese Handlung tatsächlich geschehen ist (BGH NJW 1994,1950). Etwas anderes gilt nur dann, wenn dem Journalisten bekannt ist oder wenn er aufgrund bestimmter Umstände wissen muss, dass diese gerichtlichen Feststellungen unrichtig sind (z. B. rechtsstaatswidrige Entscheidungen des DDR-Regimes).

b) Behördliche Mitteilungen

Behördliche Mitteilungen, etwa von Staatsanwaltschaften, Gerichten und Polizei, müssen die Medien ebenfalls nicht nachrecherchieren, sie dürfen sich auf diese Quellen verlassen. Das schließt nicht aus, dass sie im Umgang mit diesen Mitteilungen besonders aufmerksam sein müssen: Ein Ermittlungsverfahren ist in Fluss und unterliegt Veränderungen, Entlastendes wird ebenso ermittelt wie belastende Verdachtsmomente, die schnelle Einstellung des Verfahrens ist ebenso denkbar wie die Erhebung der Anklage. Der Journalist hat deshalb ganz besonders auf die Aktualität der Behördenmitteilung zu achten, das Privileg gilt nur, sofern die Mitteilung **nicht erkennbar überholt** ist oder gar **widerrufen** wurde (KG Berlin AfP 1992, 302). Im Ausgangsbeispiel würde die Meldung über den Fund der „szenetypischen Tütchen" ihre Privilegierung verlieren, wenn sie durch die aktuellere Behörden-Mitteilung überholt wäre, die Untersuchung des Tütchen-Inhalts hätte keinen Nachweis für Drogen erbracht (siehe auch oben unter „Sorgfaltspflichten").

c) Gerichts- und Parlamentsverhandlungen

Journalisten dürfen verbreiten, was in **öffentlichen** Gerichtsverhandlungen und in Parlamentssitzungen gesagt wurde, **ohne den Inhalt** solcher Zitate **überprüfen zu müssen**. Lügt also ein Zeuge oder beleidigt ein Politiker, müssen Medien, die solche Äußerungen veröffentlichen, nicht mit Konsequenzen rechnen. Nach §§ 10 bzw. 11 der Landespressegesetze, nach den Staatsverträgen für öffentlich-rechtlichen und privaten Rundfunk (Ausnahme: Bayern) sowie für Mediendienste (Internet) sind **Gegendarstellungen** zu Berichten, die den Ablauf und die Erörterungen in Sitzungen von Gerichten und Parlamenten zum Gegenstand haben, **nicht möglich**. Durch eine „ungestörte" Berichterstattung über – naturgemäß kontrovers verlaufende – Verhandlungen soll eine erweiterte Öffentlichkeit die Chance haben, möglichst vollständig informiert zu werden (Seitz/Schmidt/Schoener, Rz. 276). Der Schutz dieser privilegierten Quellen umfasst alle Vorgänge, die sich während des Verlaufs einer Sitzung ereignet haben, zum Beispiel Fragen, Zusatzfragen, Antworten, aber auch Zwischenfälle, die sich während der Sitzung ereignen. Die Privilegierung gilt nicht für **nichtöffentliche Sitzungen**.

d) Presseagenturen

Auch Meldungen der etablierten und anerkannten **Presseagenturen** muss der Journalist in der Regel nicht nachrecherchieren (LG Hamburg AfP 1990, 332). Hier gilt aber ebenfalls das Privileg nur insoweit, als keine Zweifel an der Zuverlässigkeit der Meldung erkennbar sind. Beriefe sich im Torten-Beispiel die Agentur unmittelbar auf Mitteilungen der Staatsanwaltschaft, spräche nichts gegen eine ungeprüfte Übernahme der Meldung. Ist aber Grundlage der Agentur-Meldung ein anderer Pressebericht, sind Zweifel angebracht. Hier hat die Agentur nichts weiter getan, als ungeprüft einen fremden Text zu übernehmen. Der Journalist ist in einem solchen Fall von seiner Recherchepflicht nicht entbunden (Prinz/Peters, Medienrecht, Rz. 280).

2. Andere Presseveröffentlichungen

Von seiner Recherchepflicht nicht entbunden ist der Journalist, wenn er selbst andere Medien auswertet. **Presseveröffentlichungen** gehören **nicht** zu den **privilegierten Quellen** (BVerfG NJW 1992, 1439, Bayer) Einige Presserechtler sehen in diesen Fällen die Recherchepflicht erfüllt, wenn der Journalist bei der anderen Redaktion nachfragt, ob es Beanstandungen gegeben hat (Soehring, Presserecht, Rz. 2.20). Hier ist Vorsicht geboten, Gerichte könnten dies anders beurteilen: Die Beanstandung fehlt vielleicht nur deshalb, weil der Betroffene die erste Veröffentlichung gar nicht gesehen hat. Nach Ansicht des Bundesverfassungsgerichts (a.a.O. S. 1442) wird eine falsche Tatsachenbehauptung in der Presse nicht dadurch zulässig, dass sie unwidersprochen bleibt, es sei durchaus denkbar und legitim, dass der Geschädigte gegen eine Zeitung vorgeht und die andere verschonen will. Hat im Torten-Beispiel also das Unternehmen gegenüber der Illustrierten nicht bestritten, dass ermittelt wird, ist dies kein ausreichendes Indiz für die Richtigkeit der Tatsache. Der Redakteur, der die Meldung übernehmen will, müsste sie bei den Beteiligten unmittelbar **verifizieren**.

3. Internet

Das Internet ist eine schnelle und reichhaltige Quelle für journalistische Recherchen. Die Zuverlässigkeit der dort bereitgehaltenen Informationen ist aber nicht in jedem Falle gegeben. Die **Herkunft der Informationen** ist nicht unmittelbar zu verifizieren, auf **anonyme Quellen** darf nicht vertraut werden (BGH NJW 1977, 1288). Eine erhöhte Nachprüfungspflicht ergibt sich für den Journalisten also aus der Flüchtigkeit und aus der Anonymität des Mediums.

4. Tipp: Bei Übernahme zu beachten

Der Journalist darf unter den genannten Voraussetzungen zwar Tatsachen aus **behördlichen Quellen** ohne weitere Recherche übernehmen, das bedeutet aber nicht, dass er die Mitteilung auch immer **komplett** und **im gleichen Wortlaut** verbreiten darf. Es unterliegt seiner eigenen Prüfung und Verantwortung, welches Detail er mit welchen Worten veröffentlicht, ob er Namen nennt oder ob er eventuell Einzelheiten aus der Intimsphäre weglassen muss. **Weitere Sorgfaltspflichten**, etwa die Anhörung des Betroffenen und Vermeidung von Vorverurteilung, muss er erfüllen, damit der Bericht insgesamt zulässig ist. Äußert zum Beispiel die Staatsanwaltschaft einen nach gegenwärtigem Ermittlungsstand bestehenden Verdacht, darf der Verdacht in der Berichterstattung nicht als feststehende Tatsache geschildert werden (s. u. D.IX. Verdächtigungen und Gerüchte).

Gerichts- und Parlamentsberichterstattung muss **wahrheitsgetreu** sein, damit die gesetzliche Privilegierung Bestand hat. Sie muss dafür objektiv und vollständig sein, darf den Sachverhalt nicht durch Kontext und Kommentierung verzerren oder tendenziös wiedergeben. Zwar wird eine lückenlose Widergabe des Sitzungsverlaufs nicht verlangt, Auslassungen dürfen aber nicht zu einer inhaltlichen Verzerrung führen. Wird durch die journalistische Darstellung der Sitzungsbericht nach Inhalt und Form stark subjektiviert, kann die vom Gesetz verlangte „Wahrheitstreue" verloren gehen und damit die Privilegierung entfallen (Seitz/Schmidt/Schoener, Rz. 280/281).

Bei der **Verwertung anderer Presseberichte** ist zu beachten, dass nach erfolgreicher Prüfung des Wahrheitsgehaltes nicht bei der Übernahme der Informationen inhaltliche Veränderungen entstehen. Ergänzt ein Presseunternehmen ihm vorliegende Meldungen oder gibt es ihnen eine andere Tendenz, trägt es dafür die volle Verantwortung (OLG Saarbrücken NJW 1997, 1376).

Beispiel: In einer überregionalen Zeitung war kritisch aber korrekt über eine Immobilien-Firma berichtet worden, die einen Gebäudekomplex mit 300 Wohnungen erworben hatte und sich sehr mieterunfreundlich verhielt. Der alleinige Gesellschafter und Geschäftsführer X, dessen Namen die Firma führt, war mehrere Jahre zuvor ausgeschieden und besaß keine Geschäftsanteile mehr. Eine Regional-Zeitung übernahm die Informationen aus diesem Bericht für eine Reportage über den Gebäudekomplex und behauptete unter anderem, eine Mieterin habe hier mit den Geschäftspraktiken des Herrn X „Bekanntschaft gemacht". Das OLG Saarbrücken (a.a.O.) stellte dazu fest, die Regional-Zeitung sei ihrer Pflicht zur Prüfung des Wahrheitsgehaltes nicht nachgekommen. Im Bericht der überregionalen Zeitung sei darauf hingewiesen worden, Herr X habe „glaubhaft" versichert, mit den Machenschaften seiner früheren Firma, die nur noch seinen Namen trage, nichts mehr zu tun zu haben, weil er bereits vorher das Unternehmen verlassen hatte. Das Gericht monierte, dass die Regionalzeitung den entscheidenden Punkt aus dem früheren Bericht, die Erklärung des Herrn X sei ausdrücklich als „glaubhaft" einzustufen, nicht erwähnte. Die Zeitung habe durch ihre Darstellung Herrn X unzulässig mit dem aktuellen Vorgehen seiner ehemaligen Firma identifiziert.

Neben diesen Sorgfaltspflichten, die sich aus dem Inhalt der Quellen ergeben, hat der Journalist auch zu beachten, dass er bei der Übernahme von Material aus anderen Quellen **geistiges Eigentum** Dritter respektiert. Die Freiheit des world wide web bedeutet nicht, dass Texte und Bilder vogelfrei sind und **bedenkenlos abgekupfert** werden dürfen (s. u. V.).

V. Urheberrecht an Texten und Bildern

Journalisten verfassen Texte, moderieren, filmen, fotografieren oder illustrieren mit Grafiken und Karikaturen. Sie haben geistiges Eigentum an ihren Werken. Das Recht, dieses Eigentum zu nutzen, übertragen Journalisten in der Regel – über ihre Arbeitsverträge oder über Einzelverträge – gegen entsprechende Vergütung an Verlage, Sender oder Anbieter von Internetdiensten.

Andererseits greifen sie bei ihrer Arbeit auf Texte und Bilder zurück, die andere hergestellt haben. Redaktionen, insbesondere Fernsehredaktionen, sind oft auf den Zukauf von Bildmaterial anderer angewiesen. Sie müssen also mit geistigem Eigentum Dritter arbeiten und deren Rechte berücksichtigen. Im Internet wird heftig zu Lasten der Urheber gewildert, denn viele Menschen glauben immer noch, was im Netz steht, ist frei für jedermann, und das unerlaubte Herunterladen von Texten und Bildern werde ohnehin nicht bemerkt.

In diesem Bereich ergeben sich auch für den Journalisten viele Fragen und Probleme. Deren Behandlung würde den Rahmen dieses Ratgebers überziehen. Im Folgenden werden deshalb lediglich die wichtigen Stichworte zum Urheberrecht genannt. Für eine vertiefende Darstellung dieses Rechtsgebietes wird verwiesen auf den Beck-Rechtsberater im dtv Nr. 5291 **„Meine Rechte als Urheber"** von Gernot Schulze.

1. Was ist geschützt?

Texte sind als Sprachwerke urheberrechtlich geschützt, sofern sie **persönliche geistige Schöpfungen** darstellen. Die Anforderungen an die „Schöpfungshöhe" des Sprachwerks sind gering, d. h. Originalität oder Eigentümlichkeit der sprachlichen Ausgestaltung müssen nicht besonders hoch ausgeprägt sein (Schricker, § 2 UrhG, Rz. 11 ff.). Abstrakte Ideen und Methoden sind dagegen nicht schutzfähig.

Zu den geschützten Werken der Literatur, Wissenschaft und Kunst gehören nach § 2 Abs. 1 UrhG insbesondere (s. Zentek/Meinke, S. 17):

• Sprachwerke, wie Schriftwerke, Reden und Computerprogramme, zum Beispiel: Vorträge, Reden; Bedienungs- und Gebrauchsanweisungen; Computerprogramme; Exposés und Filmtreatments; schriftlich niedergelegte Showkonzepte (Fernsehformate); Formulare und Merkblätter; journalistische Arbeiten, wie Kritiken, Kommentare, Interviews; bei Werbeprospekten besteht kein Konzeptschutz, aber Schutz der darin enthaltenen Einzelelemente: Fotos (Lichtbildwerk, Lichtbild), Grafik (Werk der angewandten/bildenden Kunst), Skizzen, Konstruktionszeichnungen (technisch/wissenschaftliche Darstellung), einzelne Textstellen (Sprachwerk), Verbindung Text/Grafik/Bild (Sammelwerk);

• Werke der Musik;

• pantomimische Werke einschließlich der Werke der Tanzkunst;

• Werke der bildenden Künste einschließlich der Werke der Baukunst und der angewandten Kunst und Entwürfe solcher Werke; zum Beispiel: Gemälde, Skulpturen, Plastiken, Happenings, Installationen, Figuren, Gebrauchsgegenstände (Möbel, Lampen...), Raumgestaltende Werke, Werke der Innenarchitektur (darunter auch Bühnenbilder);

- Lichtbildwerke einschließlich der Werke, die ähnlich wie Licht-bildwerke geschaffen werden (Voraussetzung ist Individualität im Sinne des § 2 Abs. 2 UrhG);
- bei fehlender Individualität haben Fotografien entsprechenden Schutz als einfaches Lichtbild (Leistungsschutz § 72 UrhG);
- mit digitaler Technik angefertigte bzw. bearbeitete lichtbildähnli-che Werke;
- Filmwerke einschließlich der Werke, die ähnlich wie Filmwerke geschaffen werden; Voraussetzung ist Individualität im Sinne des § 2 Abs. 2 UrhG: „Gesamtkunstwerk", bestehend aus: Exposé, Treatment, Drehbuch, gesprochene Dialoge (Sprachwerke); Film-musik (Werke der Musik); Requisiten, Bühnenbilder, Kulissen (Werke der bildenden Kunst/Innenarchitektur); Computer-Ani-mationen (Lichtbildwerke); Leistungen von Kameramann, Mas-kenbildner, Cutter etc.; Leistungen der ausübenden Künstler;
- bei fehlender Individualität besteht Schutz als einfaches Laufbild, § 95 UrhG:
- Filmähnliche Werke (mit digitaler Technik angefertigt bzw. bear-beitet);
- Multimedia-Werke, Gesamtwerk durch Verbindung von Text, Ton, Bild, Musik etc.;
- Darstellungen wissenschaftlicher oder technischer Art, wie Zeichnungen, Pläne, Karten, Skizzen, Tabellen und plastische Darstellungen, Schaubilder, Schemazeichnungen, Konstruktions-zeichnungen;
- Webseiten (können auch reine Schriftwerke, Werke der bildenden Kunst oder Datenbanken sein, so bei Link-Verzeichnissen).

Presseberichte sind geschützt, soweit es sich nicht um reine **Kurz-meldungen** handelt – denn: Die Nachricht als solche ist frei (Inhalt der Information), nicht aber die Form.

Gemeinfrei, das heißt für jeden frei zur Verbreitung, sind nur: Ge-setze, Verordnungen, amtliche Erlasse, gerichtliche oder behörd-liche Entscheidungen (DIN-Normen sind entweder amtliche Wer-ke oder Darstellungen technischer Art). **Reden über Tagesfragen,**

die bei öffentlichen Veranstaltungen oder im Rundfunk gehalten wurden, sind für Zeitungen, Zeitschriften und Nachrichtendienste ebenfalls frei (§ 48 Abs. 1 Ziffer 1 UrhG). **Nicht frei** sind dagegen Predigten, akademische Vorlesungen, wissenschaftliche Vorträge auf Kongressen, Dichterlesungen (Rehbinder, Urheberrecht, Rz. 280).

Wirken mehrere Urheber zusammen, wie etwa beim **Film** (Regisseur, Kameramann, Cutter), entsteht eine **Miturheberschaft.** Mehrere Urheber leisten Beiträge, um gemeinschaftlich eine einheitliche Schöpfung herzustellen.

Dem Urheberrecht verwandte **Leistungsschutzrechte** erwerben diejenigen, die nicht selbst Werke herstellen, sondern an deren Herstellung durch unternehmerische Leistungen mitwirken (Sendeunternehmen, Filmproduzenten, Datenbankhersteller, Hersteller von Tonträgern, Verfasser wissenschaftlicher Ausgaben) oder durch Reproduzieren (ausübende Künstler wie Sänger, Schauspieler, Musiker).

Der Urheber hat das Erstveröffentlichungsrecht (§ 12 UrhG). Dem Urheber steht das ausschließliche Recht zu, die **öffentliche Zugänglichmachung** seines Werkes zu erlauben oder zu verbieten (§ 15 UrhG).

2. Nutzungsrechte

Die bedeutsamste Handlung des Urhebers bei der wirtschaftlichen Verwertung seines Werkes ist die **Übertragung von Nutzungsrechten** an Dritte (§ 31 UrhG). Der Urheber kann dem Dritten das Recht zur eigenen Nutzung oder zum Zweck der Wahrnehmung einräumen: Er überträgt entweder das einfache oder das ausschließliche Recht. Er kann entscheiden, in welcher Verwertungsart (Print, online, Sender, Sendeformat usw.) und unter welchen Umständen die Veröffentlichung des Werkes erfolgen soll, ob und wie es umgestaltet werden darf (§ 23 S. 1 UrhG). Er kann eine Entstellung des Werkes verbieten (§ 14 UrhG).

Das **einfache Nutzungsrecht** berechtigt den Erwerber, das Bild/den Text auf eine bestimmte verabredete Art zu nutzen. „Nutzungsart" ist die klar abgrenzbare, wirtschaftlich-technisch als einheitlich und selbständig sich abzeichnende konkrete Art und Weise der Nutzung (Schricker, §§ 31/32 Rz. 38). Der Urheber kann die Nutzung seiner Rechte inhaltlich (für einzelne Nutzungsarten), zeitlich und räumlich beschränkt oder unbeschränkt, übertragen. Rechte des Urhebers und anderer Berechtigter werden dadurch nicht berührt (eingeschränkt).

Das **ausschließliche Nutzungsrecht** berechtigt dagegen den Erwerber unter Ausschluss aller anderen, das Werk exklusiv zu nutzen und weitere, einfache Nutzungsrechte einzuräumen. Die Nutzung durch den Urheber kann aber vorbehalten werden (§ 31 Abs. 3 UrhG).

Angestellte Redakteure, Fotografen und Kameraleute übertragen sämtliche Nutzungsrechte an ihren Arbeitsergebnissen auf den Verleger, das Sendeunternehmen, also auf den Arbeitgeber. Dies wird durch **Arbeitsvertrag und Manteltarifvertrag** einmalig mit Begründung des Arbeitsverhältnisses vereinbart. Darin eingeschlossen ist in der Regel auch das Bearbeitungsrecht. Mit dem Gehalt wird die Rechteübertragung abgegolten.

Für noch **nicht bekannte Nutzungsarten** kann im Voraus keine Rechte-Übertragung vereinbart werden (§ 31 Abs. 4 UrhG).

Aus diesem Grund war der Umfang hinsichtlich der für das **Internet** übertragenen Rechte zwischen Medienunternehmen und Gewerkschaften lange im Streit. Entsteht ein neues technisches Verbreitungsmedium, beginnt die Auseinandersetzung zunächst mit der Frage, ob es sich um eine neue Nutzungsart im Verhältnis zu den bislang bekannten handelt (so auch für **CD-ROM, Compac-Disc, DVD**). Online-Veröffentlichungen sind inzwischen als eigenständige Nutzungsart gegenüber Print-Veröffentlichungen anerkannt. Werden Fotos, die zur Nutzung in einer Tageszeitung erworben wurden, auch im Online-Dienst des Verlages verbreitet, muss dafür also die zusätzliche Einwilligung des Fotografen eingeholt werden. Für Neuverträge zwischen Redakteuren und einem Zeitungsverlag spielt es eine Rolle, ob der Verlag inzwischen ein etabliertes Online-Angebot hat. Die Rechtsprechung ordnet dies teilweise dem „Betriebszweck" des Verlages zu, so dass die Rechte mit dem Arbeitsvertrag als stillschweigend eingeräumt gelten, wenn eine ausdrückliche Vereinbarung fehlt. (Bei Altverträgen hat der Redakteur eine

Anbietungspflicht, wenn zum Beispiel CD-ROMs hergestellt werden; s. im Einzelnen: Rehbinder, Urheberrecht, Rz. 331–334.)

Für den Erwerb der Rechte von **freien** Mitarbeitern/Fotografen (auch Laien) und Agenturen, und sonstigen ausschließlich Nutzungsberechtigten gilt das **Prinzip der freien Vereinbarung**. Es gibt keinen Formzwang für Verträge.

Den **gutgläubigen Erwerb** von einem Nichtberechtigten **gibt es nicht** (BGHZ 5, 119; KG ZUM 1997, 397), deshalb ist eine exakte Vereinbarung, sorgfältige Absprache und möglichst schriftliche Fixierung ratsam. Dies kann für den Journalisten von Bedeutung sein, wenn er zum Beispiel während der Recherche vor Ort von irgendeinem der Beteiligten Bildrechte erwirbt und anschließend erfahren muss, dass diese Person gar nicht Inhaber der Rechte war. Er sollte also klären, ob der Anbieter entweder selbst Urheber oder zumindest berechtigt war, Nutzungsrechte einzuräumen. Diese **Prüfungspflicht** muss zur Vermeidung von Ansprüchen (siehe unten) sorgfältig wahrgenommen werden.

Bei der Einräumung der Nutzungsrechte gilt der Grundsatz der **Zweckübertragungslehre** (§ 31 UrhG): Nutzungsrechte werden im Zweifel nur in dem Umfang übertragen, der erforderlich ist, um den mit der Übertragung verfolgten konkreten Zweck zu erreichen.

Das heißt: Erwirbt der Verleger mehrerer Zeitschriften ein aktuelles Foto/einen Text zur Veröffentlichung in einer bestimmten Zeitschrift, so ist er nach der Zweckübertragungslehre im Zweifel nicht berechtigt, es/ihn auch in anderen Zeitschriften zu veröffentlichen, während der Autor, der Fotograf oder die Agentur nach § 38 UrhG im Zweifel für die Dauer eines Jahres daran gehindert ist, das Werk anderweitig zu publizieren. § 38 UrhG gilt nur, sofern nichts anderes vereinbart wurde: Verleger von Zeitungen erwerben ein einfaches Nutzungsrecht (Abs. 4), Zeitschriftenverleger ein ausschließliches, das aber ein Jahr nach Ausscheiden aus dem Arbeitsverhältnis endet.

Agenturen und Fotografen achten in der Praxis darauf, diese Sperre durch Vereinbarung aufzuheben.

Wer ein Urheberrecht verletzt, kann auf **Unterlassung und Schadensersatz** in Anspruch genommen werden (§ 97 UrhG). Ein Anspruch auf Schadensersatz setzt voraus, dass dem Verletzer Vorsatz und Fahrlässigkeit zur Last gelegt werden kann. Fahrlässig handelt, wer die im Verkehr erforderliche Sorgfalt außer Acht lässt (§ 276 Abs. 2 BGB). Die Gerichte verlangen ein hohes Maß an Sorgfalt. Wer ein fremdes Recht nutzen will, hat eine **Prüfungspflicht**, er muss sich **vergewissern**, dass er die Erlaubnis von dem **wahren Berechtigten** bezieht. Im Falle einer Übertragungskette muss der Letzterwerber die wirksame Weiterübertragung von Rechten auf den einzelnen Stufen prüfen und darf sich nicht auf Angaben eines Vertragspartners verlassen.

Mediendienste, die Informationen anbieten, können sich hinsichtlich der Sorgfaltspflichten nicht auf die Haftungserleichterungen berufen, die nach § 8 TDG für Internet-Provider gelten (vgl. zur Haftung: Wenzel, Urheberrecht für die Praxis, Rz. 10.31).

Tipp: Bei der Vereinbarung über Nutzungsrechte sollte beachtet werden:
- Welche Art der Nutzung soll erworben, bzw. übertragen werden, für welches Medium, eventuell auch Nutzung in elektronischen Medien?
- Ist derjenige, der ein Recht veräußert, wirklich auch Inhaber des Rechts?
- Darf der erworbene Text bearbeitet (redigiert) werden?
- Urheberbennennung kann vom Urheber verlangt werden;
- Vergütung des Urhebers – soll sie pauschaliert sein oder soll der Urheber an Verkaufs- und Lizenzerlösen beteiligt werden? Sind alle Nutzungsarten mit dem Honorar einmalig abgegolten?

---

3. Freie Nutzung

In der Praxis der Journalisten ist von Bedeutung, welche Teile fremden Eigentums möglichst ohne Einwilligung des Rechte-Inhabers und möglichst kostenlos nutzbar sind.

a) Vervielfältigen und Archivieren

Zulässig ist – ohne Zustimmung des Urhebers –, Kopien fremder Werke **zum „privaten" und „sonstigen eigenen Gebrauch"** herzustellen (§ 53 Abs. 2 UrhG), insbesondere zu **eigenen Archivzwecken**. Es dürfen aber nicht viele sein, nach Ansicht des BGH nicht mehr als sieben (ZUM 1978, 344). Eine **Verbreitungshandlung**, die zustimmungsbedürftig ist, wird aber dann vorgenommen, wenn das Archiv seine Dienste **Außenstehenden** und Journalisten (zum Zwecke der Verbreitung) anbietet. Das gilt auch bei **elektronischer Speicherung** des Archivs (BGH ZUM-RD 1997, 329 CB-Infobank I), hier besteht ein Schutzbedürfnis der Nutzungsberechtigten, weil die elektronische Speicherung eine besondere Abrufbarkeit, eine neue Verfügbarkeit der Informationen möglich macht.

b) Pressespiegel

Pressespiegel (politische, wirtschaftliche oder religiöse Tagesfragen betreffend) dürfen **genehmigungsfrei** (aber vergütungspflichtig über VG-Wort) vervielfältigt und verbreitet werden (§ 49 UrhG).

Eine Anwendung der Regelung für den **digitalen Bereich** (elektronischer Pressespiegel) ist nach Ansicht des BGH möglich. Ausnahme: Pressespiegel, die durch **externe Dienstleister** hergestellt und **kommerziell** vertrieben werden. Eine elektronische Übermittlung eines Pressespiegels kann, so der BGH „allenfalls dann vom Privileg des § 49 Abs. 1 UrhG erfasst sein, wenn es um eine betriebs- oder behördeninterne Verbreitung, also einen so genannten **In-house-Pressespiegel** geht." Es dürfe auch keine **Volltext-Erfassung** stattfinden, die es ermöglicht, die einzelnen Pressetitel indizierbar zu machen und in eine **Datenbank** einzustellen (BGH AfP 2002, 437).

Die Wiedergabe von Auszügen (Presseschau) ist gebührenfrei möglich.

c) Internet-Suchdienste

Wird ein **Hyperlink** zu einer Datei auf einer **fremden Website** gesetzt, die ein urheberrechtlich geschütztes Werk enthält, wird dadurch nicht in das **Vervielfältigungsrecht** an diesem Werk eingegriffen. Wer sein urheberrechtlich geschütztes Werk ohne technische Schutzmaßnahmen **im Internet öffentlich zugänglich** macht, ermöglicht dadurch bereits selbst die Nutzungen durch andere im Internet. Urheberrechtlich unbedenklich ist deshalb, wenn ein anderer Anbieter auf seiner Site Hyperlinks setzt und darüber einen **Zugang** zu diesem Werk schafft und ihn – auch in der Form von deep links – erleichtert (BGH AfP 2003, 545). So ist ein Internet-Suchdienst (z. B. paperboy, google oder yahoo) nach Ansicht des BGH nicht daran gehindert, seinen Nutzern durch den Einsatz von Hyperlinks den **Abruf kompletter Artikel** zu erleichtern, die in anderen allgemein zugänglichen Online-Angeboten bereitgestellt sind. Verlage oder Autoren, die an solchen Texten die Rechte haben, müssen es in der Regel hinnehmen, wenn die Suchmaschine zum Beispiel nach Eingabe eines Suchwortes eine Artikelliste anbietet und ihre Nutzer über **deep links** direkt auf die Internet-Seite des jeweiligen Artikels leitet. Die Umgehung der – oft mit Werbung bestückten und finanzierten – Homepage des jeweiligen Mediums ist dabei nicht zu beanstanden, solange die **Herkunft nicht verschleiert** wird.

Nach Ansicht des BGH wäre ohne die Inanspruchnahme von Suchdiensten und den Einsatz von deep links eine **sinnvolle Nutzung** der unübersehbaren **Informationsfülle** im World Wide Web praktisch ausgeschlossen. Wer ein Online-Angebot der Allgemeinheit zugänglich mache, so der BGH der „müsse auch Beschränkungen in Kauf nehmen, die sich aus dem **Allgemeininteresse an der Funktionsfähigkeit des Internets**" (BGH a.a.O. S. 550) ergäben. Auch wenn dem Inhaber der Rechte an dem jeweils direkt aufgerufenen Artikel durch die **Umgehung der Startseite** Werbeeinnahmen entgingen, könne er nicht verlangen, dass den Nutzern nur der umständliche Weg über die Startseite bleibe. Ob der Nutzer, der auf diese Weise das Werk (Text oder Bild) schnell und einfach im Internet gefunden hat, damit anschließend auch urheberrechtlich korrekt umgeht, ist eine andere Frage.

d) Zitieren und freie Benutzung

Stellen eines geschützten Werkes dürfen unter **Angabe der Quelle** wörtlich zitiert werden, wenn und soweit dies durch den **Zweck** der eigenen Darstellung geboten ist (Zitierfreiheit, § 51 UrhG).

Erste Voraussetzung: Das Werk, aus dem zitiert werden soll, muss **bereits „veröffentlicht"** worden sein. Das bedeutet, es muss, für eine Mehrzahl von Personen bestimmt, aus der Sphäre des Urhebers heraus verbreitet worden sein, bevor es zitiert wird. Ist dagegen der Kreis der Personen, die das Werk wahrnehmen können, klar benannt und abgegrenzt und sind die Personen durch gegenseitige Beziehungen oder durch Beziehung zum Urheber persönlich untereinander verbunden, liegt eine Veröffentlichung im Sinne des Urheberrechts nicht vor. Aus diesem Werk dürfte also (noch) nicht zitiert werden.

Beispiel: Für Redaktionen ist diese Unterscheidung wichtig, wenn sie Vorab-Exemplare von Buchmanuskripten erhalten. Buchverlage möchten Auszüge eines demnächst erscheinenden Werkes in den Medien verbreiten, das Manuskript wird mehreren Redaktionen unverlangt zur Ansicht und mit dem Angebot des Vorabdrucks bei Einhaltung einer Sperrfrist übersandt. Entscheidet sich die Redaktion, eine solche Vereinbarung nicht zu schließen und auf den Vorabdruck zu verzichten, so kann sie ihre Exklusiv-Kenntnisse an dem Buchinhalt nicht durch freies Zitieren öffentlich kund tun. Das Werk wurde noch nicht veröffentlicht. Der Versand von Manuskripten an begrenzte Personen und unter klaren Auflagen kann nicht als Veröffentlichung im Sinne des Urheberrechts verstanden werden, ein Zitieren ohne Einwilligung des Verlages ist nicht möglich.

Auszugsweise wörtliche Wiedergabe eines Anwaltsschriftsatzes zur Parteispendenaffäre ist unzulässig nach UrhG – ungeachtet seines Informationswertes (BGH GRUR 1986, 739).

Die Wiedergabe des fremden Werkes als Zitat erfolgt **zu Zwecken das Belegens** innerhalb eines eigenen, **selbständigen Werkes** und darf nicht um ihrer selbst willen erfolgen (BGH NJW 1985, 2134). Ein Zitat muss als solches kenntlich gemacht werden (OLG München AfP 1998, 632).

Für die Übernahme von Teilen eines **Filmes** möchten Journalisten immer wieder mit der Faustregel arbeiten, alles, was unter **30 Sekunden Sendezeit** liegt, sei mit Sicherheit nur ein Zitat und damit lizenz- und einwilligungsfrei auszustrahlen. Hier ist große Vorsicht angebracht: das Kriterium ist nicht der Zeitumfang, sondern vor allem die **Belegfunktion** des übernommenen Ausschnitts. Hieran scheitert es in der Praxis oft, weil meist gerade die Sequenz ausgesucht wird, die zum Kern des fremden Werkes gehört und die im eigenen Beitrag des Übernehmenden eine zentrale Rolle erhält, somit im neuen Filmbeitrag eine eigene Bedeutung und nicht nur Belegfunktion hat.

Andererseits können längere Zitate, im Extremfall sogar die Wiedergabe ganzer Werke, zulässig sein, wenn sich das zitierte Werk mit ein oder zwei Kernsätzen nur unvollkommen veranschaulichen lässt. **Bilder** können in der Regel nur als Ganzes – also nicht als Bildausschnitt – dargestellt werden, dies ist als „Großzitat" zulässig (Schricker § 51, Rz. 45). Zum Zwecke kritischer Auseinandersetzung **darf in den Medien umfangreicher zitiert werden**. Es darf aber nicht so weit kommen, dass Zitate den Beitrag im Wesentlichen prägen (OLG Hamburg GRUR 1990, 36). Der Zitatzweck ist überschritten, wenn ein Bild nicht mehr nur zum Belegen des Textes, sondern zu seiner **Illustration** benutzt wird. Dies entscheidet sich in der Regel an der Größe und Aufmachung des übernommenen Bildes im Verhältnis zum Text („Briefmarke"), nicht, wie manche Redaktionen glauben, dadurch, dass sie das Bild mit ausgefranstem Rand präsentieren, als sei es irgendwo herausgerissen worden, es im Übrigen aber groß abbilden.

Satiriker, die **fremde Film-Ausschnitte** oder **Bilder** für ihre Beiträge verwerten, können sich auf das Recht der freien Benutzung (§ 24 UrHG) berufen. Eine Satire oder Parodie darf danach geschützte Teile des fremden Werkes übernehmen, wenn die Bezugnahme darauf und die inhaltliche oder künstlerische Auseinandersetzung mit ihm erkennbar wird. Bedingung ist, dass ein **eigenes neues Werk** geschaffen wird, in welches der fremde Ausschnitt eingearbeitet wird, und dass ein **„innerer Abstand" zum Originalwerk** erkennbar ist (BGH ZUM 1993, 534 und 537 – Asterix und Obelix). Es kommt nicht darauf an, ob die Übernahme für die beabsichtigte Satire auch erforderlich war (BGH ZUM-RD 2000, 326 – Mattscheibe). Satire will sich üblicherweise von dem übernommenen Werk distanzieren und einen Gegensatz herausarbeiten. Es muss deshalb ein „innerer Abstand" zum übernommenen, mit der Satire kritisierten Werk bestehen, um dessen Inhalt mitteilen zu dürfen (Rehbinder, Rz. 230).

Über die **Grenzen des Zitatrechts** und der **freien Benutzung** wird in der Praxis oft gestritten. Für den Chefredakteur eines Fernseh-Senders war die satirische Nutzung von TV-Sequenzen durch Stefan Raab zum Beispiel ein „schnöder Bilderklau".

Beispiele:
- Unter der Überschrift „Rudolf der Eroberer" brachte der SPIEGEL gegen den Willen der Zeitschrift „Bunte" eine nachgezeichnete foto-realistische Version des damaligen exklusiven Titelfotos der Münchner Illustrierten und setzte dabei Bundesverteidigungsminister Rudolf Scharping samt Lebensgefährtin Kristina Gräfin Pilati in einen Swim-

ming-Pool in Form eines Stahlhelms. Die „Bunte" klagte dagegen und bekam Recht: Das Münchner Landgericht sieht im gezeichneten Scharping keine eigenschöpferische Leistung. Nach Meinung der Richter hat der SPIEGEL den urheberrechtlichen Leistungsschutz verletzt, da das Foto nahezu unverändert übernommen worden ist. Das Nachrichtenmagazin darf den Stahlhelm-Titel nun nicht mehr veröffentlichen (LG München I AfP 2002, 444, bestätigt durch OLG München AfP 2003, 553).

• Der Produzent der Satire-Sendung TV Total ist mit mehreren Sendeunternehmen und -anstalten im Streit. Ihm wird vorgeworfen, sich mit Film-Ausschnitten bei anderen nur zu bedienen, ohne selbst ein neues Werk oder eine eigene Schöpfung herzustellen. Die Ausschnitte würden oft unbearbeitet übernommen. Der Produzent meint, die Ausschnitte seien frei nutzbar und damit vergütungsfrei. Ob sich die Kontrahenten einigen oder den Fall ausprozessieren, bleibt abzuwarten.

• Das Magazin Focus veröffentlichte unter der Überschrift „Der unseriöse Staat" einen Beitrag über einen angeblichen Missbrauch des Steuerrechts. Dem Artikel war die farbige Darstellung eines Bundesadlers vorangestellt. Die VG Bildkunst verlangte Unterlassung, die auf die Erben übergegangenen Nutzungsrechte des Künstlers Gies seien verletzt. Der BGH bestätigte das nicht. Auch wenn vordergründig eine Übereinstimmung beider Adlerdarstellungen bestehe, so handele es sich hier um eine zulässige freie Benutzung, die sich der Mittel der Parodie und der Karikatur bediene. Um den Bundestag als Gesetzgebungsorgan karikaturistisch darzustellen, bleibe das Original des Gies-Adlers zwar erkennbar. Entscheidend sei aber die Verwandlung des würdigen, eher etwas träge, stets aber gutmütig wirkenden Gies-Adlers (fette Henne) in einen gierigen bösartigen Raubvogel, der trotz gewollter Übereinstimmungen mit dem Original nichts gemein habe. (BGH AfP 2003, 541)

4. Das Urhebervertragsgesetz

Neu seit 1. Juli 2002 ist das Urhebervertragsgesetz. Danach haben Urheber und ausübende Künstler nun einen gesetzlichen Anspruch auf „angemessene Vergütung", wenn sie anderen Nutzungsrechte an ihren Werken einräumen (§ 32 UrhG). Sollten die Erträge des Nutzungsberechtigten anschließend so hoch ausfallen (etwa, weil das Buch ein Verkaufsschlager wird), dass sie „in einem auffälligen Missverhältnis" zur Vergütung des Urhebers stehen, kann der eine

„weitere angemessene Beteiligung" verlangen (§ 32a UrhG, § 32a UrhG ersetzt den früheren „Bestsellerparagraphen" 36 UrhG). „Angemessen" ist die Vergütung, die zum Zeitpunkt des Vertragsschlusses dem entspricht, was im Geschäftsverkehr „üblicher- und redlicherweise zu leisten ist". Grundlagen können Tarifverträge und „gemeinsame Vergütungsregeln" sein, auf die sich Vereinigungen von Urhebern mit einzelnen Nutzern oder Vereinigungen von Nutzern verständigen. „Auffällig" ist das Missverhältnis, wenn Abweichung von 100 % zwischen vereinbarter und angemessener Vergütung besteht. Anspruch besteht gegen den Rechteinhaber (Durchgriffsrecht innerhalb der Lizenzkette).

Die Vorschriften sind nicht abdingbar (ausführlich: Rehbinder, Urheberrecht, Rz. 324 und Zentek/Meinke, Das neue Urheberrecht, S. 44 ff.).

VI. Auskunft von Behörden

Nach Art. 5 GG hat **jedermann** das Recht, sich aus allgemein zugänglichen Quellen ungehindert zu unterrichten („allgemein zugänglich" bedeutet „öffentlich"). Diese **„Informationsfreiheit"** besteht neben der Äußerungs- und Pressefreiheit.

Angehörige der Medien sind diejenigen, die viele der „allgemein zugänglichen Quellen" erst schaffen. Sie müssen sich Einblick auch in solche Vorgänge verschaffen können, die nicht für jedermann einsehbar sind, also beispielsweise auch in das Innere der Verwaltung und die dortigen Vorgänge. Eine funktionierende Demokratie setzt die Information der Bürger auch und besonders über die Vorgänge voraus, die sich innerhalb des staatlichen Apparates vollziehen.

Die Behörden sind gesetzlich verpflichtet, den Vertretern der Medien alle Auskünfte zu erteilen, die der Erfüllung ihrer öffentlichen Aufgabe dienen. (Zum Begriff der „öffentlichen Aufgabe": siehe oben. A.II.1.) Mit diesem Anspruch kann Handeln und Mitwirken der Behörden verlangt werden, er richtet sich nur gegen Behörden, nicht gegen Private.

Der Anspruch ist in den Landespressegesetzen (überwiegend in § 4, in einigen Ländern in § 3 Landespressegesetz) gesetzlich festge-

VI. Auskunft von Behörden

legt, zum Teil schon seit 1948/49. Seit 1963 haben alle Bundesländer das Prinzip der gesetzlichen Fixierung des Auskunftsanspruches ausnahmslos übernommen. Ohne diesen Anspruch wäre die Presse außerstande, ihre Informationstätigkeit so zu erfüllen, wie dies für das Funktionieren eines demokratischen Rechtsstaates notwendig ist (umfassende Darstellung zum Auskunftsanspruch: Löffler, Presserecht, Kommentar zu den Landespressegesetzen, zu § 4).

Das Gesetz bezieht sich zwar auf **„Presse"**, der **Rundfunk** ist aber entweder durch ausdrückliche Verweisungsnormen oder über Art. 5 GG in den Anwendungsbereich einbezogen (Soehring Rz. 4.8). Für **Mediendienste** ist das Auskunftsrecht in § 11 MDStV geregelt. Die Grundsätze orientieren sich an denen der Landespressegesetze, so dass die nachfolgenden Erläuterungen für alle Gültigkeit haben.

Hamburgisches Pressegesetz: § 4 Informationsrecht. (1) Die Behörden sind verpflichtet, den Vertretern der Presse und des Rundfunks die der Erfüllung ihrer öffentlichen Aufgabe dienenden Auskünfte zu erteilen.

(2) Auskünfte können verweigert werden, soweit hierdurch die sachgemäße Durchführung eines schwebenden Gerichtsverfahrens, Bußgeldverfahrens oder Disziplinarverfahrens beeinträchtigt oder gefährdet werden könnte oder Vorschriften über die Geheimhaltung oder die Amtsverschwiegenheit entgegenstehen oder sonst ein überwiegendes öffentliches oder schutzwürdiges privates Interesse verletzt würde.

(3) Allgemeine Anordnungen, die einer Behörde Auskünfte an die Presse verbieten, sind unzulässig.

(4) Der Verleger eines periodischen Druckwerks kann von den Behörden verlangen, dass ihm deren amtliche Bekanntmachungen nicht später als seinen Mitbewerbern zur Verwendung zugeleitet werden.

Dass anfragende Journalisten einen gesetzlichen Anspruch auf eine Antwort haben, wird von den Behörden oft verkannt. (Ein Pressesprecher der Landesregierung zu anfragenden Journalisten während der Barschel-Affäre: „Dann sucht mal schön.") Konflikte ergeben sich deshalb in der Praxis dadurch, dass Behörden Auskünfte im Einzelfall verweigern und Recherche zu blockieren versuchen.

1. Auskunftsberechtigte

Berechtigt, Informationen von Behörden zu fordern, sind „Vertreter der Presse", hierzu gehören Personen, die an der Gestaltung und Verbreitung von Presseerzeugnissen mitwirken.

Der unbestimmte Begriff wird weit ausgelegt: Vertreter der Presse ist, wer in Angelegenheiten von öffentlichem Interesse Nachrichten beschafft, sammelt und verbreitet, Stellung nimmt, Kritik übt oder auf andere Weise an der Meinungsbildung mitwirkt. Das sind in der Regel Redakteure bei den Printmedien einschließlich Anzeigenblätter sowie bei Funk und Fernsehen, freie Journalisten, Verleger, Herausgeber. Vertretung ist jeweils möglich (Sekretärin, Anwalt o. Ä.).

Nicht berechtigt sind technisch und kaufmännisch tätige Verlagsangestellte.

2. Auskunftsverpflichtete

a) Behörden

Als Behörde wird jede Stelle bezeichnet, die **Aufgaben der öffentlichen Verwaltung** wahrnimmt. Wird in einer kleinen Gemeinde zum Beispiel ein bundesweit gesuchter Terrorist gestellt und bei der Festnahme erschossen, so ergeben sich Fragen sowohl an die örtliche Gemeinde als auch an das Land und an Bundesministerien; alle sind zur Auskunft verpflichtet (VG Berlin AfP 1994, 175).

Auch Institutionen der **Legislative** (Parlamente) und Judikative (Gerichte, Staatsanwaltschaften) sind auskunftspflichtig zu ihren jeweiligen Bereichen; sie müssen Anfragen etwa zu Ausschüssen, zu Terminen und ihrer organisatorischen Planung beantworten.

Kirchen, soweit sie Körperschaften des öffentlichen Rechts sind, sind nur in den Bereichen auskunftspflichtig, wo sie Hoheitsrechte ausüben, etwa zum Thema Kirchensteuer, sonst nicht. Fragen zur inneren Ordnung beispielsweise müssen sie nicht beantworten.

Rundfunkanstalten haben keine hoheitliche Gewalt, sie üben keine Verwaltungstätigkeit aus und sind keine Behörden im Sinne des § 4 Landespressegesetz.

Gegen Private besteht kein Auskunftsanspruch, auch nicht hinsichtlich bedeutender gesellschaftlich relevanter Gruppen.

b) Behörde in privatrechtlicher Organisationsform

Zur Auskunft verpflichtet ist jede Handelsgesellschaft, deren Anteile vollständig oder überwiegend von der öffentlichen Hand gehalten werden, etwa Elektrizitäts- und Wasserwerke, Straßenbahnbetriebe, Parkhausgesellschaften u. Ä.

Bedienen sich die Gemeinde, das Land oder der Kreis zur Erfüllung ihrer Aufgaben einer privatrechtlichen Organisationsform, sind sie **von ihrer Auskunftspflicht nicht befreit**. Solche Gesellschaften werden wie Behörden behandelt, weil sie vollständig oder mehrheitlich Eigentum der öffentlichen Hand sind und weil sie Aufgaben der Verwaltung wahrnehmen (BVerfGE 68, 193, 212; BVerfG NJW 1990, 1783).

Eine Beschränkung des Auskunfts-Anspruchs auf **staatliche Monopolbetriebe** wie Elektrizitäts-, Wasser- und Verkehrsbetriebe kann es nach Ansicht des Saarländischen Oberverwaltungsgerichts (AfP 1998, 426) dabei nicht geben. Denn selbst bei **Eigengesellschaften ohne Monopolstellung**, wie zum Beispiel einer städtischen Parkhausgesellschaft, „besteht ein so erhebliches Informationsbedürfnis sowohl der Presse als auch der Öffentlichkeit, dass ihre Ausklammerung nicht gerechtfertigt wäre" (OVG Saarbrücken a.a.O.) So hatte die Saarbrücker Parkhausgesellschaft mbH sich mit 6000 DM an einem Geschenk für den damaligen saarländischen Ministerpräsidenten beteiligt. Eine Zeitschrift wollte wissen, welche Begründung es dafür gab, aus welchem Etat bezahlt wurde und ob es einen förmlichen Beschluss für das üppige Präsent gab. In zwei Instanzen wurde die Gesellschaft wie eine Behörde zur Auskunft verurteilt.

Dem Auskunftsanspruch steht nach übereinstimmender Ansicht des Saarländischen Verwaltungsgerichts (VG) und des OVG auch nicht entgegen, dass sich die Stadt mit der Parkhausgesellschaft „nur" **wirtschaftlich verwaltend** im Bereich der Daseinsvorsorge betätigt, und dass die gleichen Leistungen (Parkraum) auch von privaten Unternehmen gewerblich angeboten werden können (Saarländisches VG AfP 1997, 837; OVG Saarbrücken a.a.O.). Das VG führte dazu aus:

„Dass sich ihre (der Presse, d. Verf.) Berichterstattung nicht lediglich auf die **staatliche Eingriffsverwaltung**, der typischen Form staatlichen Handelns, zu beschränken hat, versteht sich von selbst. Nach modernem Staatsverständnis nimmt die Verwaltung nämlich eine Fülle sonstiger Aufgaben wahr, gerade im **Bereich der Leistungsverwaltung**. Überall dort, wo zur Wahrnehmung staatlicher Aufgaben **öffentliche Mittel** eingesetzt werden, von deren konkreter Verwendung Kenntnis zu erlangen ein berechtigtes öffentliches Interesse besteht, wird auch ein Informationsbedürfnis der Presse und der Bevölkerung begründet. Auf dieses Bedürfnis hat es keinen Einfluss, ob sich die Exekutive zur Wahrnehmung öffentlicher Aufgaben im Einzelfall einer privatrechtlichen Organisationsform bedient." (AfP 1997, 837)

Entscheidend bleibe, so das Verwaltungsgericht, dass sich die Stadt durch die Schaffung der Parkhausgesellschaft von der Aufgabe, Parkraum zu schaffen und zu bewirtschaften, befreit habe, und dass dadurch die Parkhausgesellschaft **mittelbare Staatsverwaltung** ausübe.

3. Gegenstand des Anspruchs

Medien dürfen „die der Erfüllung der öffentlichen Aufgabe dienenden Auskünfte" verlangen.

Ob eine Auskunft der „Erfüllung der öffentlichen Aufgabe" dient, hat die Behörde nicht zu bewerten, Journalisten müssen ihre Anfrage nicht begründen. Zu ihrer öffentlichen Aufgabe gehört es vor allem, Informationen zu beschaffen.

Das Auskunftsersuchen muss vorgetragen werden, die Behörde muss nicht von sich aus aktiv werden. Die Auskunft muss zu einem **bestimmten Sachverhalt** erfragt werden, zu einem Tatsachenkomplex. Auf pauschal und allgemein abgefasste Fragen muss die Behörde nicht reagieren.

Kann die Information nur durch **Einsichtnahme in bestimmte Unterlagen** (zum Beispiel Gutachten) gewonnen werden, können Medien die Einsichtnahme verlangen. Eine Zusammenfassung eines Gutachtens durch die Verwaltung, so das LG Cottbus, gebe nur die Wahrnehmung desjenigen wieder, der die Zusammenfassung angefertigt hat, und berge damit die Gefahr, dass die Auskunft inhaltlich nicht mehr vollständig mit der Darstellung des Gutachtens übereinstimme. Eine sachgerechte Auseinandersetzung mit dem Gutachten sei nur mit Kenntnis des vollständigen Inhalts möglich. Der Fall betraf die Auskunft über ein Gutachten zur Organisationsstruktur der Feuerwehr und des Bauhofs der Stadt (AfP 2002, 360).

Medien haben dagegen keinen Anspruch auf die **Kommentierung** eines Vorfalls, auf Bewertungen oder auf **Wiederholung einer Pressekonferenz**. Auch zu der Tätigkeit anderer Behörden muss nicht Auskunft gegeben werden.

Die Anfrage muss der Journalist an den Behördenleiter oder die Pressestelle richten, besondere Formvorschriften sind nicht zu beachten. Telefonische Anfrage ist nur ratsam wenn der Journalist bekannt ist. Eine schriftliche Eingabe ist ratsam, wenn die Fragen umfangreich sind.

Tipp: Die Praxis zeigt, dass die Bereitschaft der Behörde zur Auskunft höher ist, wenn die Anfrage schriftlich eingeht und wenn schriftlich auf den gesetzlichen Anspruch hingewiesen wird. (Prinzip: Einen „Vorgang" entstehen lassen.)

Die einzelne Auskunft der Behörde muss **sachgerecht und wahr** sein, vollständig und in der Regel kostenlos. Nur für Abschriften beispielsweise können Gebühren verlangt werden.

Andere Formen der Auskunft sind laufende Aussendungen. Ob sie den Medien angeboten werden, steht im Ermessen der Behörde. Pressekonferenzen sind grundsätzlich für alle zugänglich, eventuell ist eine Begrenzung über einen Spezialausweis möglich, zum Beispiel beim Besuch eines ausländischen Staatsgastes.

Veranstaltungen einer Behörde sind grundsätzlich für alle offen zu halten, bei begrenzter Kapazität, etwa bei Besichtigungsfahrten, kann die Behörde nach Ermessen auswählen (s. o. B.VII. Zugang zu Veranstaltungen und Registern).

4. Schranken des Auskunftsanspruchs

Ein absolutes Hindernis für Auskünfte besteht bei gesetzlichen Schweigegeboten wie dem Steuergeheimnis (Finanzbehörden), dem Beratungsgeheimnis (Gerichte) oder dem Beichtgeheimnis (Kirchen). In diesen Fällen kann der Journalist seinen Anspruch nicht durchsetzen.

Auskunft kann auch verweigert werden, wenn es um **schutzwür-**

dige Rechtsgüter geht. Dabei können überwiegend öffentliche oder private Interessen betroffen sein. Auskunft liegt dann im Ermessen der Behörde. Es liegt nahe, dass der Ermessensspielraum eher zu Lasten der Medien ausgeübt wird.

Ist eine Auskunft im Einzelfall mit einem **Übermaß an Aufwand** verbunden, kann sie ebenfalls verweigert werden, die Behörde kann sich auf die **Zumutbarkeitsgrenze** berufen, zum Beispiel, wenn sie Unmengen an Material sichten müsste, um eine bestimmte Frage zu klären.

a) Schwebende Verfahren

Hamburgisches Pressegesetz: § 4 Abs. 2 „Auskünfte können verweigert werden, soweit hierdurch die sachgemäße Durchführung eines schwebenden Gerichtsverfahrens, Bußgeldverfahrens oder Disziplinarverfahrens beeinträchtigt oder gefährdet werden könnte."

Die Vorschrift bereitet in der Praxis immer wieder Probleme, weil sich das öffentliche Interesse gerade auf diese Verfahren richtet. Die Kontrollfunktion der Medien ist betroffen. Wären sie nur auf die bloße Erörterung bereits abgeschlossener Verfahren beschränkt, würde die Presse ihren Verfassungsauftrag nicht erfüllen können (s. u. D.IX. Verdächtigungen und Gerüchte und D.VIII. Gerichtsberichterstattung). Deshalb ist eine restriktive Interpretation des Gesetzestextes erforderlich.

Das Recht zur Verweigerung der Auskunft besteht nur, soweit eine **konkrete Gefahr** gegeben ist, dass die sachgemäße Durchführung eines schwebenden Verfahrens vereitelt, erschwert, verzögert oder gefährdet wird.

Damit Behörden nicht bei jedem schwebenden Verfahren die Auskunft verweigern, müssen sie eine konkrete Gefährdung benennen, z. B. **Wegfall des Überraschungsmoments** bei geplantem Zugriff, **Beeinflussung von Zeugen oder Laienrichtern**.

Sie können sich nicht darauf berufen, dass im Falle einer Veröffentlichung **vielleicht Rechte Dritter verletzt** werden könnten. Gibt die Behörde eine vollständige und wahre Auskunft über ihre Tätigkeit, so das VG Berlin, sei es allein Sache des presserechtlich verantwortlichen Medienunternehmens, die Informationen in einer Weise zu veröffentlichen, dass Fehlinterpretationen von vornherein vermieden würden. Der **Eigenverantwortlichkeit der Presse** sei die **Gefahr immanent**, dass erst bei der Berichterstattung über eine – richtige und vollständige – Auskunft die Grenzen des Zulässigen überschritten würden. Dies könne von der Behörde aber nicht gegen die Auskunftserteilung ins Feld geführt werden, weil sonst die Erfüllung des Auskunftsanspruchs in ihr Belieben gestellt würde (VG Berlin AfP 1994, 175).

Zur Erleichterung des Zusammenwirkens bei polizeilichen Einsätzen gelten die Verhaltensgrundsätze Medien – Polizei (s. u. B.VIII. Unglück und Verbrechen: Presse und Polizei).

b) Vorschriften über die Geheimhaltung

Hamburgisches Pressegesetz: § 4 Abs. 2 LPG. Auskünfte können verweigert werden, soweit Vorschriften über die Geheimhaltung oder die Amtsverschwiegenheit entgegenstehen.

Hier kommt es nicht auf das – grundsätzlich immer bestehende – **Geheimhaltungsinteresse der Behörde** an, sondern auf gesetzlich festgelegte Regelungen zur Geheimhaltung. Formelle Geheimhaltungsvorschriften allein können eine Verweigerung der Auskunft nicht rechtfertigen. Es muss auch materiell um Staatsgeheimnisse gehen. Verschlusssachen („VS geheim") werden im Einzelfall unzulässig als Umgehung der Auskunftspflicht eingesetzt. Auf Verschwiegenheitspflichten des einzelnen **Beamten** nach dem Beamtengesetz, dem StGB oder Datenschutzgesetz (z. B. Geheimnisverrat, Verletzung von Dienstgeheimnissen, §§ 203, 353 b StGB) kommt es nicht an (Soehring, Rz. 4.46).

Nur die Weitergabe solcher Informationen kann verweigert werden, deren Weitergabe den **Behörden** selbst durch Gesetz untersagt ist (Löffler, § 4 Rz. 99). Es muss dabei um Nachteile für öffentliche Interessen von Rang gehen, etwa beim **Beratungsgeheimnis**, bei der Abgabenordnung, beim **Steuergeheimnis**, (Löffler, § 4 Rz. 101). Alle Gebote sind gesetzlich festgelegt. Steuerstrafverfahren sind wie andere Gerichtsverfahren zu behandeln, für sie gilt das Öffentlichkeitsprinzip nach § 169 GVG.

c) Vorrang öffentlicher oder privater Interessen

Hamburgisches Pressegesetz: §4 Abs. 2 Auskünfte können verweigert werden, soweit sonst ein überwiegendes öffentliches oder schutzwürdiges privates Interesse verletzt würde.

aa) Vorrang für Verwaltung: Die Presse muss zurückstehen, wenn die Erteilung der Auskunft ein überwiegendes öffentliches Interesse verletzen würde. Während des **Entstehungsprozesses von behördlichen Entscheidungsvorlagen** etwa kann Auskunft zurück gehalten werden, das heißt während der Phase, in der erst erzeugt wird, was später eventuell Gegenstand des Anspruchs wird.

So sind Fälle denkbar, in denen die Behörde zunächst bestimmte Gremien informieren muss und die Presse erst anschließend bedienen darf. Dies kann im Einzelfall notwendig und richtig sein, weil nur so die **Arbeitsfähigkeit eines Gremiums** garantiert wird.

Auch in einem demokratischen Staat müssen Regierung und Verwaltung Zeit und Ruhe haben, Entscheidungen vorzubereiten, die dann später Gegenstand des Medieninteresses werden. (Löffler, §4 Rz. 108 f.). Das betrifft Pläne, die vor der endgültigen Entscheidung geheim bleiben müssen, wenn die beabsichtigte **Wirkung** nicht **vereitelt** werden soll (z. B. Themen der Wirtschafts- und Währungspolitik). Der rechtsstaatlich-demokratische **Entscheidungsprozess** setzt voraus, dass Regierung und Verwaltung zunächst Beratungs- und Entscheidungsgrundlagen erarbeiten, **Entwürfen** zum Beispiel von Haushaltsplänen und Gesetzen. Die Beratungen über solche Entwürfe finden später öffentlich statt. Öffentlichkeit für solche Beratungsgrundlagen wird spätestens dann erforderlich, wenn das beratende Gremium (etwa das Parlament) die Vorlage erhalten hat. Es besteht kein Anspruch der Medien, während des **Entstehungsprozesses der Vorlage** über deren möglichen, geplanten oder augenblicklichen Inhalt Informationen zu erhalten (Starck, AfP 1978, 177).

Wenn aber durch diese Regelung im Einzelfall eine sachgerechte, aktuelle **Berichterstattung beeinträchtigt** würde, wenn zum Beispiel die Zeit zu kurz wäre, um eine umfangreiche Tischvorlage zu sichten und zeitnah berichten zu können, wäre eine andere Entscheidung denkbar. Der Literatur kann für diese Fälle bislang nur entnommen werden, dass der Journalist **nicht Erstauskunft, aber mit Abgeordneten zeitgleich Information** verlangen kann.

Vorrang für die Presse ergibt sich aber dann, wenn solche Vorlagen vor der offiziellen Veröffentlichung in einem nicht öffentlich tagenden Gremium beraten werden (z. B. Kabinettsitzung) und diese nicht öffentliche Vorberatung eine **präjudizielle Wirkung** hat (Starck, a.a.O.).

Die Behörde muss ihr **Ermessen fehlerfrei** ausüben. Das wäre zum Beispiel nicht der Fall, wenn sie die Herausgabe von Zahlen mit der Begründung verweigert, dass eine **missverständliche Interpretation** möglich ist.

bb) Private Interessen: Ob ein privates Interesse die Behörde daran hindern muss, Informationen herauszugeben, ist durch Interessenabwägung zu ermitteln. Auf ihre Pflicht, private Interessen schützen zu müssen, berufen sich Behörden in der Regel, wenn es um **Personalakten,** Ehescheidungsakten, medizinische Untersuchungsergebnisse, **Sozialdienstakten** oder Ähnliches geht.

Auch hier gilt aber: Der Informationsanspruch ist **unabhängig davon** zu erfüllen, ob die **Medien** mit den Informationen anschließend **angemessen umgehen**. Die Behörden sind nicht dazu berechtigt, den Medien eigenes Ermessen bei der Gestaltung ihrer Berichte abzunehmen (Soehring, Rz. 4.54). Die Entscheidung, ob und wie die Informationen veröffentlicht werden dürfen, treffen die Medien in eigener Abwägung. Eine den Auskunftsanspruch beschränkende Rechtspflicht der Medien zur Schonung derjenigen, die für Missstände im öffentlichen Leben verantwortlich sind, gibt es nicht.

Sorgfältige Abwägung ist besonders in Fällen geboten, in denen neben öffentlichen immer auch private Belange tangiert sind, zum Beispiel, wenn die Behörde einen Beamten nicht einstellen will oder **Disziplinarmaßnahmen** gegen einen Beamten begründet. Auskunft können Journalisten verlangen, wenn ein förmliches Verfahren läuft.

Geht es etwa um die Aufdeckung eines Korruptionsfalles im politischen Bereich, wird eine Auskunft nicht mit der Begründung verweigert werden können, dass durch Veröffentlichung des Tatbestandes die Ehre des Verantwortlichen in Mitleidenschaft gezogen würde. Das öffentliche Interesse an der Aufdeckung und Beseitigung von Missständen hat hier Vorrang.

Auskunft über Private muss erteilt werden, wenn es beispielsweise um illegalen Waffenhandel eines Unternehmers geht oder Gefahren von bestimmten Produkten ausgehen (vgl. Löffler, § 4 Rz. 111).

d) Generelle Auskunftsverbote, Nachrichtensperren

Hamburgisches Pressegesetz: § 4 Abs. 3 Allgemeine Anordnungen, die einer Behörde Auskünfte an die Presse verbieten, sind unzulässig.

Grundsätzlich darf eine Behörde nicht jegliche Information zurückhalten und Nachrichtensperren verhängen. Das **absolute Verweigern von Informationen** wäre ein Eingriff in die Informationsfreiheit nach Art. 5 GG. Auch Verzögerung von Auskünften oder ein Ausschluss einzelner Medien ist unzulässig.

Ausnahmen von dieser grundsätzlichen Regel sind denkbar. So gab es im Fall des Arbeitgeberpräsidenten Hanns Martin Schleyer, der 1977 von Terroristen entführt worden war, eine zeitlich begrenzte Nachrichtensperre, allerdings mit **Begründung** und mit Zustimmung der Medien, um **das Leben des Entführten** nicht durch Berichterstattung zu gefährden. Die Nachrichtensperre war aus der Sicht aller Medienverantwortlichen gerechtfertigt.

Es müssen, wie im Fall Schleyer, grundsätzlich schwerwiegende Gründe vorliegen, um eine Sperre zu rechtfertigen. Die Einschränkung der Pressefreiheit durch eine Nachrichtensperre kann später, etwa durch eine ausführliche **Dokumentation** des Geschehens, **kompensiert** werden.

e) Gleichbehandlungsgrundsatz

Hamburgisches Pressegesetz: § 4 Abs. 4 Der Verleger eines periodischen Druckwerks kann von den Behörden verlangen, dass ihm deren amtliche Bekanntmachungen nicht später als seinen Mitbewerbern zur Verwendung zugeleitet werden.

Behörden haben alle Presseunternehmen gleich zu behandeln. Dieser Grundsatz entspricht der Pflicht des Staates zu unparteiischer, neutraler Verwaltungsführung. Er gilt auch für die Zulassung zu Veranstaltungen oder für die Festlegung von Sperrfristen.

5. Durchsetzbarkeit des Anspruchs

Der Anspruch wird als Leistungsklage in der Regel vor dem Verwaltungsgericht, in Einzelfällen auch vor dem Oberlandesgericht geltend gemacht. Das bedeutet oft ein Verfahren von mehrjähriger Dauer. Das Urteil wird dann erst gesprochen, wenn es für den Journalisten zu spät ist. Selbst wenn das Gericht ihm Recht gibt, ist die Aktualität weg, die behördliche Auskunft ist inzwischen journalistisch nichts mehr wert. Dies ist unter anderem der Grund dafür, dass Medienunternehmen gar nicht erst klagen und Urteile zum Auskunftsanspruch rar sind.

> **Tipp:** Wenn die Behörde hartnäckig Auskunft verweigert, sollte der Journalist mit seinem Medienunternehmen sorgfältig prüfen, ob ein **Rechtsstreit** nicht doch **sinnvoll** ist. Es könnte ein **Grundsatzurteil** erstritten werden, dessen Aussagen **für künftige Fälle nützlich** sind. (Siehe zum Beispiel oben: OVG Saarlouis zur Auskunftspflicht einer privatrechtlichen Parkhausgesellschaft, an der die Kommune Anteile hält.) Gleichzeitig sollte der Journalist prüfen, ob er die gewünschten Informationen nicht auch bei **anderen Quellen** recherchieren kann.

VII. Zugang zu Veranstaltungen und Registern

Auch räumlich trifft der Journalist oft auf Barrieren, die ihm die Recherche und das Sammeln von Informationen erschweren.

1. Zutritt zu Veranstaltungen

a) Behördliche Veranstaltungen

Der Zutritt der Medien zu **Veranstaltungen staatlicher Stellen** ist in der Regel gewährleistet, im Einzelnen aber einschränkbar – so bei fachlich speziell ausgerichteten Veranstaltungen. Der Gleichbehandlungsgrundsatz ist zu beachten, die Ablehnung eines Teilnehmers muss sachlich begründet sein.

b) Gerichtsverhandlungen

Öffentliche Gerichtsverfahren sind für jedermann zugänglich. Auch Journalisten haben das Recht, sich über Vorgänge in einer öffentlichen Gerichtsverhandlung unmittelbar zu informieren und hierüber zu berichten. Schließt ein Richter einen Journalisten von einer Gerichtsverhandlung aus, ist dies grundsätzlich als Eingriff in das Recht der Presse- und Rundfunkfreiheit zu werten. Nach Ansicht des Bundesverfassungsgerichtes kann aber ein Gericht in Ausnahmefällen eine solche Entscheidung treffen (NJW 2003, 500).

Arbeitsbeschränkungen können sich für Journalisten ergeben, wenn es sich um ein Gerichtsverfahren mit hohem Publikumsinteresse handelt und die **Raumkapazität** nicht für alle Besucher ausreicht. Das Gericht kann zum Beispiel Eintrittskarten vergeben und angemessenen Platz für Medienberichterstatter bereithalten, muss aber **nicht allen** interessierten Berichterstattern einen Platz garantieren. Bei der Platzverteilung für Journalisten ist das **„Prinzip der Schlange"**, das die Platzverteilung je nach dem Zeitpunkt des Eintreffens der Journalisten im Gerichtsgebäude vorsieht, nicht zu beanstanden. Zulässig ist es auch, einem Journalisten den Platz eines anderen zu geben, der den Raum verlassen hat. Für Berichterstatter, die den Saal verlassen haben, müssen Plätze nicht freigehalten werden. Sie können nicht verlangen, dass ihnen bei einem längeren Prozess **Plätze durchgehend reserviert** bleiben, weil sie zwischendurch regelmäßig aus dem Saal gehen und aktuell berichten müssen (BVerfG NJW 2003, 500). Medien haben keinen Anspruch darauf, dass das Gericht bei Platzmangel auf einen **Saal außerhalb** des Gerichtsgebäudes ausweicht oder dass Verhandlungen mittels Lautsprechern oder Fernsehmonitoren in andere Säle oder die Flure des Gerichtsgebäudes übertragen werden (BVerfG NJW 1993, 915). Allerdings kann das Gericht Journalisten nicht wegen Überfüllung abweisen, solange es noch mit zumutbaren Mitteln auf einen größeren Sitzungssaal ausweichen kann.

Eine strengere Behandlung von **Fernseh-Journalisten** kann sich durch ihre typischen Arbeitsmittel, den Einsatz von Aufnahme- und Übertragungsgeräten ergeben. Sie können **Störungen** verursachen, welche die Verhandlung erschweren. Dies könnte sich angesichts der besonderen Funktion von Gerichtsverhandlungen, die der unbeeinflussten Wahrheits- und Rechtsfindung dienen, besonders empfindlich auswirken. Deshalb sind nach dem Gerichtsverfassungsgesetz (§ 169 S. 2) Ton- und **Bildaufnahmen während einer Verhandlung verboten** (s. u. G.I.3. Fotografierverbote).

Dieses absolute Verbot gilt aber nicht für die Zeiten unmittelbar **vor Beginn** und nach **Schluss** der Verhandlung sowie in den **Verhandlungspausen.** Hier kann der Vorsitzende Richter als Sitzungspolizei zur Aufrechterhaltung der Ordnung den anwesenden Journalisten nur solche **Beschränkungen** auferlegen, die nach Abwägung im Einzelfall noch **verhältnismäßig** sind (§ 176 GVG). Ein völliger Ausschluss von Kamerateams und Fotografen ist selbst dann unverhältnismäßig, wenn die ernsthafte Gefahr besteht, sie würden sich zudringlich benehmen, ihre Geräte unpünktlich auf- oder abbauen, sich gegenseitig bedrängen und dadurch den Ernst des Strafverfahrens oder die Würde eines Angeklagten missachten. Diese Fälle sind zu lösen, indem der Vorsitzende zum Beispiel Anweisungen für Standort, Zeit und Dauer der Aufnahmen gibt oder eine Pool-Lösung für Aufnahmen anbietet (BVerfG NJW 1995, 186).

Unzulässig ist es auch, wenn ein Journalist mit dem Hinweis auf seine frühere oder zu erwartende Berichterstattung aus dem Sitzungssaal ausgeschlossen wird. **Abfällige Berichte** des Journalisten über die Verhandlungsführung eines Richters rechtfertigen eine solche sitzungspolizeiliche Maßnahme nicht und verletzen das Gebot der Öffentlichkeit der Sitzung (BVerfGE 50, 234).

c) Parlamente

Sitzungen der Parlamente von Bund, Ländern und Gemeinden sind grundsätzlich öffentlich und **für jedermann,** also auch für die Medien, **zugänglich.** Zu nichtöffentlichen Sitzungen, etwa einzelner Ausschüsse, haben auch die Medien keinen Zutritt. Wie „jedermann" haben auch die Vertreter der Medien das Hausrecht eines Parlamentes zu beachten. Die ungestörte **Funktionsfähigkeit des Parlamentes** stellt ein Verfassungsgut dar, das im gegebenen Fall die Pressefreiheit einschränken und ein Hausverbot auch für Journalisten rechtfertigen kann (VG Berlin AfP 2001, 437).

Hausordnung des Deutschen Bundestages § 5 Abs. 6: Wer den Bestimmungen... zuwider handelt oder in einer der Würde des Hauses nicht entsprechenden Weise angetroffen wird, kann aus den Gebäuden des Deutschen Bundestages verwiesen werden. In Fällen der Zuwiderhandlung kann der Präsident des Deutschen Bundestages ein Hausverbot verhängen.

Journalisten darf aber zum Beispiel nicht deshalb ein offizielles Verbot zum Betreten des Bundestages ausgesprochen werden, weil sie in einer einmaligen Aktion unerlaubt auf den Parlamentstoiletten Filmaufnahmen gemacht und Wischtests zum Nachweis von Kokainspuren durchgeführt haben. Das **Hausverbot** dient nur zur **Abwehr konkreter Gefahren**, etwa bevorstehender Verletzungen des Hausrechts, nicht aber als Sanktion für zurückliegendes Fehlverhalten. Es müssten **Anhaltspunkte** vorliegen, dass auch mit künftigen Verstößen zu rechnen ist (VG Berlin AfP 2001, 437, 440). Das Berliner Verwaltungsgericht hielt im Fall der Wischtests eine Wiederholungsgefahr für nicht gegeben. Die Fernsehreportage „Koksen in Deutschland" und die damit verbundenen Filmaufnahmen im Reichstag waren eine Reaktion auf die Kokainaffäre um den Fußballtrainer Christoph Daum, welche die Frage nach der Verbreitung des Kokainkonsums in der Gesellschaft zeitweilig in den Mittelpunkt der allgemeinen Diskussion und des öffentlichen Interesses rückte. Die Verletzung des Hausrechts sei in diesem Fall durch besondere Ereignisse motiviert gewesen, die sich in dieser Form wahrscheinlich nicht wiederholen würden.

Ehe ein Parlamentspräsident aber ein Hausverbot gegen einen Journalisten ausspricht, hat er zu prüfen, ob nicht auch ein **milderes Mittel** zum Ziel führen würde. Das wäre im Reichstagsfall zum Beispiel das Verbot der Filmberichterstattung (aber Erlaubnis der Anwesenheit) gewesen oder die Anordnung, dass die Journalisten beim nächsten Besuch im Bundestag begleitet würden. Im Übrigen kann nicht von einer schweren Beeinträchtigung der Funktionsfähigkeit des Parlaments gesprochen werden, wenn Journalisten leere Toilettenräume filmen (VG Berlin a.a.O.).

d) Private Veranstaltungen

Private Veranstalter können selbst bestimmen, wen sie einlassen und wen nicht. Die Presse hat keinen grundsätzlichen Anspruch auf Zutritt. Veranstaltungen jedoch, die der gemeinsamen Erörterung, Kundgebung oder Meinungsbildung dienen (z. B. Demonstrationen, Diskussionsveranstaltungen), gelten als „**Versammlungen**" und sind nach § 6 VersG für Medienvertreter offen.

Nach § 6 Absatz 2 des Versammlungsgesetzes wird „Pressevertretern" ausdrücklich ein **Anspruch auf Zutritt** zu öffentlichen Versammlungen zugebilligt. Sie müssen sich nur durch Presseausweis ordnungsgemäß ausweisen können. Der Anspruch gilt auch für Rundfunk- und Fernsehjournalisten (Wente, S. 192). Öffentlich sind solche Veranstaltungen, wenn über Plakate oder Zeitungsanzeigen eingeladen wird, der mögliche Teilnehmerkreis also nicht individuell bestimmt, die Versammlung jedermann zugänglich ist. Während der **Veranstalter** gesetzlich ausdrücklich **befugt** ist, bestimmte **Personen** oder Personenkreise **auszuschließen** (§ 6 Absatz 1 VersG), darf er dies mit **Medien nicht** tun. Der Ausschluss eines Journalisten mit der Begründung, seine Berichterstattung sei negativ gewesen, ist unzulässig (Löffler, § 4 LPG, Rz. 151).

Allerdings hat der Journalist keinen Anspruch auf freien Eintritt – wird ein **Eintrittsgeld** erhoben, zahlt er wie jeder andere. Er kann auch nicht verlangen, mit Eintrittskarten bevorzugt bedient zu werden, wenn die Nachfrage groß ist. Auch **besonderen Service** des Veranstalters wie Telefon, Computer oder Ähnliches kann er nicht fordern, wenn der Veranstalter solches nicht von vornherein anbietet (Soehring, Rz. 6.24).

Was aber gilt, wenn es nicht um eine Versammlung geht, sondern der Journalist ein **Restaurant oder ein Kaufhaus** zur Recherche besuchen will? Grundsätzlich darf ein Geschäftsinhaber selbst bestimmen, zu welchen Bedingungen er jemanden einlassen möchte oder mit wem er Verträge schließen will (in diesem Fall also über einen Einkauf oder ein Essen). Er hat das **Hausrecht**. Muss sich deshalb der Journalist an das Verbot halten, mit dem zum Beispiel ein Restaurant-Besitzer oder ein Laden-Inhaber ihm Zutritt verweigert, weil er einen Test-Kauf plant oder sich über mangelnde Hygiene im Lokal ein Bild machen will? Auch in diesen Fällen soll der Grundsatz des freien Zutritts für Medienvertreter entsprechend dem Versammlungsgesetz gelten, sofern die **Verweigerung des Zutritts eine „sittenwidrige Schädigung"** (§ 826 BGB) darstellt. Die liegt zum Beispiel vor, wenn einzelne Pressevertreter selektiv ausgeschlossen werden.

Beispiel 1: Ein Theaterkritiker darf eine Theatervorstellung zu den selben Bedingungen besuchen, die den übrigen Pressevertretern eingeräumt werden (RGZ 133, 388). Ihm darf nicht entgegen gehalten werden, seine letzte Kritik sei zu hart ausgefallen.

Beispiel 2: Der Kaufmann, der seine Ware jedermann anbietet, kann einem Käufer den Zutritt zum Laden nicht deshalb verweigern, weil der nur zu Test-Zwecken einkaufen will. Gleiches gilt für den Restaurantbesitzer, der dem Journalisten eine Bewirtung mit der Begründung verweigert, seine letzte Veröffentlichung über die Qualität der Speisen sei zu negativ gewesen.

Auch der Ausschluss eines bestimmten Journalisten von einer privaten Pressekonferenz kann sittenwidrig sein, wenn Presse im Übrigen generell zugelassen wird (vgl. Löffler, § 4 LPG, Rz. 152).

Etwas **anderes gilt** dagegen, wenn für den Ausschluss ein **sachlicher Grund** gegeben ist: Trifft zum Beispiel eine private Messegesellschaft eine **themenspezifische Auswahl** unter den in Betracht kommenden Journalisten, lädt also nur Fachjournalisten ein, ist das grundsätzlich sachgerecht. Will ein Journalist, der von der Gesellschaft zurückgewiesen wurde, zu einer Pressekonferenz eingeladen werden, kann die Gesellschaft Belegexemplare oder ähnliche **Nachweise** von ihm **fordern**, die belegen sollen, dass eine Einladung angesichts seiner bisherigen Tätigkeit gerechtfertigt ist (LG Frankfurt AfP 1989, 572). Auch begrenzter Platz kann ein sachlicher Ausschlussgrund sein.

2. Grundbuch-Einsicht

Grundbuch-Einsicht müssen Behörden gewähren, wenn ein berechtigtes Interesse vorliegt (§ 12 Grundbuchordnung). Die Einsichtnahme erfolgt durch Auskunft oder Herausgabe von Kopien (§ 12 Abs. 2 GbO, s. auch Soehring, Rz. 6.21 ff.).

a) Berechtigtes Interesse

Grundsätzlich sind außer Grundstückskäufern oder Darlehensgebern auch Journalisten berechtigt, Eintragungen im Grundbuch einzusehen. Für sie ergibt sich das nach dem Gesetz notwendige „berechtigte Interesse" aus dem Informationsbedürfnis der Öffentlichkeit, über Einzelheiten im Zusammenhang mit einem – kommunalen oder privaten – Grundstück informiert zu werden. Für die Gerichte war dies bislang unstreitig in den Fällen, in denen es um **öffentliches Grundeigentum** und dessen Behandlung durch die Behörden ging (LG Stuttgart AfP 1984, 171). Dazu gehört z. B. auch der Verdacht, ein Kommunalpolitiker habe Informationen aus nicht öffentlichen Sitzungen über geplante öffentliche Bauvorhaben dafür benutzt, ein bestimmtes Areal zu erwerben, um es mit Gewinn anschließend der Gemeinde für jenes Bauvorhaben weiterzuverkaufen (LG Mosbach AfP 1990, 63).

Grenzen wurden dem recherchierenden Journalisten bislang aber schnell gezogen, wenn die Grundbuchämter **Individualinteressen** der eingetragenen Beteiligten gefährdet sahen. Insbesondere wurde dies für die Fälle angenommen, in denen es um die registrierten Belastungen für ein Grundstück ging. Sowohl Einzelpersonen als auch Juristische Personen, etwa Wirtschaftsunternehmen, können sich hier auf ihre Freiheit im wirtschaftlichen Verkehr und auf freie Entfaltung bei der wirtschaftlichen Betätigung berufen. Deshalb verlangten Grundbuchämter bisher ausführliche Begründungen für die Grundbucheinsicht und dazu noch die Anhörung des Eigentümers (OLG Hamm NJW 1988, 2482).

b) Vermutung reicht aus

Diese hohen Anforderungen hat das Bundesverfassungsgericht zugunsten der Journalisten zurückgedreht (BVerfG NJW 2001, 503). Die Pflicht zur Begründung des Informationsinteresses dürfe nicht überzogen werden. Die Presse müsse nach publizistischen Kriterien selbst entscheiden dürfen, was sie des öffentlichen Interesses für wert hält und was nicht. Bei der Darlegung gegenüber dem Grundbuchamt genüge es, dieses Interesse zu konkretisieren. Dabei sei zu respektieren, dass die Presse regelmäßig auch auf einen bloßen, und sei es auch nur schwachen, Verdacht hin recherchiere. Daher reicht schon eine **Vermutung als konkretes Interesse** aus: „Ist eine publizistisch geeignete Information zu erwarten, wenn sich die Vermutung als zutreffend erweist, dann ist mit der Darlegung dieser Vermutung auch das Informationsinteresse hinreichend belegt." (BVerfG a.a.O., 562). Bei Berücksichtigung dieser Grundsätze kann die Auslegung des Begriffs „Berechtigtes Interesse" und die

Abwägung widerstreitender Grundrechtspositionen zu **Vorrang der Persönlichkeitsrechte** des eingetragenen Eigentümers führen (Verhältnismäßigkeitsgrundsatz).

Dies war nach Ansicht des Berliner Kammergerichts gegeben in einem Fall, in dem eine Zeitung erfahren wollte, warum die Familie eines bekannten Schauspielers, während dieser krank in einer Klinik lag, aus ihrer Villa, in der sie 20 Jahre gelebt hatte, in eine Wohnung umzog. Das Gericht erkannte bei der Güterabwägung hier auf Vorrang des Persönlichkeitsschutzes, weil die Berichterstattung **finanzielle**, somit **private Angelegenheiten** ausbreiten und damit nur das Unterhaltungsbedürfnis und die Neugier der Öffentlichkeit befriedigen wollte (KG AfP 2002, 39).

c) Konkreter Bezug zum Grundstück

Der Journalist darf das Grundbuch nicht nach Belieben frei **ausforschen**. So ergänzte das Bundesverfassungsgericht in einer anderen Entscheidung wenig später (BVerfG AfP 2000, 566), das Rechercheinteresse des Journalisten müsse mindestens einen konkreten Bezug zu dem in Rede stehenden Grundstück aufweisen. Der fehlte in dem zugrunde liegenden Fall. Dort hatten Journalisten unter Hinweis auf Grundstücksaktivitäten der Bundesbank gefragt, ob diese Eigentümerin eines bestimmten Grundstücks sei (was das Grundbuchamt verneinte). Ein Einsichts-Recht verneinte hier auch das Bundesverfassungsgericht, weil die Journalisten nicht darlegen konnten, dass irgendeine Verbindung der Bundesbank zu dem tatsächlich eingetragenen Eigentümer bestehe.

d) Keine Beteiligung des Eigentümers

Einen deutlichen Riegel schiebt das Bundesverfassungsgericht vor das Verlangen mancher Grundbuchämter, den Eigentümer zu den Fragen des Journalisten anzuhören, bevor über die Einsicht ins Grundbuch entschieden wird. Hier bestehe ein Risiko, das Informationsinteresse der Presse zu vereiteln. Eine grundsätzliche **Anhörungsbefugnis des Eingetragenen** sei nach der geltenden Gesetzeslage ausgeschlossen:

„Die Presse ist in ihren Recherchen häufig darauf angewiesen, mosaiksteinartig einzelne Teilinformationen ... zusammenzutragen, und sie benötigt dafür Freiräume und Zeit. Ginge sie dem Verdacht eines missbilligten Verhaltens nach, und müsste das Grundbuchamt den Adressaten des Verdachts von ihren Recherchen informieren, könnte der Rechercheerfolg nachhaltig gefährdet werden, da der Adressat ihrer Nachforschungen zu Gegenmaßnahmen, insbesondere zur Vernichtung von Beweismitteln u.Ä., schreiten könnte. Dies könnte zwar die Eintragung im Grundbuch nicht rückgängig machen, wohl aber für damit zusammenhängende und sonstige Umstände bedeutsam werden. Eine staatlich durchgeführte Anhörung würde damit zu einem Mittel, das sich nicht auf den Schutz des Eingetragenen... begrenzt, sondern ihn vor Presserecherchen warnt und in der Folge die Erfüllung der öffentlichen Aufgabe der Presse gefährden könnte." (BVerfG AfP 2000, 563)

VIII. Unglück und Verbrechen: Presse und Polizei

Was bedeutet es für die Arbeit des Journalisten, wenn er an einem Ort recherchieren muss, an dem gerade ein Unglück, eine Demonstration oder ein Verbrechen **Chaos** ausgelöst hat? Er trifft mit Ordnungshütern zusammen, die, ausgestattet mit hoheitlichen Befugnissen, Straftäter verfolgen, die öffentliche Ordnung sichern und die Rettung von Opfern organisieren. Nach dem Willen vieler Einsatzkräfte soll der Journalist seine Recherche zurückstellen, weiträumige Absperrungen beachten und die **Polizei nicht stören**. Das leuchtet durchaus ein bei akuten Geiselnahmen und Unglücksfällen, wo es immer um die Rettung von Menschenleben geht. Folgt daraus, dass sich der Journalist bei polizeilichen Großeinsätzen mit den Informationen zufrieden zu geben hat, die in polizeilichen Verlautbarungen herausgegeben werden?

1. Journalisten am Tatort

Grundsätzlich darf der Journalist auch bei Unglücksfällen, gewalttätigen Aktionen oder spektakulären Kriminalfällen „aus **unmittelbarer Kenntnis und Beobachtung** der Vorgänge" berichten, das heißt, er darf dabei sein und sich selbst ein Bild machen. Hierauf haben sich die Innenministerkonferenz und Vertreter aller Medien im November 1993 geeinigt. In elf Punkten regelten sie „**Verhaltensgrundsätze** für Presse/Rundfunk und Polizei zur Vermeidung von Behinderungen bei der Durchführung polizeilicher Aufgaben und der freien Ausübung der Berichterstattung" (Jahrbuch Deutscher Presserat 1993, 227), eine **Verwaltungsvereinbarung**, die bindend ist, aber keinen durchsetzbaren Gesetzescharakter hat. Dieser freiwilligen Absprache war in den Jahren zuvor ein ständiger Streit zwischen Presse und Polizei vorausgegangen, wenn beide Berufsgruppen bei **polizeilichen Großeinsätzen**, zu denen auch Demonstrationen und Großveranstaltungen gehörten, aufeinander trafen. Höhepunkt des Streits waren 1988 kurz aufeinander folgend das Grubenunglück von Borken, das Gladbecker Geiseldrama und Demonstrationen zur IWF-Tagung in Berlin. Ständiger Vorwurf: Pressevertreter haben die Polizei behindert, sie sollten dem Tatort fernbleiben.

Seit 1993 ist nun aber unbestritten: **Beide Berufsgruppen** müssen am Einsatzort **anwesend** sein dürfen, beide haben einen grundgesetzlich gestützten Auftrag zu erfüllen: Die Medien müssen informieren, die Polizei muss Gefahren abwehren und Straftaten verfolgen. Beide sollen sich stets so verhalten, dass die „ungehinderte Erfüllung der jeweiligen Aufgaben nach Möglichkeit sichergestellt ist." Die Polizei darf die Journalisten jetzt nicht mehr nur an die Pressestelle in der fernen Behörde verweisen. Sie soll sich so organisieren, dass sie „einsatzbezogene" Pressearbeit „ereignisnah" möglich macht (Ziffer 7), sie soll „frühzeitig, umfassend und verständlich" informieren (Ziffer 4) und journalistische **Recherche unterstützen** (Ziffer 10). Die postulierte Erkenntnis: „Unmittelbare Gespräche sind erfahrungsgemäß geeignet, Missverständnissen vorzubeugen" (Ziffer 3).

2. Vorrang für Leben und Gesundheit

Natürlich sind auch Journalisten gehalten, polizeiliche Einsätze nicht zu behindern, auch für sie gelten die polizeilichen Verfügungen (Ziffer 10). Sie haben im Einzelfall **Grenzen** zu **respektieren**.

So gibt es sogar einen ausdrücklichen „Vorrang" für Leben und Gesundheit von Menschen vor Berichterstattung (Ziffer 5), insbesondere, wenn „**Rettungsmaßnahmen** für Opfer und Gefährdete" (Richtlinie 4.1 des Deutschen Presserats) anstehen. Journalisten sollen sich in der Recherche gegenüber solchen Menschen zurückhalten, die einer seelischen Extremsituation ausgesetzt sind. Wer gerade sein Haus in der Flut versinken sah, Zeuge eines Unglücks wurde, oder gar Opfer eines Verbrechens, ist von Journalisten mit **Anstand** zu befragen – oder in Ruhe zu lassen. „Die eingeschränkte Willenskraft oder die besondere Lage solcher Personen darf nicht gezielt zur Informationsbeschaffung ausgenutzt werden" (Richtlinie 4.2).

3. Journalisten und Verbrecher

Journalisten sollen in der allgemeinen Hektik von Unglück und Verbrechen ihre Position als **Beobachter** einhalten und sich nicht als Akteure in das Geschehen einschalten. In der Geisel-Affäre von Gladbeck 1988 hatte der Redakteur einer Kölner Zeitung Lotsen-Dienste übernommen, um Täter und Geiseln aus der Stadt zu chauffieren. Der Presserat verfasste daraufhin die Regel, die Presse dürfe **keine eigenmächtigen Vermittlungsversuche** zwischen Verbrechern und Polizei unternehmen (Richtlinie 11.2) und sich **nicht zum Werkzeug von Verbrechern** machen lassen. Medien sollen Straftätern während des Tathergangs keine Möglichkeit zur öffentlichen Selbstdarstellung geben (Ziffer 6 der Verhaltensgrundsätze), deshalb darf es auch **keine Interviews mit Tätern** während des Tatgeschehens geben (Richtlinie 11.2). In der Gladbecker Geisel-Affäre war einer der Täter gefilmt und fotografiert worden, als er sich großspurig seine Waffe in den Mund hielt, um zu demonstrieren, er sei zu allem entschlossen.

4. Journalisten und Ermittler

Die Verhaltensgrundsätze regeln einen weiteren, für die Journalisten bedeutsamen Punkt: Ihre **Recherche-Ergebnisse** dürfen nicht **für Polizeiakten zweckentfremdet** werden. Was zur Beweissicherung gebraucht wird, muss die Polizei selbst erarbeiten. Für eine Beschlagnahme von Bild- und Ton-Material muss sie eine gesetzliche Grundlage vorweisen (Ziffer 11). Die ist nach der Erweiterung des Zeugnisverweigerungsrechts auf selbst recherchiertes Material kaum mehr denkbar.

5. Kontrollfunktion

Das Bemühen, mit der Vereinbarung von Verhaltensgrundsätzen „Verständnis" und „verlässlichen Umgang" zwischen Presse und Polizei herzustellen, hat gleichzeitig aber auch notwendig gemacht, dass sich die Medienvertreter ausdrücklich zur Distanz zwischen beiden Berufsgruppen bekannten. Der Begriff einer „Zusammenarbeit" wurde bewusst vermieden, **Absprachen und Deals darf es grundsätzlich nicht geben**. Medien müssen auch in polizeilichen Großlagen **unabhängig berichten**, sie haben eine **Kontrollfunktion** und sollen das polizeiliche Handeln kritisch beobachten. Der Presserat akzeptiert ein abgestimmtes Verhalten deshalb auch „nur dann", wenn **Leben und Gesundheit von Menschen** durch das Handeln von Journalisten geschützt oder gerettet werden können (Richtlinie 11.4). Wenn es in solchen Fällen um Einzelheiten polizeitaktischer Maßnahmen geht, darf es ausnahmsweise auch „Absprachen" geben (Ziffer 5 der Publizistischen Grundsätze).

IX. Verwertungsverbote

Sind rechtswidrig erlangte Informationen verwendbar? Beschaffung und Verbreitung unterliegen jeweils eigener, selbständiger Beurteilung (s. o. B.II.5. Privatgespräch und BGH NJW 2002, 3619). Auch die Publikation rechtswidrig recherchierter Informationen fällt in den Schutzbereich des Art. 5 Abs. 1 GG (OLG München AfP 2004, 138). Maßgeblich für die Erlaubnis zur Verbreitung unlauter beschaffter Informationen ist ein überwiegendes Interesse der Allgemeinheit.

Prominentes Beispiel ist der Fall Wallraff. Der Autor des Buches „Der Aufmacher" habe sich durch Einschleichen in die geschäftliche Sphäre eines Presseunternehmens interne Informationen beschafft. Er hatte sich als Redakteur beim Springer-Verlag anstellen lassen und dort verdeckt recherchiert. Seine Beobachtungen, insbesondere zur Arbeitsweise der BILD-Redaktion, hatte er in seinem Buch veröffentlicht. Zunächst hatte der Bundesgerichtshof dazu entschieden (BGH NJW 1981, 1089): Ein Arbeitnehmer ist durch seine Verpflichtung zur Verschwiegenheit nicht gehindert, Betriebsinterna zu offenbaren, wenn dadurch gewichtige innerbetriebliche Missstände aufgedeckt werden, durch die die Öffentlichkeit betroffen ist und die betriebsintern nicht beseitigt werden können. Anschließend differenzierte das Bundesverfassungsgericht diese Entscheidung (BVerfG NJW 1984, 1741): In Fällen, in denen die Informationen widerrechtlich durch Täuschung in der Absicht beschafft wurden, sie gegen den Getäuschten zu verwenden, hat die Veröffentlichung grundsätzlich zu unterbleiben. Eine Ausnahme gilt nur, wenn die Bedeutung der Informationen für die Öffentlichkeit eindeutig die Nachteile überwiegt, welche der Rechtsbruch für den Betroffenen und für die Rechtsordnung nach sich ziehen. Wallraff hatte durch seine Enthüllungen über BILD teilweise (Schilderung einer Redaktionskonferenz) die grundgesetzlich geschützte Vertraulichkeit der Redaktionsarbeit verletzt, die Nachteile des verletzten Axel Springer Verlages wurden insoweit höher bewertet, als das öffentliche Interesse an der Enthüllung.

Zur Verwertbarkeit von Zitaten, die belauscht und mitgeschnitten wurden s. o. B.II.1. Das Recht am gesprochenen Wort.

C. Verbreiten, behaupten, kommentieren

Juristen unterscheiden bei den öffentlichen Äußerungen der Medien verschiedene Kategorien:

- Behaupten (in Bild und Text werden Tatsachen mitgeteilt),
- Verbreiten (Aussagen und Texte Dritter werden wiedergegeben, zitiert),
- Eindruck erwecken (insinuieren: Tatsachen werden zwischen den Zeilen verdeckt mitgeteilt),
- Werten (Medien selbst, ihre Gesprächspartner äußern Meinungen, bewerten und kommentieren Vorgänge).

Voraussetzung jeder rechtlichen Würdigung von Äußerungen ist, dass ihr Sinn zutreffend erfasst worden ist. Jede Äußerung ist in dem Gesamtzusammenhang zu beurteilen, in dem sie verbreitet wird. Der Kontext und sonstige Begleitumstände sind zu beachten (BVerfG NJW 2003, 660).

I. Einordnen: Meinung oder Tatsache

Ob und welche Ansprüche gegen Medienäußerungen geltend gemacht werden können, hängt zunächst ganz wesentlich davon ab, ob eine Äußerung als Tatsachenaussage oder als Meinung einzuordnen ist.

Tatsachenbehauptungen sind Äußerungen, die auf ihre Richtigkeit hin überprüfbar sind. Für das Verbreiten falscher Tatsachen gibt es keinen rechtlichen Schutz. Die Folgen können Korrekturen mit Veröffentlichung von Widerruf oder Gegendarstellung sein (s. u. E. Rechtsansprüche). Meinungen können nicht richtig oder falsch sein, allenfalls schwach, extrem, polemisch oder überzogen. Ihre rechtliche Bewertung folgt anderen Grundsätzen (s. u. D.V. Die persönliche Ehre). Die Freiheit des Journalisten, scharfe Kritik zu üben und zu formulieren, geht damit also sehr viel weiter als die Freiheit im Umgang mit Fakten.

1. Tatsachenaussagen

Tatsachen sind **dem Beweis zugänglich**, d. h. sie sind mit Mitteln der Beweiserhebung auf ihre Richtigkeit überprüfbar. In diese Gruppe der überprüfbaren Fakten gehören:

- die **innere Tatsache**, z. B. Meier sagt wider besseres Wissen aus;
- die **Rechtstatsache**, z. B. Müller ist Hauseigentümer;
- **Zitat** als Tatsache, z. B. Schulze sagt, Meier lügt;
- **Eindruck** als Tatsache, z. B. Müller schreibt Gefälligkeitsgutachten.

Echte Fragen sind keine Tatsachenbehauptungen, sie stehen unter dem Schutz der Meinungsfreiheit **Werturteilen gleich** (BVerfG NJW 1992, 1442). Eine Frage ist „echt", wenn sie ergebnisoffen ist und gestellt wird, um wirklich eine Antwort zu erhalten, sie will eine Aussage herbeiführen. Anders verhält es sich mit **rhetorischen Fragen**. Sie sind nur scheinbar wirkliche Fragen, weil sie dem Leser oder Zuhörer **die Antwort gleich mit aufzwingen.** In solchem Fall wird eine Frage als **Tatsachenbehauptung** eingestuft. Ob eine Frage im Einzelfall als echt oder rhetorisch einzuordnen ist, ergibt sich je nach Kontext und Umständen der Äußerung, was in der Praxis zu Abgrenzungsschwierigkeiten führt. Ein Indiz für die rhetorische Frage ist, wenn keine Anhaltspunkte für die Frage vorliegen, wenn sie aus der Luft gegriffen war. Im Zweifel ist von einem weiten Fragebegriff auszugehen (BVerfG NJW 1992, 1443). Beispiel für eine – nach Landgericht Offenburg – echte Frage: „Prinzessin Caroline – wieder schwanger? Ihre Figur sorgt für neue Gerüchte" (Urteil vom 21. 12. 2000, 3 O 469/00). Als unechte Frage und falsche Tatsachenbehauptung wurde angesehen „Udo Jürgens im Bett mit Caroline? In einem Playboy-Interview antwortet er eindeutig zweideutig" (BGH AfP 2004, 124).

Der zu den Vorgängen in einem Zivilprozess geäußerte Vorwurf des **„Prozessbetrugs"** kann als Tatsachenbehauptung einzustufen sein (OLG Celle AfP 2002, 508). Im Kontext dieser Äußerung wurde der Vorwurf erhoben, jemand habe sich vor Gericht mit wahrheitswidrigen Behauptungen verteidigt. „Prozessbetrug" war nach Ansicht des OLG Celle deshalb hier nicht als Rechtsauffassung (Meinung), sondern als Tatsachenaussage zu verstehen, sie weckte die **Vorstellung von konkreten Vorgängen** (OLG Celle, a.a.O.). Auch der Vorwurf, jemand habe **„die Kassen betrogen"** wurde vom OlG Karlsruhe als Tatsachenbehauptung angesehen, weil der Vorwurf im Kontext durch Beschreibung der Vorgehensweise konkretisiert wurde (AfP 2003, 338).

2. Meinungsäußerung

Meinungsäußerung ist **Bewertung**, Einschätzung, Ansicht über einen Sachverhalt. Meinungen sind nicht mit Beweisen auf richtig oder falsch überprüfbar. Die Grundlagen, die zu einer Ansicht geführt haben, müssen nicht an gleicher Stelle mitgeteilt werden. Es muss aber jedenfalls ein Bezugspunkt vorhanden sein (s. u. D.V.1. Schmähung)

Beispiele für Meinungsäußerungen:
- Sittenstrolch, Kredithai, brutaler Machtmissbrauch, Halsabschneider.
- Die Äußerung, im Geflügelzuchtbetrieb „werden Enten in tierquälerischen Großbeständen gemästet" ist nach OLG Nürnberg (AfP 2002, 328) eine Bewertung der Vorgänge in der Mästerei, keine Tatsachenbehauptung.

3. Mischformen

Manche Ausdrücke sind nicht eindeutig als Meinung oder Tatsache einzuordnen. Für die Abgrenzung ist zu prüfen, ob die **Elemente des Meinens und Dafürhaltens** überwiegen oder der tatsächliche Charakter der Aussage. Sofern eine Äußerung, in der sich Tatsachen und Meinungen vermengen, in entscheidender Weise durch die Elemente der Stellungnahme, des Dafürhaltens oder Meinens geprägt ist, wird sie im Zweifel als Werturteil und Meinungsäußerung in vollem Umfang vom Grundrecht des Art. 5 Abs. 1 GG geschützt (BGH NJW 1994, 2615).

Aber auch eine Äußerung, die auf Werturteilen beruht, kann sich als Tatsachenbehauptung erweisen, wenn und soweit bei den Adressaten zugleich die Vorstellung von konkreten, in die Wertung eingekleideten Vorgängen hervorgerufen wird.

Beispiele:

- „Der Verlag verhält sich gegenüber den bei ihm publizierenden Autoren wie ein Lebensmittelhändler, bei dem man ein Pfund Käse verlangt, es bezahlt, dann aber zu Hause feststellt, dass man nur 100 Gramm bekommen hat, und dies ist ja Betrug." Dazu der BGH: Dieser Vergleich enthält im wesentlichen Kern keine auf ihre Richtigkeit überprüfbare substantiierte Aussage, sondern lediglich eine pauschale subjektive Bewertung des geschäftlichen Verhaltens. Die Vokabel „Betrug" werde erkennbar nicht im fachspezifischen, sondern in einem alltagssprachlichen Sinne verwendet (BGH AfP 2002, 169).

- „Der Literaturverlag geht nur zum Schein auf Autorenwünsche ein." Zwar ist der Äußerung ein tatsächliches Element zu entnehmen (innere Tatsache: „zum Schein), es ist aber nur pauschal gehalten und eng verwoben mit stark wertenden Gesichtspunkten (BGH a.a.O.).

- Zu einer in einem Zeitungsartikel abgebildeten Taschenlampe schrieb eine Zeitung, es handele sich um ein „Plagiat" einer Maglite-Taschenlampe. Das OLG Köln hielt dies für eine Meinungsäußerung, es könne nicht ohne weiteres der fachlich-technische Sinngehalt daraus entnommen werden, es gehe vielmehr um eine alltagssprachliche Begriffsverwendung (AfP 2003, 335).

- Der Mann ist 40 Jahre alt: Tatsache; er ist ziemlich alt: Wertung.

- Das Pferd ist lahm: Tatsache; der Sportler ist lahm: Wertung.

- Der Unternehmer hat Pleite gemacht: Tatsache; der Unternehmer weiß, wie man geschickt Pleite macht: Wertung.

- Als Wertungen in ihrem konkreten Kontext wurden anerkannt: Stasi-Spitzel, Stasi-Verräter.

4. Besondere Formen der Meinungsäußerung

a) Karikatur und Satire

Satire steht unter dem besonderen Schutz der Meinungs- und Kunstfreiheit. Satire ist gekennzeichnet durch eine Darstellungsweise, die übertreibt, verzerrt und verfremdet. **Wortsatire** besteht in erkennbar unernster, durch Wortwitz bis hin zu Albernheiten geprägter Sprache. Sie will vordergründig zum Lachen reizen, um zum Lesen und Betrachten anzuregen und um hierdurch die Aufmerksamkeit des Lesers auf ihren Gegenstand zu lenken. Ein typisches Stilmittel von Glosse und Satire ist es, den Betrachter auf Kosten eines Prominenten oder der von ihm repräsentierten Partei zum Lachen zu reizen (BVerfG NJW 2002, 3767).

Gleiches gilt für Satire in Bildform, die **Karikatur:** Sie will ersichtlich die Aufmerksamkeit des Betrachters durch eine ins Auge springende Darstellung fesseln. Sie ist **Verfremdung** der Stilmittel im geistigen Meinungskampf, **erkennbare Erfindung** in satirischer Absicht, sie ist Ausdruck freier, schöpferischer Gestaltung. Für die rechtliche Einordnung als Kunst kommt es maßgeblich darauf an, ob die Darstellung „das geformte" Ergebnis einer freien schöpferischen Gestaltung ist. Dies ist allerdings nicht schon bei jeder bloßen Übertreibung, Verzerrung und Verfremdung der Fall (BVerfG NJW 2002, 3767).

Unzulässig sind auch in Satire und Karikatur **Schmähkritik und Beleidigung.** Bei der rechtlichen Beurteilung, ob insoweit die Grenzen der Meinungs- und Kunstfreiheit überschritten wurden, ist die für den Satiriker günstige Deutung vorzunehmen (BVerfG a.a.O.). Rechtlich nicht relevant ist dabei, ob der Satiriker die **Grenzen des guten Geschmacks** und des einwandfreien Sprachgebrauchs überschritten hat, eine **Niveaukontrolle** darf nicht stattfinden (BGH NJW 2004, 596). Auch dürfen Einzelteile einer Satire nicht isoliert betrachtet werden, sie sind im Gesamtzusammenhang zu bewerten (Gebot der Gesamtbetrachtung, BVerfGE 86, 1, 12).

Beispiele:
- Der ehemalige Vorstandsvorsitzende der Deutschen Telekom wurde in einem Wirtschaftsmagazin auf einem bröckelnden rosa T sitzend dargestellt. Sein Bild bestand aus zwei Teilen, der aus einem Foto herausgeschnittene Kopf war auf einen fremden Körper kopiert worden. Zur Anpassung war das Foto des Kopfes verändert worden. Der Mann sah seine Rechte dadurch verletzt, dass als Folge der Bild-Bearbeitung sein Gesicht länger erschien, der Kinnbereich fülliger, der Hals kürzer und dicker und die Hautfarbe blasser. Nach Ansicht des BGH musste der Abgebildete dies als in satirische Darstellung gekleidete Meinungsäußerung aber hinnehmen. Unabhängig davon, ob die bildlichen Veränderungen erheblich seien, dürfe die Fotomontage nicht in Einzelteile zerlegt und isoliert betrachtet werden, sondern sei wie die Wortsatire im Gesamtzusammenhang zu bewerten. Die Fotomontage sei in einem Zusammenhang veröffentlicht worden, der sich mit dem damaligen Zustand der Telekom und der Verantwortlichkeit des Vorstandsvorsitzenden dafür befasste, einem Vorgang von großem öffentlichen Interesse. Die damit verbundene Beeinträchti-

gung des Persönlichkeitsrechtes müsse ihm zugemutet werden (BGH NJW 2004, 596).

- Eine Person wurde in einer Karikatur als Kampfstier dargestellt. Dazu das Oberlandesgericht Hamm (NJW 1982, 659): Hierin ist nicht die Behauptung zu erkennen, dieser Mensch sei dem Tier gleich, vielmehr sei aus der Art der Darstellung zu entnehmen, diese Person gehe blindwütig auf Menschen los, die sich ihr in den Weg stellen.
- Die Begriffe „Betrug", „Schwindel", „Betrügerkiste" zu Aktivitäten eines Hypnotiseurs in einer Harald-Schmidt-Show wurden vom Landgericht Paderborn nicht beanstandet. Durch das Sendeformat sei eindeutig, dass dies nicht ernst gemeint war (AfP 1998, 331).

b) Warentests, Gutachten, Prognosen

Warentests, Gutachten und Prognosen („die Vorteile dieser Gesetzesänderung dürfte dem Politiker X zugute kommen") werden als Meinungsäußerungen eingestuft.

II. Äußerungen Dritter: Verbreiterhaftung

Medien, die eine Aussage Dritter einfach nur wiedergeben, können sich nicht auf den Standpunkt stellen, was andere sagen, hätten sie nicht zu verantworten. Sie haften dafür, dass sie den Äußerungen anderer eine **öffentliche Plattform** geben. Deshalb können sie als Verbreiter ebenso rechtlich in Anspruch genommen werden, als hätten sie sich selbst geäußert, etwa wenn sie **ohne Distanzierung** und **unkritisch** Darstellungen anderer übernehmen („Mörder", BGH NJW 1974, 1371). Anführungszeichen nützen ihnen nichts (BGH NJW 1996, 1131). Sie sind auch nicht dadurch entschuldigt, dass sie sich auf **andere Berichte** oder auf anonyme „**gut unterrichtete Kreise**" berufen. Auch Fragezeichen („War Meier der Täter?"; BVerfG NJW 1992, 1442) oder einschränkende Formulierungen („möglicherweise war Meier der Täter") entbinden nicht von der Verantwortung.

Das Zitieren beleidigender Äußerungen ist grundsätzlich unzulässig, kann aber in besonderen Fällen gerechtfertigt sein (s. u. D.V.2. Wenn Dritte schmähen und D.V.3. Recht auf Gegenschlag und privilegierte Äußerungen). Auch aus **Leserbriefen** muss die Redaktion Beleidigungen herausstreichen, im Zweifel sollte sie auf Abdruck verzichten.

In **Hörfunk und Fernsehen** gilt das **Prinzip „Markt der Meinungen"**: Bei Diskussionen oder Live-Interviews ist der Redaktion eine Überprüfung dessen, was gesagt wird, nicht möglich, sie kann keine Auswahl treffen, ob bestimmte Aussagen sendefähig sind oder nicht. Für sie gilt deshalb die Verbreiterhaftung insoweit nicht. Allerdings gilt dies nicht mehr, wenn die Redaktion weiß, was gesagt werden wird, und wenn sie sich durch Steuerung des Sendeverlaufs, Moderation und Kommentierung eine solche **Aussage zu Eigen macht**.

Beispiel: In einer Liveshow wird über Prostitution Jugendlicher im Bahnhofsmilieu diskutiert. Ein als Studiogast teilnehmender Politiker berichtet, was er in seiner Stadt politisch dagegen unternimmt. Aus dem Publikum wird einem jungen Mann das Wort erteilt, der sagt, dieser Politiker sei verlogen, er bediene sich selbst der Dienste von Prostituierten am Bahnhof. Der Moderator ergänzt, das sei richtig, die Redaktion habe das überprüft. In diesem Fall haften Moderator und Sender ebenfalls für die Aussage des jungen Mannes im Publikum.

Der Verbreiterhaftung kommt eine ganz besondere Bedeutung in der **Verdachtsberichterstattung** zu. Wenn Medien die Grundregeln beachten, dürfen sie im Einzelfall durchaus ehrverletzende Behauptungen anderer verbreiten, sogar dann, wenn sie sich später als unwahr herausstellen. Die Kenntnis von den **Pflichten** beim Umgang mit Vorwürfen in der Berichterstattung gehört zum **elementaren Handwerkszeug** eines Journalisten (siehe unten D. IX. Verdächtigungen und Gerüchte).

D. Das allgemeine Persönlichkeitsrecht

I. Gegenstand des Rechts

Das Selbstbestimmungsrecht des Menschen, die freie Entfaltung der Persönlichkeit, die persönliche Ehre, Privates und Intimes sind Bestandteile des allgemeinen Persönlichkeitsrechts. Geschützt ist damit für jeden Einzelnen ein Bereich privater Lebensgestaltung (BVerfGE 35, 202). Einen speziellen gesetzlichen Tatbestand, der das allgemeine Persönlichkeitsrecht ausdrücklich regelt, gibt es nicht. Das Persönlichkeitsrecht wurde von der Rechtsprechung auf der Grundlage von Art. 1 Abs. 1 GG (Schutz der Menschenwürde) und Art. 2 Abs. 1 GG (freie Entfaltung der Persönlichkeit) entwickelt. Grundrechte sind nicht nur subjektive Abwehrrechte des Bürgers gegen den Staat, sondern verkörpern auch eine objektive Wertordnung, die für alle Bereiche des Rechts gilt (BVerfGE 7, 198 ff. „Lüth"). Grundrechte beanspruchen also im Gemeinwesen allseitig, nicht nur zwischen Bürger und Staat, Geltung (Hesse, Rz. 297). Konkret wird das allgemeine Persönlichkeitsrecht als „sonstiges Recht" nach den zivilrechtlichen Regeln der unerlaubten Handlung (§ 823 BGB) geschützt. Eine unerlaubte Handlung im Sinne des § 823 BGB begeht derjenige, der widerrechtlich, ohne Rechtfertigung in ein durch Gesetz geschütztes Rechtsgut eines Dritten eingreift.

§ 823 BGB: Wer vorsätzlich oder fahrlässig das Leben, den Körper, die Gesundheit, die Freiheit, das Eigentum oder ein sonstiges Recht eines anderen widerrechtlich verletzt, ist dem anderen zum Ersatz des daraus entstehenden Schadens verpflichtet.

Bezogen auf journalistische Arbeit bedeutet dies: Im Rahmen seines allgemeinen Persönlichkeitsrechtes kann der Einzelne grundsätzlich bestimmen, was über ihn berichtet wird; sofern er Veröffentlichung dulden muss, ist er geschützt in der Art und Weise der Veröffentlichung. Er kann Schutz seiner Identität verlangen und die wahrheitsgemäße Darstellung der ihn betreffenden Tatsachen, zum

Beispiel bei der Wiedergabe seiner Äußerungen (s. o. Das Recht am gesprochenen Wort).

Wenn Berichterstattung auf derartige Individualinteressen trifft, liegt in der Regel eine Verletzung von Persönlichkeitsrechten vor. Die entscheidende Frage, die für den Journalisten dazu gehört: Ist die Berichterstattung gerechtfertigt, so dass sie trotz des Eingriffs in Persönlichkeitsrechte rechtlich zulässig ist? Diese Frage sollte er in jedem Falle vor einer Veröffentlichung klären.

II. Kollision mit Rechten anderer: Abwägung

Die Unantastbarkeit der **Menschenwürde**, das Recht auf **freie Entfaltung der Persönlichkeit** gehören wie die **Pressefreiheit** zum **Kernbereich des Wertesystems** des Grundgesetzes. In der täglichen Arbeit des Journalisten kollidieren beide Schutzbereiche ununterbrochen, deshalb muss er auch ständig und immer wieder die selbe Frage beantworten: Hat hier der Einzelne Anspruch auf Geheimhaltung seiner Geschichte, seiner Identität, oder darf die Geschichte veröffentlicht werden? Welchem Recht muss oder darf im Falle einer Kollision der Vorrang gegeben werden? Fälle sind denkbar, in denen ein Eingriff in Persönlichkeitsrechte durch Medienberichte gerechtfertigt sein kann. Der **Rechtfertigungsgrund** für einen Vorrang der Medien ist das **öffentliche Informations-Interesse**. Es muss für jeden Einzelfall neu geprüft und festgestellt werden. Unsicherheiten liegen auf der Hand. So gibt das Persönlichkeitsrecht dem Einzelnen z. B. nicht den Anspruch, nur so von anderen dargestellt zu werden, wie er sich selbst sieht oder wie er gesehen werden möchte (BVerfG NJW 2000, 1021; NJW 2002, 3767).

Daraus folgt für den Journalisten **in jedem Einzelfall** das Gebot: Er muss **abwägen** zwischen dem Informationsinteresse der Öffentlichkeit und dem privatrechtlichen Schutz des in jedem Einzelfall betroffenen Individuums.

Im Zusammenhang mit spektakulären Fällen sehen sich Journalisten immer wieder der Kritik ausgesetzt, sie gingen mit Persönlichkeitsrechten Einzelner zu fahrlässig um. Der Ruf nach schärferen Gesetzen folgt regelmäßig. Gleichzeitig fragen auch Journalisten, die sich korrekt verhalten wollen, nach **Rechtssicherheit und**

festen Regeln. Patentlösungen und Verhaltenskataloge mit den Rubriken „richtig" und „falsch" gibt es nicht. Die Gerichte haben aber im Laufe der Jahre anhand von tatsächlich entstandenen Streitfällen allgemeine, das Verfassungsrecht konkretisierende Grundsätze festgeschrieben, die präjudizierend für die Rechtsprechung geworden sind. Der Journalist kann daraus Lehren ziehen, die er vorbeugend bei seiner Arbeit anwendet. So hat er beispielsweise das vom Bundesverfassungsgericht deklarierte Recht auf Resozialisierung eines Straftäters oder den Bildnis-Schutz von Kindern Prominenter als feste Grenzwerte seines Tuns zu beachten (im Einzelnen: s. u. D.VIII. und IX. sowie G.III.4.).

Welches diese Grundsätze sind und welche Schwerpunkte bei der Abwägung mit dem öffentlichen Informationsinteresse im konkreten Fall zu setzen sind, ergibt sich aus den folgenden Kapiteln. Eine alle Fragen beantwortende Einheits-Formel wird der Journalist darin vergeblich suchen. Die sollte er auch nicht fordern, denn dies hieße, seine Freiheit, gewissermaßen einzuschränken. Was für einen Fall gilt, muß nicht automatisch im anderen Fall richtig sein. Das **Abwägungsgebot für jeden Einzelfall** und die damit verbundene **Unsicherheit**, ob ein Abwägungsergebnis anschließend gerichtlich auch akzeptiert würde, ist deshalb als **Bestandteil der journalistischen Freiheit** anzusehen. Der Journalist muss nicht nur, er **darf** jeden Einzelfall neu **abwägen**. Kennen muss er dabei die **Abwägungskriterien**. Sie schützen nicht nur den Einzelnen vor Verletzung durch Medienberichte, sondern auch den Journalisten selbst. Die Kriterien sollen ihm hier vermittelt werden.

III. Träger des Rechts

1. Natürliche Personen

Jede natürliche Person kann sich auf den Schutz ihrer Würde (Art. 1 GG) und auf die freie Entfaltung ihrer Persönlichkeit (Art. 2 GG) berufen. Sie besitzt damit das Allgemeine Persönlichkeitsrecht und das Recht der persönlichen Ehre und kann den Schutz vor Verletzungen für sich in Anspruch nehmen.

Ein Kind kann in seinen Persönlichkeitsrechten auch dann verletzt werden, wenn es die Verletzung selbst noch nicht bemerkt, sich die Verletzung in der Zukunft aber auswirken kann. Veröffentlicht eine Zeitung zum Beispiel ein „Horoskop" über ein Neugeborenes, worin angebliche Eigenschaften und die weitere Entwicklung des Kindes erörtert werden, beeinträchtigt dies das Recht auf kindgemäße Entwicklung und stellt eine Persönlichkeitsrechtsverletzung dar (BVerfG AfP 2003, 537).

2. Schutz Verstorbener

Das Allgemeines Persönlichkeitsrecht erlischt mit dem Tod. Der Schutz der Persönlichkeit bleibt aber durch den allgemeinen Achtungsanspruch bestehen (BVerfG NJW 1971, 1645 ff. – Mephisto; BGH ZUM 1990, 180 ff. – Emil Nolde).

a) Allgemeiner Achtungsanspruch

Geschützt ist das Lebensbild des Verstorbenen vor groben, ehrverletzenden Entstellungen. Bei verstorbenen Künstlern umfasst der Schutz alle fortwirkenden Ausstrahlungen des zu Lebzeiten Geschaffenen. Doch nicht nur für Künstler und andere Prominente sondern für jeden Bürger gilt der allgemeine Achtungsanspruch; die Eigenheiten, die ihn zu Lebzeiten auszeichneten, sind auch nach seinem Tode geschützt.

Strafrechtlich ist der Schutz des Andenkens Verstorbener, der nachwirkenden Ehre über § 189 StGB geregelt.

b) Dauer des Schutzes

Für die Dauer des postmortalen Achtungsanspruches sind die Umstände des Einzelfalles maßgebend: Intensität der Beeinträchtigung, Bekanntheit und Bedeutung des Persönlichkeitsbildes (BGH a.a.O., Emil Nolde). Grundsätzlich schwindet das Schutzbedürfnis in dem Maße, in dem die Erinnerung an den Verstorbenen verblasst (BVerfG a.a.O., Mephisto).

Im Falle des Malers Emil Nolde, der bleibende Werke deutschen Impressionismus geschaffen hat, wurde eine Schutzdauer von 33 Jahren angenommen. Bei einem verstorbenen Bürgermeister galten 15 Jahre als ausreichende Zeit (siehe Prinz/Peters, Medienrecht, Rz. 137 mit weiteren Beispielen).

3. Juristische Personen

Auch eine juristische Person, die durch natürliche Personen handelt, kann einer grundrechtstypischen Gefährdungslage ausgesetzt sein. Deshalb können auch juristische Personen Schutz der Ehre und des wirtschaftlichen Rufs in Anspruch nehmen.

a) Wirtschaftsunternehmen

Eine Kapitalgesellschaft kann sich auf den Schutz des allgemeinen Persönlichkeitsrechts berufen, insbesondere wenn sie in ihrem **sozialen Geltungsbereich** als Arbeitgeber oder als Wirtschaftsunternehmen betroffen ist. Das ist zum Beispiel der Fall, wenn der Jahresabschluss einer GmbH mit Anhang als umfassende Darstellung und Durchleuchtung ihrer finanziellen Situation als Fallstudie in einem Fachseminar verbreitet wird (BGH NJW 1994, 1281). Sogar das **Recht am gesprochenen Wort** kann eine juristische Person des Privatrechts für sich in Anspruch nehmen (BVerfG NJW 2002, 3619). Kommanditgesellschaften, Vereine und GmbH genießen wie Einzelpersonen den Schutz der **Unverletzlichkeit der Wohnung** (BVerfGE 42, 212 und 44, 353).

b) Behörden und Stellen öffentlicher Verwaltung

Juristische Personen des öffentlichen Rechts haben weder eine „persönliche" Ehre noch sind sie Träger des allgemeinen Persönlichkeitsrechts. Sie können aber zivilrechtlichen Ehrenschutz gegenüber Angriffen in Anspruch nehmen, durch die ihr Ruf in der Öffentlichkeit in unzulässiger Weise herabgesetzt wird. Behörden und andere Stellen, die Aufgaben öffentlicher Verwaltung wahrnehmen, genießen strafrechtlichen **Ehrenschutz** (§ 194 Abs. 3 StGB), der auch zivilrechtliche Unterlassungsansprüche begründen kann (§§ 1004, 823 Abs. 2 i. V. m. §§ 185 ff. StGB). Das bedeutet zwar nicht, dass staatliche Stellen vor öffentlicher Kritik abgeschirmt werden sollen, aber ohne „ein **Mindestmaß an gesellschaftlicher Akzeptanz**" können staatliche Einrichtungen **ihre Funktion** nicht **erfüllen** (BVerfG NJW 1995, 3303 ff.).

c) Kollektive

Kollektiv- oder Sammelbeleidigungen sind grundsätzlich nicht strafbar. Herabsetzende Äußerungen über große, **unüberschaubare Gruppen** wie zum Beispiel „alle Katholiken", „alle Protestanten", „alle Frauen" oder „alle Gewerkschaftsmitglieder" schlagen nicht auf die Ehre jedes einzelnen Angehörigen der Gruppe durch (BVerfG NJW 1995, 3303, 3306). Im Einzelfall kann sich aus den besonderen Umständen aber ergeben, dass eine Äußerung trotz ihrer generellen Formulierung auf einen **bestimmten Personenkreis** bezogen werden soll. Auch wenn eine herabsetzende Äußerung nicht erkennbar auf eine oder mehrere bestimmte Personen gemünzt ist, kann sie unter Umständen auch ein Angriff auf die persönliche Ehre der Mitglieder des Kollektivs sein.

Beispiel: Zielt die herabsetzende Äußerung „Soldaten sind Mörder" auf alle Soldaten der Welt, ist das Kollektiv so groß, dass persönliche Betroffenheit des einzelnen Mitglieds dieser Gruppe nicht anzunehmen ist. Bezieht sie sich dagegen auf die Bundeswehr, ist eine hinreichend überschaubare Gruppe angesprochen, so dass jeder einzelne aktiv Angehörige der Bundeswehr gekränkt sein kann (BVerfG NJW 1995, 3303, 3306).

IV. Namensnennung und Identifizierbarkeit

Viele Probleme ergeben sich daraus, dass Personen oder Organisationen mit den Vorgängen, über die berichtet wird, öffentlich nicht in Verbindung gebracht werden wollen, sie möchten mit dem Ereignis „für sich" bleiben. Das haben Medien zu respektieren, wenn es sich um Ereignisse rein privater Art, insbesondere aus dem Bereich der Intimsphäre handelt. Manchmal darf über das Ereignis berichtet werden, die Identität der Beteiligten muss aber geschützt bleiben (s. dazu im Einzelnen in den folgenden Kapiteln).

Berichten Medien in einer Art und Weise, dass ein Betroffener für andere nicht zu identifizieren ist, müssen sie in der Regel Rechtsstreitigkeiten mit ihm nicht befürchten. Das gilt auch dann, wenn dem Medienunternehmen klar ist, dass es um die konkrete Person geht (Prinz/Peters, Medienrecht, Rz. 142). Genügt es dafür aber schon, den **Namen** der Person oder des Unternehmens, von denen berichtet wird, einfach nur **wegzulassen**?

Für eine **Anonymisierung** reicht es nicht in jedem Fall aus, den Namen zu verändern, abzukürzen oder ganz wegzulassen. Erkennbar, so das Oberlandesgericht Hamburg (NJW-RR 1992, 536), ist auch jemand, dessen **Identität** sich **aus den Einzelheiten des Berichts ableiten** lässt, etwa der Angabe seiner Anschrift, seines Berufes oder der Umstände des geschilderten Falles. Pseudonyme und andere Versuche, die Identität zu verbergen, hätten nach Ansicht des Landgerichts Oldenburg nur Alibifunktion (AfP 1986,84).

Das Landgericht Frankfurt hielt etwa einen Mann für erkennbar, der in einem Artikel als operierender „HNO-Arzt Dr. St." beschrieben wurde (ZUM 1992, 361, 363). Die Zahl der operierenden HNO-Ärzte, so das Gericht, sei in der Stadt beschränkt, die Identifizierung der Person also möglich. In einem anderen Fall war der Leiter einer Redaktion, über die berichtet wurde, erkennbar, obwohl sein Name gar nicht, dafür aber der seiner Redaktion genannt wurde (BGH NJW 1981, 1366 – Der Aufmacher II).

Auch die **Illustration** des Artikels macht es oft möglich, die betroffenen Personen oder Unternehmen eindeutig zu identifizieren, obwohl sie nicht ausdrücklich genannt sind. Das wäre etwa der Fall, wenn auf einem Foto, das zum Artikel abgedruckt wird, **Produkte**, die Marke oder der **Geschäftsbetrieb** des anonym angesprochenen Anbieters zu sehen sind.

Es hilft oft auch wenig, über das Gesicht der abgebildeten Person einen **Augenbalken** zu legen – Körperhaltung und **andere individuelle Merkmale** können die Person dennoch erkennbar werden lassen. Sogar der **Wiedererkennungseffekt**, so entschied das Oberlandesgericht Hamburg, kann entscheidend sein: Es ging um den Bericht über einen Mord und das Foto einer Frau, die mit einem Balken unkenntlich gemacht worden war. Dasselbe Bild, ebenfalls geschwärzt, aber mit Namensnennung, hatte die Zeitung kurze Zeit vorher schon einmal veröffentlicht. Hier könne sich der Leser, so das Gericht, trotz der jetzt einwandfreien Anonymisierung an die frühere Berichterstattung erinnern (AfP 1993, 590).

Spätestens hier stellt sich die Frage: **Wer erkennt die Person** denn wirklich? Die eigene Familie im Zweifel immer, die gesamte Leserschaft sicher nicht. Auf wen also kommt es hier an?

Es genüge, so der BGH in einer frühen Entscheidung, wenn der

Betroffene begründeten Anlass zu der Annahme habe, er werde erkannt (NJW 1971, 698, 70). Auf jeden Fall genügt es, wenn der Betroffene in seinem **Bekanntenkreis** oder seiner **näheren Umgebung** erkennbar ist (OLG Hamm NJW-RR 1993, 735; Wenzel, Das Recht der Wort- und Bildberichterstattung, Rz. 7.8 m. w. N.). Es komme darauf an, so das Landgericht Berlin, ob mindestens aus der Sicht **einiger Leser** eine Identifizierung möglich ist (NJW-RR 1992, 1379, 1380). Entscheidend ist, dass die Ausstrahlung einer Veröffentlichung über den engsten Bereich des Betroffenen hinaus geht, wenn nur er selbst und seine nächste Umgebung sich erkennen (Soehring, Rz. 13.34 ff.; Prinz/Peters, Rz. 142).

Das Berliner Landgericht hatte einen besonderen Fall zu beurteilen, wie er immer wieder passieren könnte: Wie wirkt es sich für ein Publikationsorgan aus, wenn es selbst in der geschilderten Weise handwerklich korrekt gearbeitet hat, aber **andere Medien mit voller Namensnennung** berichten? Es könnte sein, dass dadurch auch einem breiten Leserkreis zum Beispiel einer Lokalzeitung klar wird, um wen es sich bei den anonymisierten Personen oder Institutionen handelt. Die Folge wäre: Ansprüche können auch gegen jene geltend gemacht werden, die anonymisiert hatten, obwohl ihnen die anderen Veröffentlichungen nicht zuzurechnen wären.

Für solchen Fall erkannte das Berliner Gericht, dass zwar die Pressefreiheit desjenigen berührt wird, der korrekt anonymisiert berichtet hat. Der aber darf **auch dann nicht Unwahres** veröffentlichen, wenn er die Namen der Betroffenen weglässt (LG Berlin NJW-RR 1992, 1379 f.). Eine Zeitung also, die in solche Situation gerät, müsste in einem Prozess den Nachweis führen, dass mit der erforderlichen Sorgfalt gearbeitet wurde.

V. Die persönliche Ehre

Das Recht der persönlichen Ehre schützt den Einzelnen vor Herabsetzung und vor Kränkung. Die Ehre ist verletzt, wenn Kritik so heftig ist, dass sie nicht mehr vom Recht der Meinungsfreiheit gedeckt ist. Von der Meinungsfreiheit geschützt sind in erster Linie wertende Äußerungen, ohne dass es darauf ankommt, ob sie wertvoll oder wertlos sind, ob sie richtig oder falsch, emotional oder rational sind. Die Grenze der freien Meinungsäußerung ist überschritten, wenn die Äußerung nur dazu eingesetzt wird, den anderen verächtlich zu machen, wenn sie die Menschenwürde eines anderen antastet, das heißt, wenn sich eine herabsetzende Äußerung als reine Formalbeleidigung oder Schmähkritik darstellt. Wo drastische Kritik in bewusste Schmähung umschlägt, wo die Absicht zu kränken und zu verletzen, stärker hervortritt als die Absicht zur Äußerung der freien Meinung, hat das **Recht der Meinungsfreiheit** keinen Vorrang mehr.

1. Schmähung

Im Vordergrund der schmähenden Äußerung steht die Diffamierung einer Person, während das sachliche Anliegen völlig in den Hintergrund gedrängt wird. Indiz für Schmähung: Es fehlt die Sachnähe zu einem Tatbestand sowie jeder tatsächliche Bezugspunkt. Maßgeblich sind **Begleitumstände** und sprachlicher Kontext der Äußerung, nicht ihre isolierte Betrachtung und ihr objektiver Sinngehalt, nicht das subjektive Verständnis noch die Absicht desjenigen, der sich äußert (BVerfGE 93, 266, 295). Es kommt darauf an, wie ein unvoreingenommener und verständiger Durchschnittsleser eine Aussage versteht, wobei der allgemeine Sprachgebrauch zu berücksichtigen ist (BGH NJW 2000, 3421). Lässt eine Äußerung **mehrere Deutungen** zu, von denen nur eine beleidigend ist, muss nach fallbezogener Abwägung im Zweifel zugunsten der freien Rede entschieden werden ("Soldaten sind Mörder", Bundesverfassungsgericht, NJW 1994, 2943).

Beispiele:
- Ein Roman Heinrich Bölls wurde in einem Literaturmagazin besprochen. Darin hieß es: „Es ist schon schlechterhin phantastisch, was für ein steindummer, kenntnisloser und talentfreier Autor schon der junge Böll war,... und mehr noch: Er war... auch einer der verlogensten, ja korruptesten. Dass ein derartiger z. T. pathologischer, z. T. ganz harmloser Knallkopf den Nobelpreis erringen durfte; dass Hunderttausende lebenslang katholisch belämmerte und verheuchelte Idioten jahrzehntelang den häufig widerwärtigen Dreck weglasen... ist das nicht alles wunderbar?" Nach Ansicht des Bundesverfassungsgerichts (NJW

1993, 1462) ist dieser Text eine Schmähung. Darin liege keine inhaltliche Auseinandersetzung mit Bölls Werk, welches vielmehr nur als Anlass für herabsetzende Äußerungen über die Person Bölls diene. Die
Äußerungen stehen für sich und erschöpfen sich in dem schmähenden
Inhalt.

- In einer Zeitungs-Glosse wurde ein stadtbekannter Mann als „Queru-
lant" bezeichnet. Ein Strafrichter verurteilte daraufhin den verantwortlichen Redakteur wegen Beleidigung zu einer Geldstrafe von 1.250
Euro. Das Verfahren wurde in zweiter Instanz eingestellt.

a) Formalbeleidigung

Ist ein Journalist schon einer Klage ausgesetzt, wenn er spitze Formulierungen wählt? Wann ist die **Grenze erlaubter Kritik** erreicht?
Woran erkennt man, dass die **Grenze überschritten** wurde?

Eine Meinung wird nicht schon wegen ihrer herabsetzenden Wirkung für Dritte zur Schmähkritik (BVerfG NJW 1993, 1462). Dabei
ist jede öffentlich verbreitete Kritik an Personen oder Institutionen
ein **Angriff auf die Ehre** und eine Verletzung des allgemeinen Persönlichkeitsrechts der Betroffenen. Dies ist rechtlich in Ordnung,
solange die Kritik durch das **Recht der freien Meinungsäußerung** gedeckt und gerechtfertigt ist. Der Freiraum des Journalisten ist groß,
zulässig sind sogar **scharfe** und **abwertende Kritik**, übersteigerte **Po-
lemik** oder **ironische Formulierungen** (BVerfG NJW 1987, 1398).

Erst wenn Kritik in bewusste Schmähung umschlägt, das heißt,
wenn nicht mehr die Auseinandersetzung in der Sache, sondern die
Herabsetzung der Person im Vordergrund steht, ist die Grenze der
freien Meinungsäußerung erreicht (BVerfG NJW 1991, 95). Das gilt
u. a. bei **Formalbeleidigungen** (§ 192 StGB): Ausdrücke wie
„Schwein", „Affe" oder „Ferkel" diskreditieren den so beschimpften
Menschen. (Wenzel, Handbuch des Äußerungsrechts, 5.234) Die
Bezeichnung „Krüppel" für einen querschnittgelähmten Mann, der
sich um die Teilnahme an einer Reserveübung der Bundeswehr
bemühte, hielt das Bundesverfassungsgericht ebenfalls für demüti-
gend, der Mann werde als minderwertiger Mensch abgestempelt
(NJW 1992, 2073).

b) Politischer und wirtschaftlicher Bereich

Einen Katalog von Wörtern, die grundsätzlich formalbeleidigend sind, gibt es nicht. Es kommt immer auf den **Einzelfall** und auf den der Kritik zugrunde liegenden **Sachverhalt** an. Die Freiheit des Journalisten bei der Wortwahl in einem kritischen Bericht oder einem Kommentar ist kaum eingeschränkt, wenn es sich um Auseinandersetzungen im politischen oder im wirtschaftlichen Bereich handelt. Wer sich hier betätigt, muss hinnehmen, dass er öfter und vielleicht hart kritisiert wird (BGH GRUR 1995, 270). Voraussetzung: Sachverhalt und Darstellungsweise müssen in einem akzeptablen Verhältnis stehen, es müssen entsprechende tatsächliche Anhaltspunkte vorliegen. Ein durch drastische Kritik Verletzter hat eine Einschränkung seines Ehrenschutzes dann hinzunehmen, wenn er durch sein Verhalten begründeten Anlass zur Kritik gegeben hat (BGH St, 12, 287, 294).

> **Beispiel:** Die Bezeichnung eines Arztes als „Scharlatan" und „Pfuscher" in einem Medienbericht hielt das OLG Karlsruhe nicht für schmähend, sondern von der Meinungsfreiheit gedeckt, weil es in der Veröffentlichung um Aufklärung über Missstände beim massenhaften Vertrieb von Vitaminpräparaten ging und der Arzt als personifizierter Vertreter der Vitaminindustrie vorgestellt wurde (AfP 2002, 533).

Nach diesem Grundsatz haben Gerichte viele scharfe Formulierungen als zulässig beurteilt, „zwiespältiger Charakter" oder „hitzköpfiger Demagoge" etwa für widersprüchlich handelnde Politiker. Auch Formulierungen wie „skandalumwittert, korrupt, faul", „Schindersyndikat, Ganovenkreis, Gaunerriege" sind nicht ohne weiteres formalbeleidigend (Wenzel, 5.235 m. w. N.). Kreditvermittler durften in einem Fall als „Kredithaie" bezeichnet werden (BVerfG NJW 1982, 2655), ein schlecht spielender, aber gut bezahlter Berufsfußballer darf „Abkassierer" genannt werden (OLG Celle AfP 1997, 819), ein Politiker, der in der DDR konspirativ mit der Stasi arbeitete, „Stasi-Spitzel".

Keine sachliche Berechtigung fanden Gerichte hingegen für die Bezeichnung „allergrößte Pfeife", mit der ein Lokalpolitiker abqualifiziert wurde (OLG Oldenburg NJW-RR 1995, 1427). (Dagegen durfte der österreichische Politiker Jörg Haider nach einer Ent-

scheidung des Europäischen Gerichtshofs aber sogar als „Trottel"
bezeichnet werden; NJW 1999, 1321.) Dass ein Mandant seinen Anwalt als „arglistigen Täuscher", „uneinsichtigen dummen Tölpel",
„Lügner" und „Prozessbetrüger" bezeichnete, war nach Ansicht des
OLG Saarbrücken von der Meinungsfreiheit nicht mehr gedeckt.
Der Mandant war wegen Gebührenforderung gerichtlich in Anspruch genommen worden (NJW-RR 2003, 176).

Der Journalist muss seine Leser oder Zuschauer nicht darüber aufklären, welcher Sachverhalt ihn zu seiner Kritik veranlasst hat, entscheidend ist, dass es den Sachverhalt tatsächlich gibt. Wenn sich
der Text allerdings auf die **bloße Aufzählung von Schimpfwörtern** beschränkt, könnte dem Autor unterstellt werden, dass er nicht das Informationsinteresse seiner Leser bedienen, sondern den Kritisierten
nur beleidigen will.

c) Machtkritik

Kritik darf schärfer formuliert werden, wenn sie nicht auf **Einzelpersonen** sondern auf **staatliche Einrichtungen** bezogen wird.
Deren Schutz vor Schmähung besteht nicht wegen der persönlichen Ehre sondern „nur" wegen der öffentlichen Anerkennung, die
notwendig ist, damit staatliche Einrichtungen ihre Funktion erfüllen können (siehe auch oben unter: Träger des Rechts, Juristische
Personen). Staatlichen Einrichtungen steht ein Persönlichkeitsrecht nicht zu.

Für unzulässig hielt das Landgericht Nürnberg-Fürth die in einem
Flugblatt enthaltenen Beschimpfungen eines Frauenarztes, der
rechtlich zugelassen Abtreibungen vornimmt, mit den Bezeichnungen „Dr. F ist **ein Mörder, Kindermörder**". Der namentlich genannte und **persönlich angesprochene** Arzt werde damit **einem Schwer-
kriminellen gleichgestellt** (NJW 1998, 3423).

Kurze Zeit später wurde gegen den selben Arzt ein neues Flugblatt
verfasst, auf dem zu lesen war:

> „Stoppen Sie den Kinder-Mord im Mutterschoß auf dem Gelände des Kli-
> nikum N. – damals: Holocaust heute: **Babycaust**. Wer hierzu schweigt wird
> mitschuldig! ‚**Tötungsspezialist**' für ungeborene Kinder Dr. F auf dem Gelän-
> de des Klinikum NN."

Hiergegen klagte auch die **Klinik, eine Anstalt des öffentlichen Rechts**, in der der Arzt praktizierte. Sie verlangte Unterlassung.

Der **Bundesgerichtshof** hielt die Äußerungen in dem Flugblatt – **bezogen auf die Klinik** – für **zulässig** mit der Begründung: Zwar richte sich das vor dem Klinikgelände verteilte Flugblatt in erster Linie gegen die Tätigkeit des als „Tötungsspezialist für ungeborene Kinder" bezeichneten Arztes. Angegriffen werde daneben aber der Klinikträger, so der BGH, der es zulasse, dass der „Tötungsspezialist für ungeborenen Kinder" auf seinem Gelände tätig werde. Provokation und drastische Formulierungen in dem Flugblatt seien mit den Interessen der Klinik abzuwägen. Es geht um deren Ansehen einerseits und das Grundrecht auf Meinungsfreiheit andererseits. Öffentliche Kritik dürfe umso weniger beschränkt werden, wenn die Ehrenschutzvorschriften **nicht auf Personen**, sondern **auf staatliche Einrichtungen bezogen** werden.

> „Sie (die Ehrenschutzvorschriften, d. Verf.) dienen dann nicht dem Schutz der persönlichen Ehre, sondern suchen die öffentliche Anerkennung zu gewährleisten, die erforderlich ist, damit staatliche Einrichtungen ihre Funktion erfüllen können. Gerät dieser Schutzzweck in einen Konflikt mit der Meinungsfreiheit, so ist deren Gewicht besonders hoch zu veranschlagen, weil das Grundrecht gerade aus dem besonderen Schutzbedürfnis der Machtkritik erwachsen ist und darin unverändert seine Bedeutung findet."

Auch die extrem erscheinende Kritik sei zu tolerieren, sie stelle einen Beitrag zur politischen Meinungsbildung in der die Öffentlichkeit berührenden fundamentalen Streitfrage der Abtreibung dar. Das erforderliche **Mindestmaß an gesellschaftlicher Akzeptanz** ginge der Klinik dabei nicht verloren. (BGH NJW 2000, 3421)

Offen bleibt, wie der BGH entschieden hätte, wenn er das Recht auf Meinungsfreiheit gegen die Rechte des Arztes hätte abwägen müssen. Richten sich Vorwürfe nämlich gegen das Verhalten konkret benannter Bediensteter, sind deren Persönlichkeitsrechte unmittelbar berührt. Die Beleidigung eines Amtsträgers wegen seiner Amtsführung bedeutet nicht zwingend zugleich eine Beleidigung der Behörde (BGH NJW 1983, 1183 – Vetternwirtschaft). Und was der Behörde zumutbar ist, muss ihr Mitarbeiter grundsätzlich nicht in gleichem Maße hinnehmen.

Ist also die Meinungsfreiheit mit dem Persönlichkeitsrecht des Behördenmitarbeiters abzuwägen, sind folgende Kriterien **zu beachten**;

- Steht die Auseinandersetzung in der Sache oder die Diffamierung der Person im Vordergrund?

- Hatte die Kritik im Verhalten des Amtsträgers ihre Grundlage?

- Geht es um eine die Öffentlichkeit wesentlich berührende Frage oder sogar um politischen Meinungskampf? In solchen Fällen spreche eine Vermutung für die Freiheit der Rede, so das Bundesverfassungsgericht (NJW 2003, 3760).

- Auch wer sich selbst öffentlich in einer Weise verhält, die massive Kritik herausfordert, muss sich im Gegenzuge überspitzte oder polemische Formulierungen gefallen lassen, sofern die noch als adäquate Reaktion auf den vorangegangenen Vorgang verstanden werden könne (BVerfGE 24, 278 „Recht auf Gegenschlag"; Grimm, NJW 1995, 1697).

So hielt der BGH die Äußerung auf einem Handzettel: „Stoppt rechtswidrige Abtreibungen in der Praxis Dr. X" für unzulässig. Der Begriff „rechtswidrig", so der BGH sei „in einer Weise verwendet, die ersichtlich eine **Prangerwirkung gegen den als Einzelperson genannten Arzt** erzeugt hat und auch erzeugen sollte." (NJW 2003, 2011)

Ähnlich wie bei Meinungsäußerungen zur Abtreibung lag die Problematik bei der Äußerung „**Soldaten sind Mörder**". Das Bundesverfassungsgericht hielt sie für eine zulässige Meinungsäußerung in einem Fall, in dem ein anerkannter Kriegsdienstverweigerer während des Golfkrieges 1991 diese Äußerung auf einem Aufkleber an seinem Auto angebracht hatte. Der Ausdruck „Mörder", so das Bundesverfassungsgericht, werde hier **im umgangssprachlichen Sinne** genutzt, der **keine Gleichsetzung mit Straftätern** beinhalte, er bringe zum Ausdruck, dass der Soldatenberuf im Ernstfall mit der Tötung von Menschen verbunden sei (NJW 1994, 2943). Werden dagegen **einzelne Bundeswehrsoldaten** als Mörder bezeichnet, liegt eine **Schmähung** vor (BVerfG NJW 1995, 3303; Wenzel, Kap. 5, Rz. 196; s. o. D.III.3.c) Kollektive).

> **Tipp:** Will der Journalist eine Behörde besonders scharf kritisieren, sollte er sicherheitshalber auf Personalisierung verzichten und nicht den Namen des Behördenleiters als Synonym für die Behörde nehmen.

2. Wenn Dritte schmähen

Journalisten müssen beachten, dass sie nicht nur für eigene Äußerungen haften. Beleidigungen, die z. B. in **Leserbriefen** oder **Interviews** geäußert werden, dürfen in der Regel nicht verbreitet werden (s. o. C.II. Äußerungen Dritter: Verbreiterhaftung). Zwar beleidigt der Journalist in diesen Fällen nicht selbst, mit Veröffentlichung schmähender Aussagen verletzt er aber das allgemeine Persönlichkeitsrecht des Betroffenen. **Gerechtfertigt** ist der Abdruck allerdings, wenn ein **Informationsinteresse** daran besteht, **dass** und **wie** der Zitierte sich über den Betroffenen geäußert hat. Wenn Lieschen Müller ihrem Nachbarn schlecht nachredet, wird ein solches Interesse kaum vorliegen. Wenn aber ein **Politiker** seinen politischen **Gegner** als „verlogen" bezeichnet, wenn ein Prominenter einen anderen öffentlich diffamiert, besteht in der Regel an dem Vorgang ein öffentliches Interesse, das die Wiedergabe der Äußerungen durch Medien rechtfertigt. In diesen Fällen haftet allenfalls derjenige, der die Äußerung originär getan hat (siehe aber auch im Folgenden unter 3), nicht aber das Medium, das darüber wahrheitsgemäß berichtet. Allerdings dürfen sich Medien die Äußerung nicht zu Eigen machen, sie müssen sich ernsthaft distanzieren. Die Rechtfertigung geht ihnen verloren, wenn sie die schmähende Äußerung des Dritten in den eigenen Gedankengang so einfügen, dass dadurch die eigene Aussage unterstrichen werden soll. (BVerfG NJW 2004, 590; OLG Hamburg NJW-RR 1994, 989).

Beispiel: Die Bild-Zeitung hatte in einem Artikel berichtet, der Künstler Biermann habe anlässlich einer Sondervorstellung bei der CSU über den letzten Innenminister und stellvertretenden Ministerpräsidenten der DDR gesagt: „Dieser Mann ist solche Bundesscheiße, da möchte man überhaupt nicht reintreten." Nach Ansicht des Bundesverfassungsgerichtes verletzt diese Äußerung zwar das Persönlichkeitsrecht des so Beschimpften, stelle eine Schmähkritik dar und beeinträchtige dessen sozialen Geltungsanspruch. Mittels einer Güterabwägung sei aber zu berücksichtigen, dass die Bild-Zeitung nur die Behauptung verbreitet habe, der Künstler Biermann habe sich wie zitiert geäußert, ohne sich den Inhalt zu Eigen zu machen. Sowohl der beschimpfte Politiker als auch der Künstler seien öffentlich bekannt und erweckten öffentliches Interesse, Biermann auch als Dissident der DDR und Kritiker aktueller politischer Verhältnisse. Die Öffentlichkeit habe ein berechtigtes Interesse an Informationen über das noch nicht abgebaute Spannungsverhältnis zwischen den Personen, die in der DDR aufgrund ihrer beruflichen und politischen Tätigkeit prominent waren. „Dies sind sachnahe Gesichtspunkte zur Anerkennung eines Interesses an öffentlicher Information" (BVerfG NJW 2004, 590).

3. Recht auf Gegenschlag und privilegierte Äußerungen

Ein Verletzter hat eine Einschränkung seines Ehrenschutzes hinzunehmen, wenn er durch sein Verhalten begründeten **Anlass zur Kritik gegeben** hat (BGHSt 12, 287). Wer selbst angreift, der muss es unter dem Gesichtspunkt des „Gegenschlags" hinnehmen, anschließend auch mit starken Worten bedacht zu werden (BVerfGE 12, 113). Wer dadurch Kritik auf sich lenkt, dass er in der Öffentlichkeit zu Fragen der Politik betont Stellung bezieht, muss unter Umständen eine scharfe übersteigerte Reaktion durch seine Gegner dulden. Herabsetzende Äußerungen sind dann gerechtfertigt, wenn sie gemessen an den vorausgegangenen Äußerungen nicht unverhältnismäßig erscheinen und noch als **adäquate Reaktion** auf den vorangegangenen Vorgang verstanden werden können (BVerfGE 24, 278; „Recht auf Gegenschlag", Grimm, NJW 1995, 1697).

Der strafrechtliche **Ehrenschutz** ist im Bereich der politischen Auseinandersetzung deshalb aber nicht ausgeschlossen.

Beispiel: „Zigeunerjude" wurde ein Vertreter des Zentralrates der Juden im Verlauf eines öffentlichen Streits mit den „Republikanern" bezeichnet. Im Kontext einer Diskussion über Rechtsextremismus könne sich, so das Bayerische Oberste Landesgericht (AfP 2002, 221) hierzu, dem objektiven Leser der Eindruck aufdrängen, dass mit dieser Bezeichnung auf Bewertungsmaßstäbe aus der Zeit des Nationalsozialismus zurückgegriffen werde und der Verletzte damit als sozial oder rassisch minderwertig und ächtenswert ausgegrenzt werden soll.

Abgeordnete können äußerungsrechtlich für das, was sie in einer Sitzung erklärt haben, nicht zur Verantwortung gezogen werden, es sei denn, es handelt sich um eine verleumderische Beleidigung (BGH NJW 1981, 2217). Im Rahmen einer **öffentlichen Auseinandersetzung** um die NS-Verstrickung eines Mannes, nach dem eine öffentliche Einrichtung der Stadt benannt wurde, zitierte ein Mitglied des Stadtrates im Hauptausschuss einen Historiker mit den Worten „Man hat hier gefälscht und umsortiert, um die Rolle Diems vor 1945 zu beschönigen." Das Landgericht Köln (AfP 2002, 346) wies die Klage hiergegen ab.

Das Privileg gilt auch für Äußerungen zum Zwecke der Rechtspflege, im Familien- und Freundeskreis, bei wahrheitsgetreuer Gerichtsberichterstattung und wahrheitsgetreuen Berichten über öffentliche Sitzungen des Bundestages und seiner Ausschüsse (Prinz/Peters, Medienrecht, Rz. 46).

4. Markenverunglimpfung

Bei der Verballhornung bekannter Marken ist zu prüfen: Liegt in der Bezugnahme auf die bekannte Marke eine **gezielte Beschädigung** und **Verunglimpfung von Wettbewerbern** vor, um Vorteile für den eigenen wirtschaftlichen Erfolg zu ziehen? Wird das dem Markeninhaber zustehende Ankündigungs- und Werberecht verletzt? Dies wird für redaktionelle Beiträge grundsätzlich zu verneinen sein. (Beurteilung nach Markengesetz und Wettbewerbsrecht). Beispiele: „Lusthansa"-Aufkleber, OLG Ffm NJW 1982, 648; „Teurer" im Stil des Telekom-Logos auf einer Postkarte, KG AfP 1997, 921; Shell-Muschel als Totenkopf auf einem T-Shirt, OLG HH ZUM-RD 1998 121; Aufkleber mit BMW-Logo und der Aufforderung „bums mal wieder", BGH NJW 1986, 2951.

In der Regel wird die **Verballhornung** als gerechtfertigt im Sinne der freien Meinungsäußerung bewertet. „Mordoro" in einem Nichtraucherkalender galt beispielsweise als öffentliche Auseinandersetzung über Gefahren des Rauchens, nicht unmittelbar als Anreiz zum Kauf eines Produktes (BGH NJW 1984, 1956). Die Worte „fick for fun" auf einer Postkarte werden nach Meinung des OLG Hamburg (AfP 1999, 287) nicht markenmäßig benutzt. Sie nehmen zur Zeitschrift in ironischer Weise kritisch Stellung, die vulgär abwertende Verfremdung sei zulässig, weil die Zeitschrift hierzu hinreichend Anlass gebe. Das „Mars"-Logo auf einer Kondom-Schachtel dagegen sollte Aufmerksamkeit zur Förderung des Umsatzes bringen. Seine Verwendung war wettbewerbswidrig (BGH GRUR 1994, 808).

VI. Eingriff durch unwahre Tatsachen

Unwahre Tatsachenbehauptungen über Personen und Institutionen sind oft geeignet, sich nachteilig auf deren Ansehen und Geschäftsehre auszuwirken. Sie erfüllen den Tatbestand der üblen Nachrede (§ 186 StGB) und verletzen das allgemeine Persönlichkeitsrecht. Ihre Verbreitung ist von der Presse- und Informationsfreiheit nicht gedeckt, also unzulässig.

Andere, eher harmlose („wertneutrale") Falsch-Darstellungen, zum Beispiel über den Ort einer Sitzung oder eines Urlaubsziels, über die Farbe eines Kleides, sind vielleicht nicht ehrverletzend, können aber schon einen Anspruch auf Gegendarstellung auslösen, bei dem es noch nicht einmal um Wahrheit oder Unwahrheit gehen muss (siehe unten Ziffer E.II. Die einzelnen Ansprüche).

Insbesondere Fälschungen des gesprochenen Wortes (Interview, Zitat) gehören dazu (BGH WRP 1998, 509; OLG Celle AfP 2002, 506). Die schlichte Wahrheitswidrigkeit über Tatsachen, die niemanden belasten, kann ohne Folgen bleiben. Ein Eingriff in Rechte liegt nur vor, soweit Ehre und Kreditschutz betroffen sind. Die Gerichte billigen dem Betroffenen aber zu, dass er sich schon bei unwichtig erscheinenden Fakten verletzt fühlt und ein Rechtsschutzbedürfnis hat (siehe im Einzelnen unter E.II.2.).

VII. Eingriff in geschützte Sphären

Geschützt ist der Einzelne in seinem Recht, selbst zu bestimmen ob und in welcher Form er an die Öffentlichkeit tritt. Geschützt sind private Bereiche des Menschen vor Berichterstattung, zu denen die Öffentlichkeit keinen Zugang hat.

1. Intimsphäre

Die Intimsphäre bildet den engsten Persönlichkeitsbereich und genießt den stärksten Schutz vor öffentlichen Einblicken. Grundsätzlich vor Öffentlichkeit geschützt ist der **Sexualbereich** des Menschen, und sein **körperliches Befinden**, wozu auch medizinische Untersuchungen gehören. Berichtet eine Zeitschrift dagegen nur über die Tatsache eines Ehebruchs, nicht über Einzelheiten davon, berührt sie die Intimsphäre nicht (BGH NJW 1999, 2893). Niemand darf gegen seinen Willen von Medien als homosexuell geoutet werden, auch Politiker haben Anspruch auf Diskretion über ihr Liebesleben (Beispiel: Fall Clinton/Lewinsky; vgl. Wenzel, S. 47). Doch es gibt Ausnahmen: Wenn etwa ein Politiker in seiner Behörde Beschäftigte sexuell belästigt, kann Berichterstattung gerechtfertigt sein, da es einen Bezug zu seinem öffentlichen Amt gibt. Die Öffentlichkeit hat dann einen Anspruch auf Information.

Politiker und Stars machen ihr Intimleben in Zeitschriften und Talkshows öffentlich, sie berichten beispielsweise freimütig über wechselnde Partner. Hier liegt eine Einwilligung vor, die Berichterstattung über Intimes auch in anderen Medien rechtfertigen kann (s. o. B.II.7. Übernahme vorveröffftlichter Aussagen).

2. Privatsphäre

Geschützt ist das Recht jedes Einzelnen, im Bereich der Lebensgestaltung seine Individualität unter Ausschluss anderer zu entwickeln und wahrzunehmen. Andere Menschen haben zu diesem Bereich nur insoweit Zugang, als ihnen der Betroffene selbst Einblick gewährt. Es besteht aber kein absoluter Schutz, eine Abwägung gegen öffentliches Interesse kann auch hier Berichterstattung im Einzelfall rechtfertigen.

Eine ungenehmigte Veröffentlichung aus dem Bereich der Privatsphäre kann zulässig sein, wenn eine Interessenabwägung ergibt, dass das Informationsinteresse die persönlichen Belange des Betroffenen überwiegt. Gerüchte aus dem Eheleben eines hochrangigen Politikers allerdings dienen dem Unterhaltungsinteresse des Publikums, ihm kommt gegenüber den privaten Interessen ein eher geringes Gewicht zu. Das gilt auch dann, wenn der Politiker bei öffentlichen Auftritten seine Frau bewusst ins Rampenlicht treten lässt und so Teile seines Privatlebens freigibt (LG Berlin AfP 2003, 174).

Schutzbereiche:

- häuslicher Bereich
- erkennbare örtliche Abgeschiedenheit außerhalb des häuslichen Bereichs
- Vorgänge und Lebensäußerungen innerhalb des familiären Bereichs
- Krankheiten und Religion
- Einkommens- und Vermögensverhältnisse
- Äußerungen in privaten Gesprächen – zum Beispiel auch Informationen, die jemand einem Dritten im vertraulichen Gespräch mitgeteilt hat (s. o. B.II.1. Das Recht am gesprochenen Wort)
- einzelne Handlungen im Privatleben.

Probleme der Praxis ergeben sich beim Umfang einer **Einwilligung**. Ließ zum Beispiel der Betroffene zu einzelnen Themen seines Privatlebens Berichterstattung zu, stellt sich die Frage, ob diese Einwilligung auch die Fortsetzung des Themas erfasst. Wenn Berichterstattung über die **neue Liebe eines Prominenten** erlaubt ist, darf dann auch ohne weiteres über deren Ende berichtet werden? Zurückhaltung ist geboten. Kann ein **Volltrunkener** oder sichtbar Verwirrter wirksam in ein TV-Interview einwilligen? Nach Ansicht des LG Köln fehlt es an einer wirksamen Einwilligung, wenn der Journalist klar erkennen kann, daß der Interviewte „total durcheinander" ist (AfP 2002, 343). Ein geistig Gestörter kann überhaupt nicht wirksam einwilligen, weil er nicht in der Lage ist, die Reichweite seiner Erklärung zu erfassen (OLG Frankfurt NJW 1987, 1087; siehe auch unten G.II.). An die Zulässigkeit von Medienberichten über **Ehe- und Familienstreitigkeiten** sind, insbesondere, wenn sie aus der Sicht eines der Beteiligten erfolgen, besonders hohe Anforderungen zu stellen. Grundsätzlich sind sie unzulässig, wenn die **übrigen Beteiligten** nicht in die Verbreitung eingewilligt haben (OLG Karlsruhe AfP 2002, 42, 44).

Probleme ergeben sich bei der Abwägung im Einzelfall, ob das „öffentliche Interesse" dem Schutz der Privatsphäre vorgeht, so dass **auf eine Einwilligung verzichtet** werden kann, zum Beispiel bei gesundheitlichen Problemen von Politikern, Alkoholismus u.ä. Auch wenn es um Personen geht, die nicht im Licht der Öffentlichkeit stehen, kann eine Veröffentlichung privater Sachverhalte **gegen den Willen** eines Betroffenen **zulässig** sein.

Beispiele:

- In einem Fernsehbeitrag schilderte ein geschiedener Mann zu Lasten der Frau seine Lage als „Scheidungsopfer". Durch Namensnennung war die Frau identifizierbar, sie sah ihre Persönlichkeitsrechte verletzt. Das OLG Karlsruhe (AfP 2002, 42) hielt die Darstellung für zulässig. Gerechtfertigt, so das OLG, sei die Berichterstattung in diesem Falle durch den Vorrang der Meinungs- und Pressefreiheit: Der Scheidungsfall wurde dem Statement einer bekannten Politikerin entgegengesetzt, die in dem selben Beitrag entsprechende Scheidungsfolgen für einen Ehemann bestritt (Probleme seien „konstruiert", „nicht existent"). „Durch Namensnennung werden Authentizität und Glaubhaftigkeit der Äußerung wesentlich erhöht und damit die Anliegen des Beitrages gefördert." (S. 44) Das Gericht verwies in diesem Zusammenhang auf das ausdrücklich genannte Ziel der Sendung, wonach der pointiert vorgetragenen Auffassung einer prominenten Rechtspolitikerin zu wirtschaftlichen Auswirkungen der Scheidung die eigene Sichtweise entgegengestellt werden sollte.

- In einer Fernsehshow hatte eine Frau unter Nennung ihres eigenen Namens berichtet, ihr Vater habe sie jahrelang sexuell missbraucht. Dies entsprach der Wahrheit. Der Vater, der über die Namensnennung identifizierbar war, sah sich in seinen Persönlichkeitsrechten verletzt, ging dagegen gerichtlich vor und bekam zunächst Recht. Mit dem Bericht sei eine Prangerwirkung für ihn verbunden, die eine soziale Stigmatisierung zur Folge haben könnte. Das Bundesverfassungsgericht hielt dagegen, es sei aber auch in solchen Fällen abzuwägen, ob gewichtige Gründe für eine Veröffentlichung sprächen. Die könnten darin bestehen, dass die Personifizierung dieses Erfahrungsberichtes gesellschaftlichen Tabuisierungen entgegenwirken und andere Betroffene zu eigenen Äußerungen und Handlungen ermutigen könnte. Der sexuelle Missbrauch von Kindern sei eine die Öffentlichkeit wesentlich berührende Frage, so dass ein öffentliches Interesse an Information über Taten und ihre Folgen aus der Opferperspektive bestehe. Auch die Persönlichkeitsrechte der Erzählenden spielten eine Rolle, die das Recht für sich in Anspruch nehme, ihre Erlebnisse gerade unter Nennung des eigenen Namens zu schildern (BVerfG NJW 1998, 2889).

Zur Privatsphäre gehört das Recht am **gesprochenen Wort**, einschließlich der Vertraulichkeit von Telefonaten auch Äußerungen in **persönlichen Briefen** sind geschützt, deren Inhalt ebenso wie deren Zweckbestimmung. Das Briefgeheimnis ist in § 202 StGB besonders geschützt. Geschützt sind Notizen und andere **persönliche Aufzeichnungen**, interne **Vermerke** aus der beruflichen Sphäre („Geheimsphäre" siehe Prinz/Peters, Medienrecht, Rz. 86 m. w. N.).

Personenbezogene Daten wie Adressen und Telefonnummern dürfen von Medien zur publizistischen Nutzung gespeichert werden. Da ihre Arbeit wesentlich durch das Anlegen und Befragen von Archiven unterstützt wird, haben sie nach dem Bundesdatenschutzgesetz im Gegensatz zu anderen ein besonderes **Privileg**, derartige Daten zum Zwecke der Berichterstattung **zu speichern**. Deren Veröffentlichung ist damit selbstverständlich nicht frei gegeben, die bedarf dann der gesonderten persönlichkeitsrechtlichen Prüfung.

3. Sozial- und Öffentlichkeitssphäre

Geschützt ist das Selbstbestimmungsrecht des Einzelnen in seinem **sozialen, beruflichen Umfeld**. Als Mitglied der sozialen Gesellschaft nimmt jeder Einzelne an Handlungen teil, mit denen auch andere mehr oder weniger zufällig und unfreiwillig in Berührung kommen, zum Beispiel am Straßenverkehr, an seinem Arbeitsplatz oder im Bereich seiner gewerblichen oder politischen Betätigung. In diesen Lebensbereichen tritt der Mensch nach außen so in Erscheinung, dass er grundsätzlich auch **von Dritten wahrgenommen** wird, zu denen er **keine persönliche Beziehung** hat (Prinz/Peters, Rz. 76).

Im Einzelfall muss der Journalist immer klären, ob ein aktuelles Informationsinteresse an dem sozialen und beruflichen Umfeld des Menschen besteht, über den er berichten will. Dies ist nicht von vornherein zu bejahen, es müssen besondere Merkmale vorliegen, die ein öffentliches Interesse begründen. Wer bewusst in den Vordergrund tritt, indem er sich etwa geschäftlich oder politisch betätigt, muss sich auch Berichterstattung gefallen lassen und sich notfalls der öffentlichen Kritik aussetzen (BGH AfP 1995, 404 – Dubioses Geschäftsgebaren).

Über Handlungen in der **Öffentlichkeitssphäre**, zum Beispiel bei professionellen Äußerungen und Maßnahmen von Politikern und Wirtschaftsführern, sowie deren Teilnahme an Rundfunk- und Fernsehveranstaltungen können Medien grundsätzlich berichten. Die Teilnahme an einer Veranstaltung, bei der mit Berichterstattung der Presse gerechnet werden muss, betrachtet das Bundesverfassungsgericht als „selbst gewählte Beziehung des Betroffenen zu seiner Umwelt", sie berührt deshalb nicht den Kern des Persönlichkeitsrechts. Wird jemand, der an einem Empfang mit CSU-Spitzenpolitikern teilnimmt und sich wie ein „Urbayer" in Lederhose präsentiert, auf einem Foto abgebildet, das zu einer Karikatur verarbeitet wird, muss er dies hinnehmen (BVerfG NJW 2002, 3768).

Tipp für die Abwägung der Rechtsgüter

Es erscheint sinnvoll, sich vor der Berichterstattung einige grundsätzliche Fragen zu stellen, deren Beantwortung helfen kann, mögliche Probleme zu vermeiden:

(a) Liegt das Thema der geplanten Veröffentlichung mehr im privaten oder mehr im öffentlich relevanten Bereich?

Zum **Beispiel:**
- Chaos in der Amtsführung des Bürgermeisters (öffentlich) oder
- sexuelle Belästigung von Mitarbeiterinnen im Amt (beides) oder
- schlägt er zu Hause seine Frau (privat) oder
- hat er eine Geliebte (intim)?

(b) Welches Maß an öffentlichem Interesse muss vorliegen, damit eine Veröffentlichung trotz des Schutzes der Privatsphäre möglich wird?

Zum **Beispiel:**
- Handlungen des Mandatsträgers in Ausübung seines Mandats (starkes öffentliches Interesse);
- Handlungen, die zwar im privaten Bereich liegen, bei denen aber eine Machtposition (Vorgesetzter) zum Nachteil von Dienstabhängigen ausgenutzt wird (starkes Interesse, aber große Sorgfalt geboten);
- private Handlungen in privater Umgebung, die aber im Widerspruch zu öffentlich vertretenen Thesen und zu der Vorbildfunktion eines Politikers stehen (schwierige Abwägung, auch die Privatsphäre der Frau ist betroffen);
- im Falle der Geliebten des Bürgermeisters mag zwar damit ein Beweis für seine moralische Heuchelei vorliegen, aber es han-

---

delt sich grundsätzlich um eine Privatsache. (Es sei denn, besondere Umstände kommen hinzu, die mit der Amtsführung zu tun haben, etwa Erpressung o. Ä.).

(c) Was muss zusätzlich recherchiert werden, damit ein Bericht gerechtfertigt wäre (s. D.IX. Verdächtigungen und Gerüchte)?

(d) Kann durch Weglassen von privaten Details (Namen, Einzelheiten aus der Intimsphäre, private Äußerungen) die Veröffentlichung der reinen Nachricht gerechtfertigt werden? Zum Beispiel Ehebruch als Scheidungsgrund eines Prominenten (BGH NJW 1999, 2893).

VIII. Gerichtsberichterstattung

Grundsätzlich darf der Journalist davon ausgehen, dass öffentliche Gerichtsverfahren von öffentlichem Interesse sind. **Er darf berichten**. Das Problem ist nur: Was muss er eventuell **weglassen** oder mit **Zurückhaltung** in der Wahl der Details und der Worte referieren? Nicht alles, was vor Gericht geschieht, darf an die Öffentlichkeit. Das Recht des Journalisten, den Verlauf von Gerichtsverfahren ohne weitere Prüfung – aber wahrheitsgemäß – öffentlich wiedergeben zu dürfen, bedeutet nämlich nicht, dass es den Medien erlaubt ist, jedes Detail einer Verhandlung zu veröffentlichen, selbst wenn es sich um eine öffentliche Sitzung handelte. So kann es zum Schutz der Persönlichkeitsrechte von Verfahrensbeteiligten in einzelnen Fällen geboten sein, auf **Namensnennung** und identifizierende Angaben zu verzichten. Was ein Verfahrensbeteiligter vor Gericht **aus seinem Privatleben** preis gibt, dürfen Medien nicht ohne Rücksicht auf seine Privatsphäre verbreiten. Solche Informationen sind jedenfalls nicht schon deshalb für die Berichterstattung frei, weil sich der Betroffene in öffentlicher Verhandlung darüber äußert (BGH NJW 1988, 1984; OLG Hamburg AfP 1998, 643).

Beispiel: Eine Zeitung berichtete unter der Überschrift „Büro-Sex am Telefon: Entlassen" über ein Verfahren vor dem Arbeitsgericht, in dem es um die Klage eines Mannes wegen Kündigung seines Arbeitsverhältnisses ging. Sein Arbeitgeber hatte ihn entlassen, weil er vom Bürotelefon aus mit seiner Frau ein Gespräch sexuellen Inhalts geführt hatte. Die Zeitung schilderte den Fall in einer Weise, die den Mann identifizierbar machte: volle Orts- und Berufsangabe („Geschäftsführer einer Außenstelle der

Industrie- und Handelskammer H. ...") und Angabe seines Alters. Der Mann verlangte daraufhin Schmerzensgeld von der Zeitung, weil seine Intimsphäre in der Öffentlichkeit bloßgestellt worden sei. Der BGH gab dem Mann Recht. Den Schutz der Intimsphäre habe er nicht schon dadurch verloren, dass er sexuelle Äußerungen am Arbeitsplatz getan hatte. Presseberichterstattung über diesen Bereich sei auch nicht deshalb erlaubt, weil Anlass eine öffentliche Verhandlung vor dem Arbeitsgericht gewesen sei. Zwar mag ein öffentliches Interesse durch die führende Position des Entlassenen gegeben sein. Die Prangerwirkung, die mit der Veröffentlichung in solchen Fällen verbunden sei, gebiete den Medien jedoch, jedenfalls bei **Gerichtsverfahren ohne strafrechtlichen Einschlag**, eine Identifizierung vermeidbar zu machen (BGH NJW 1988, 1984).

1. Strafverfahren und die „Lebach"-Urteile

Verurteilungen wegen begangener Straftaten sind niemals ausschließlich Privatsache, aktuelle Berichterstattung über Hauptverhandlungen im Strafprozess und die anschließenden Entscheidungen sind prinzipiell zulässig. Ob dies jedoch mit **Namensnennung** geschehen darf, muss im Einzelfall durch Güterabwägung ermittelt werden. Wird jemand strafrechtlich **verurteilt**, hat er die Erwähnung seines Namens **eher hinzunehmen** denn als bloßer **Angeklagter**. Die Namensnennung ist umso eher zulässig, je gravierender die Straftat und je hervorgehobener die Position des Täters ist, je mehr sich die Straftat durch die Besonderheit des Angriffsobjekts, die Art der Ausführung oder die Schwere der Folgen aus der üblichen Kriminalität heraushebt. Der Journalist hat sich also zu fragen, ob sich das **Informationsinteresse** nicht **nur auf die Tat**, sondern **auch auf den Täter erstreckt**. Differenzierung ist auch bei Kapitalverbrechen notwendig.

Das Bundesverfassungsgericht hatte 1973 über eine Verfassungsbeschwerde zu entscheiden, in der es um das Verbot ging, einen Fernsehfilm über den **„Soldatenmord von Lebach"** auszustrahlen (NJW 1973, 1226 – Lebach I). Mit dem Urteil wurden Grundsätze festgeschrieben, die das Bundesverfassungsgericht in einem zweiten Urteil aktuell bestätigte (NJW 2000, 1859 – Lebach II) und die bis heute Gültigkeit haben.

Im Januar 1969 waren bei einem Überfall auf ein Munitionsdepot der Bundeswehr in Lebach vier Bundeswehrsoldaten getötet worden, ein weiterer Soldat wurde schwer verletzt. Wegen dieser Tat wurden die Täter zu lebenslangen Freiheitsstrafen verurteilt. Ein weiterer Tatbeteiligter erhielt wegen Beihilfe eine Gesamtfreiheitsstrafe von sechs Jahren. Der Fall erregte seinerzeit großes Aufsehen. Das ZDF produzierte Anfang 1972 ein Dokumentar-Fernsehspiel über die Planung und Durchführung der Tat sowie die nachfolgenden Fahndungsmaßnahmen. Dabei wurden alle drei Täter im Bild gezeigt und wiederholt namentlich genannt. Gegen die Ausstrahlung des Dokumentarspiels setzte sich damals der wegen Beihilfe verurteilte Tatbeteiligte, der kurz vor der Haftentlassung stand, zur Wehr. Nachdem er mit seinem Unterlassungsbegehren zunächst vor den Zivilgerichten gescheitert war, hob das BVerfG 1973 deren Entscheidung auf und untersagte dem ZDF, den Film über den „Soldatenmord von Lebach" auszustrahlen, soweit darin die Person des Häftlings namentlich erwähnt oder dargestellt werde.

Im Lebach-Urteil hat das BVerfG für die bei einer Kriminalberichterstattung vorliegende Kollisionslage von Rechten folgende **allgemeine Kriterien** für verfassungsrechtlich bedeutsam erachtet:

- Die öffentliche **Berichterstattung über eine Straftat unter Namensnennung, Abbildung** oder Darstellung des Täters stellt regelmäßig eine erhebliche Beeinträchtigung des Persönlichkeitsrechts des Täters dar, weil sein Fehlverhalten öffentlich bekannt gemacht und seine Person in den Augen des Publikums negativ gemacht wird.

- Für die **Intensität der Beeinträchtigung** kommt es auf die Art und Weise der Darstellung an. So wird selbst um eine Objektivität und Sachlichkeit bemühte Berichterstattung durch das **Fernsehen** in der Regel einen weitaus **stärkeren Eingriff** in die Privatsphäre darstellen als eine Wort- oder Schriftberichterstattung in Hörfunk oder Presse. Insoweit ist auch der Grad der Reichweite des Mediums von Bedeutung.

- Bei **jugendlichen Verfahrensbeteiligten** gilt die **Regel,** dass am Namen kein Informationsinteresse besteht, deshalb sollten sie grundsätzlich **anonymisiert** werden.

- Für die **identifizierende Berichterstattung** gibt es eine **zeitliche Beschränkung:** Täter sind nur so lange im Zusammenhang mit einer Straftat **Personen der Zeitgeschichte,** als die Straftat aktuell ist.

Das Bundesverfassungsgericht hat erstmals im Zusammenhang mit Berichterstattung das **Recht auf Resozialisierung** eines verurteilten Straftäters festgeschrieben und bis heute daran festgehalten. Danach wird ein Verurteilter in seiner Persönlichkeitsentfaltung unzulässig beeinträchtigt, wenn ihm die Wiedereingliederung in die Gesellschaft nach Verbüßung der Strafe wesentlich erschwert wird. Dies wäre der Fall, wenn über die Straftat mit Namensnennung oder Abbildung des Täters zeitlich unbegrenzt weiter berichtet wird (BVerfG NJW 1973, 1226; NJW 2000, 1859 – Lebach II).

Das bedeutet aber nicht, dass der Täter ein Recht hat, nie wieder Berichte über seine Tat lesen zu müssen oder gesendet zu sehen. Eine anschließende **Berichterstattung**, die den Täter nicht unmittelbar identifiziert, **bleibt zulässig** (BVerfG a.a.O. „Lebach II"), auch wenn damit das Risiko verbunden ist, dass durch weitere Recherchen anderer die Identität doch ermittelt werden könnte oder einzelne ohnehin wissen, um wen es sich handelt (Wenzel, 10 Rz. 200).

2. Vorstrafen und alte Sünden

Ein Straftäter also, der während des Verfahrens eine Berichterstattung über seine Tat mit Namensnennung hinnehmen musste, hat **nach Ablauf der Aktualität seines Strafverfahrens** das Recht, öffentlich nicht mehr mit seiner Tat in Verbindung gebracht zu werden. Ihm steht das **Recht auf ungestörte Resozialisierung** zu, nachdem seine Tat durch Strafverfahren und Sanktionen rechtsstaatlich gesühnt ist. Mit der Verbüßung der Strafe wurde dem Strafanspruch des Staates Genüge getan (BVerfG NJW 1973, 1226 ; und NJW 2000, 1859). Das gilt auch, wenn es sich um spektakuläre, Aufsehen erregende schwere Straftaten gehandelt hat (OLG Hamburg ZUM 1995, 336, Frauenmörder Honka II). Es gilt umso mehr, wenn es nur ein Ermittlungsverfahren gab, das eingestellt wurde (KG NJW 1989, 397).

In der Praxis des Journalisten ergeben sich in diesem Zusammenhang immer wieder zwei Fragen:

• **Ab wann** ist der Fall nicht mehr aktuell, also die Berechtigung, den

Namen des Täters im Zusammenhang mit der Tat zu nennen, beendet?

- Gilt danach das Verbot der Namensnennung uneingeschränkt, oder sind Fälle denkbar, **später doch noch einmal** über frühere Taten mit Namensnennung zu berichten, etwa bei Haftentlassung oder wenn vergleichbare Taten begangen werden, der Täter rückfällig oder auf andere Weise wieder auffällig wird?

a) Ablauf der Aktualität

Wann nach einem Urteil die Aktualität für die Berichterstattung beendet ist, hängt von den Umständen des Einzelfalles ab. Absolute **Zeitgrenzen** gibt es nicht, eine fest umrissene Frist nach Monaten oder Jahren läßt sich nicht festlegen. Das Ende der Aktualität muss nicht unmittelbar mit dem Ende des Strafprozesses zusammenfallen (BVerfG zu „Lebach I"):

> „Das entscheidende **Kriterium** liegt darin, ob die betreffende Berichterstattung gegenüber der aktuellen Information eine erhebliche **neue** oder **zusätzliche Beeinträchtigung** des Täters zu bewirken geeignet ist. Demgemäß bildet der Erlass des **letztinstanzlichen Strafurteils** oder der Zeitpunkt seiner **Rechtskraft** keine feste Grenze, zumal da das aktuelle Informationsinteresse auch die zusammenhängende Darstellung der Tat, ihrer **Entstehungsursachen und Hintergründe** einschließt, die unter Umständen den vollständigen Abschluss des Strafverfahrens und **weitere Nachforschungen** voraussetzt."

In der Rechtsprechung der Gerichte haben sich nach diesen Grundsätzen einige Richtwerte herausgebildet. Eine Zeitschrift durfte nicht sieben Monate nach der Verurteilung eines Mannes wegen Vergewaltigung unter Nennung seines Namens über Einzelheiten der Tat und Leiden des Opfers berichten. Nach Ansicht des OLG Köln gab es dafür keinen Aktualitätsbezug (NJW 1987, 1418).

Bei **Haftentlassung** des Täters hat der Resozialisierungsgedanke ganz besonderes Gewicht. Deshalb tritt das Recht der Medien auf Namensnennung zurück, je näher das Ende der Inhaftierung heranrückt (BVerfG „Lebach I": Verbot des Dokumentarfilmes sechs Monate vor der Haftentlassung; und BVerfG NJW 1993, 1463).

Auch die Tatsache, dass eine Straftat inzwischen als Vorstrafe aus dem **Bundeszentralregister gelöscht** wurde, ist ein Anhaltspunkt für Ablauf der Aktualität und somit für die Berechtigung, den Täter mit der Tat öffentlich identifizierbar darzustellen. Die Tilgung einer Straftat im Zentralregister verfolgt gerade den Zweck, dass die Tat im künftigen Leben des Täters keine Rolle mehr spielen soll. Der durch eine Berichterstattung erzeugte Druck der öffentlichen Meinung stünde dem entgegen (BVerfG NJW 1993, 1463).

b) Neuer Anlass

Beabsichtigen Medien, nach Ablauf der Aktualität über eine frühere Straftat mit Namensnennung erneut zu berichten, bedürfen sie einer neuen Rechtfertigung. Die liegt in der Regel vor, wenn ein aktuelles Ereignis Anlass für Berichterstattung gibt. Allerdings gibt nicht jeder aktuelle Anlass mit Bezug zu einer vor vielen Jahren begangenen Straftat den Medien das Recht, die alte Tat wieder zu erwähnen. Wie ein Ereignis beschaffen sein muss, um Berichterstattung zu rechtfertigen, ist in der Praxis oft schwer auszumachen.

aa) Ähnlichkeit der Taten: Zu dem neuen Anlass muss der Betroffene mindestens unmittelbar in **Verbindung** stehen. Das ist natürlich der Fall, wenn der Täter **rückfällig** wird und dieselbe Tat noch einmal begeht. Hat dagegen eine neue, aktuell begangene Straftat anderer mit ihm nur insoweit zu tun, als Ähnlichkeit besteht zu der von ihm früher begangenen **vergleichbaren** Straftat, darf sein Name nicht erwähnt werden. Das gilt auch dann, wenn sein Fall für die Chronik innerhalb der aktuellen Berichterstattung von Interesse ist. Über die frühere Tat als solche darf durchaus berichtet werden, vorausgesetzt der frühere Täter bleibt anonym (BVerfG „Lebach II").

Beispiel: Der Lebensmittelhersteller Ypsilon wird erpresst. Falls er nicht zahle, so die Drohung, würden seine Produkte in den Regalen der Supermärkte vergiftet. Ein ähnlicher Fall: Die Bahn wird mit der Drohung erpresst, es würden Bomben gelegt. Die Medien berichten. Es gehört zu einer umfassenden Information der Öffentlichkeit, dass sie dabei nicht nur den aktuellen Fall beschreiben, sondern auch die früheren Fälle erwähnen, die ähnlich und vergleichbar waren. Der aktuelle Anlass für den Griff ins Archiv genügt allerdings nicht, um eine Namensnennung der früheren Täter zu rechtfertigen.

Der frühere Täter dürfte allenfalls dann erwähnt werden, wenn er an dieser **neuen Tat** auch **wieder beteiligt** wäre (siehe im Einzelnen unten).

bb) Haftentlassung: Auch in der **Haftentlassung** eines Straftäters sehen Medien oftmals einen neuen Anlass, mit Berichterstattung auf Täter und Tat zurückzukommen. Sie interessieren sich für die Frage, wie es weiter geht mit diesem Menschen, ob er **inzwischen geläutert** ist. Sie sind der Ansicht, mit diesem Termin die Rechtfertigung zu haben, auf die Tat und den Täter noch einmal öffentlich hinzuweisen, insbesondere, wenn die Tat seinerzeit besonders spektakulär und öffentliches Gesprächsthema war. Das Gegenteil ist aber der Fall: Haftentlassung bedeutet auch **Abschluss dieser Strafsache**, die Strafe ist verbüßt, die **Eingliederung in die Gesellschaft** steht an. Identifizierende Medienberichte sind deshalb nur dann zulässig, wenn der ehemalige Straftäter dafür seine **Einwilligung** gibt. (BVerfG „Lebach I" und BVerfG NJW 1993, 1463; s. o.). Das Gleiche gilt für Berichte, die aus Anlass von **Jahrestagen großer Verbrechen** veröffentlicht werden.

cc) Täter wird wieder straffällig: Selbst wenn der Täter in irgendeiner **anderen Weise wieder straffällig** wird, gibt dies den Medien nicht in jedem Fall die Berechtigung, auf seine früheren Taten hinzuweisen. Der Resozialisierungsgedanke hat sich in diesen Fällen nicht deshalb erledigt, weil jemand wegen neuer Straftaten ohnehin auf die Wiedereingliederung in die Gesellschaft warten muss (OLG München AfP 81, 360). Der Journalist muss – wieder einmal – die Umstände des Einzelfalles beachten.

So kann es **zulässig** sein, eine **frühere Tat** eines Angeklagten zu erwähnen, wenn dies zur **vollständigen Information** über die aktuelle Tat und ihre Entstehungsgeschichte dazu gehört. Das Interesse der Öffentlichkeit an einer Schilderung der Tat unter **Nennung des Täters** ist umso stärker gegeben, je mehr die Straftat sich über die gewöhnliche Kriminalität hinaushebt. Bei **schweren Straftaten** ist hiervon regelmäßig auszugehen (BVerfG NJW 1993, 1463). Wer den Rechtsfrieden bricht, muss sich nicht nur den strafrechtlichen Sanktionen beugen, er muss auch dulden, dass das von ihm **selbst durch seine Tat erregte Informationsinteresse** der Öffentlichkeit befriedigt wird (KG AfP 92, 302).

Beispiel: Eine Zeitung berichtete 1990 aktuell und mit Namensnennung über den Prozess eines Mannes, der wegen des Vorwurfs des Betruges,

der Falschaussage und der Erpressung angeklagt und wegen Waffen-
besitzes und Polizistenbestechung inhaftiert worden war. Berichtet wurde auch über seine Straftaten, die er zwanzig Jahre zuvor als „Gangster-
boss" begangen hatte und deren Strafe er längst verbüßt hatte. Die Vorstrafen waren inzwischen sogar getilgt. Der Mann war seinerzeit der Kopf
einer Bande gewesen, die sich in Berlin auf offener Straße ein blutiges
Feuergefecht mit einer anderen Bande um die Vorherrschaft auf dem Kiez
geliefert hatte, bei dem es einen Toten und mehrere schwer Verletzte gegeben hatte. Nach Ansicht des Berliner Kammergerichtes macht der Zeitablauf die Erwähnung des Bandenstreits auch unter Beachtung der
Lebach-Grundsätze nicht unzulässig, es sprächen erhebliche Gesichtspunkte für eine auch den Täter und die Entstehungsgeschichte einbezie-
hende vollständige Information der Öffentlichkeit (KG AfP 1992, 302; siehe auch BVerfG NJW 1991, 1463).

Anders ist zu entscheiden, wenn die neuere Straftat nur **vordergründig** zum Anlass genommen wird, wieder ausführlich auf die
frühere einzugehen. So war es in dem Fall eines Mannes, der wegen Eigentumsdelikten abermals inhaftiert war. Jahre zuvor hatte
er in spektakulärer Weise aus einer Kirche einen Kunstgegenstand
gestohlen und dafür eine lange Haftstrafe verbüßt. Die identifizierenden Schilderungen dieses Falles in einem Buch („Bayerische
Spitzbuben") hielt das OLG München für unzulässig, weil sich der
Bericht beinahe ausschließlich mit der früheren Straftat befasste,
während die aktuelleren neuen Taten nur kurz gestreift wurden
(AfP 1981, 360). Für **unerheblich** hielt das Gericht dabei, dass die
Resozialisierung und Wiedereingliederung des Täters in die Gesellschaft wegen der **neuen Haftstrafe** ohnehin erst später anstehen
würde.

Tipp: Für die Entscheidung, ob er bei aktueller Prozessberichterstattung
alte Straftaten erwähnen darf, sollte sich der Journalist also folgende Fragen beantworten:
- Ist die neue Straftat so gravierend, dass das öffentliche Interesse
  an dieser Tat auch die Vorgeschichte des Täters einbezieht?
- Ist er womöglich sogar rückfällig geworden?
- Oder ist die neue Straftat im Vergleich zur früheren unbedeutend,
  so dass der Schwerpunkt eines Berichts schon aus diesem Grund
  bei der alten Tat liegen würde während die aktuelle als Neben-
  sächlichkeit aus dem Blick geriete?

> • Gibt es einen Zusammenhang zwischen alter und neuer Tat, gehört
> die frühere zur Vorgeschichte der neuen?

Die gleichen Fragen sollte sich der Journalist stellen, wenn er in seiner Prozessberichterstattung über eine **öffentliche Verhandlung** darauf eingehen will, dass der Richter die **Vorstrafen** des Angeklagten **verlesen** hat. Hier könnte sich das öffentliche Interessen auf die schlichte Information beschränken, dass Eintragungen im Zentralregister bestehen, ohne auf Einzelheiten früherer Taten einzugehen. Für die Abwägung mit den Persönlichkeitsrechten kommt es grundsätzlich auch immer auf die **Art und Weise der Darstellung** an (BVerfG NJW 1993, 1463).

dd) Täter bewirbt sich um öffentliche Ämter: Sollte nicht in jedem Falle ein Anlass für Berichterstattung über frühere Straftaten gegeben sein, wenn sich der ehemalige Täter um eine **herausragende Tätigkeit** bewirbt, insbesondere im öffentlichen Dienst? Darf zum Beispiel berichtet werden, dass ein **Bewerber** für das Amt des stellvertretenden Leiters der Kriminalpolizei **vor elf Jahren beim Ladendiebstahl ertappt** worden war? Ein öffentliches Interesse liegt nahe, insbesondere wenn der Mann sich in derselben Stadt um das Amt bewirbt, in der er die Straftat begangen hatte. Über einen solchen Fall hatten mehrere gerichtliche Instanzen tatsächlich zu entscheiden. Trotz der starken Argumente für ein öffentliches Interesse an der Berichterstattung wurde ein Journalist, der über diesen Fall geschrieben hatte, zu **Unterlassung** verurteilt. Begründung: Zwar sei die Bewerbung tatsächlich Anlass für eine aktuelle Berichterstattung, bei der Güterabwägung überwiege aber das Interesse des Bewerbers, „mit seiner Straftat allein gelassen zu werden." Maßgeblich spielte hier eine Rolle, dass die Straftat im **Bundeszentralregister getilgt** war, dass es sich um eine relativ **geringfügige Straftat** handelte und dass sie auch noch sehr **lange zurück lag.** Das Bundesverfassungsgericht bestätigte diese Auffassung (NJW 1993, 1463).

3. Zivilgerichtliche Verfahren

Öffentliche Gerichtsverhandlungen sind für jedermann zugänglich. Medienvertreter sind hinsichtlich ihrer Sorgfaltspflichten bei der Wiedergabe von Sitzungsabläufen entlastet, das heißt, sofern sie den Sitzungsverlauf wahrheitsgemäß wiedergeben, müssen sie wegen der **reinen Faktenwiedergabe** keine rechtlichen Probleme befürchten. Dies bedeutet aber nicht, dass sie die **Persönlichkeitsrechte von Verfahrensbeteiligten** nicht zu achten hätten. Macht ein Verfahrensbeteiliger in öffentlicher Verhandlung zum Beispiel Aussagen aus dem intimen Bereich, dürfen Medien dies nicht ohne weiteres verbreiten (BGH NJW 1988, 1984; OLG Hamburg AfP 1998, 643; s. o. B.II.5. Privatgespräche und D.VII. Eingriff in geschützte Sphären).

Ob die Namensnennung von Beteiligten eines Zivilrechtsstreits erlaubt ist, hängt davon ab, welche Bedeutung ihre Identität für das Verständnis des Verfahrens hat. Der Journalist wird zu prüfen haben, ob Personen der Zeitgeschichte beteiligt sind oder ob besondere Begleitumstände die Namensnennung rechtfertigt. Dabei wird auch eine Rolle spielen, worum es im Zivilrechtsstreit geht, etwa um einen Streit eines örtlichen Unternehmers mit seinem Nachbarn wegen nächtlicher Ruhestörung oder um Schadensersatzforderungen gegen ihn wegen Unlauterkeit im Geschäftsleben.

4. Zeugen und andere Verfahrensbeteiligte

Zeugen eines Strafverfahrens können je nach **Bedeutung des Falles** und **ihrer Rolle** im Verfahren ebenfalls von öffentlichem Interesse sein, so dass sie ihre namentliche Erwähnung im Zusammenhang mit der aktuellen Berichterstattung hinnehmen müssen. Ihr Schutzbedürfnis ist im Zweifel höher anzusetzen, als das des Beschuldigten, Medien sollten also Zurückhaltung wahren. Die zeitgeschichtliche Bedeutung von Zeugen wird in der Regel kurz zu bemessen sein (ein halbes Jahr nach Abschluss des Strafverfahrens, so BGH NJW 1965, 2148).

Das **Opfer** einer Tat ist besonders schutzwürdig, die Namensnennung hat zu unterbleiben, wenn sie für das Opfer nachteilige Folgen haben könnte (Wenzel, Rz. 1094). Der Deutsche Presserat geht von dem Grundsatz aus, dass die Identität von Tatopfern für das Verständnis des Tathergangs in der Regel unbedeutend ist, so dass sie nicht offen gelegt werden sollte. Ausnahmen können bei Personen der Zeitgeschichte oder bei besonderen Begleitumständen gerechtfertigt sein (Richtlinie 8.2).

5. Strafbar: Wörtliche Zitate aus amtlichen Schriftstücken

Bestimmte Mitteilungen über Gerichtsverhandlungen sind verboten und werden strafrechtlich verfolgt. Für Journalisten gilt insbesondere das Verbot, aus amtlichen Schriftstücken wörtlich zu zitieren, bevor sie in öffentlicher Verhandlung erörtert wurden oder das Verfahren abgeschlossen ist. Nach § 353 d Abs. III StGB wird mit Freiheitsstrafe bis zu einem Jahr oder mit Geldstrafe bestraft, wer

„die Anklageschrift oder andere amtliche Schriftstücke eines Strafverfahrens, eines Bußgeldverfahrens oder eines Disziplinarverfahrens, ganz oder in wesentlichen Teilen, im Wortlaut öffentlich mitteilt, bevor sie in öffentlicher Verhandlung erörtert worden sind oder das Verfahren abgeschlossen ist."

Dieses Verbot soll dem Zweck dienen, dass Unterlagen, die in einem Verfahren von Bedeutung sind, nicht öffentlich diskutiert werden, ehe sie im Verfahren selbst behandelt wurden. Verfahrensbeteiligte sollen auf diese Weise vor einer Beeinflussung geschützt werden. Das Verbot gilt für **„wesentliche Teile"** aus den Unterlagen und auch nur für die Wiedergabe **„im Wortlaut"**. Deshalb bleibt es dem Journalisten unbenommen, unwesentliche Teile zu zitieren. Was in einem Verfahren „wesentlich" und was „unwesentlich" ist, kann im Einzelfall streitig sein. Auf den Umfang kommt es nicht an. Ein Geständnis „ich war's" ist vermutlich Kern des gesamten Verfahrens.

Tipp: Der Journalist ist auf der sicheren Seite, wenn er Schriftstücke nicht wörtlich zitiert, sondern den Inhalt mit seinen eigenen Worten wiedergibt. Das ist in der Wirkung zwar das gleiche, dafür aber von der Strafvorschrift nicht erfasst.

IX. Verdächtigungen und Gerüchte

Es gehört zur Aufgabe der Medien, Missstände und Verfehlungen öffentlich zu machen. Medien haben eine Kontrollfunktion im demokratischen Rechtsstaat, die aus Art. 5 Abs. 1 Grundgesetz herzuleiten ist. Es wird deshalb nicht von ihnen verlangt, dass sie so lange mit der Berichterstattung abwarten, bis einzelne Vorfälle gerichtsmäßig zu beweisen sind. Es darf schon zu einem Zeitpunkt berichtet werden, in dem nur ein Verdacht oder die Vermutung für Handlungen oder Verfehlungen vorliegt. Die Möglichkeit, dass sich der Verdacht später als unbegründet erweist, ändert daran nichts (BGH NJW 2000, 1036).

Es ist legitime Aufgabe der Presse, **Missstände aufzudecken** und darüber zu berichten. Vermutetes Fehlverhalten staatlicher Instanzen muss öffentlich gemacht werden, „anderenfalls würde die Öffentlichkeit wesentliche Kontrollrechte in der Demokratie aufgeben." (Deutscher Presserat, Beschluss vom 25. 11. 1987 aus Anlass der Barschel-Affäre, Jahrbuch 1987, 526 f.) Berichterstattung über politisch, gesellschaftlich oder wirtschaftlich brisante Themen wäre nicht möglich, wenn die Medien erst berichten dürfen, wenn die Wahrheit fest steht. Die für den demokratischen Staat konstitutive **Kontroll- und Wächterfunktion der Medien** wäre nicht mehr zu erfüllen.

Dabei bleibt andererseits immer das **Risiko**, dass die Ehre und das Ansehen der verdächtigten – natürlichen oder juristischen – Personen verletzt werden könnten. Schon der Umstand, dass Vorwürfe öffentlich diskutiert werden, kann zu **Schäden für die Betroffenen** führen, unabhängig davon, wie vorsichtig formuliert wird. Die Öffentlichkeit setzt oft die Einleitung eines Ermittlungsverfahrens mit dem Nachweis der Schuld gleich, so dass auch im Falle einer späteren Einstellung des Verfahrens nicht auszuschließen ist, **dass etwas „hängen bleibt"**. Deshalb sind erhöhte Anforderungen an die publizistische Sorgfalt zu stellen (Peters, NJW 1997, 1334). Die **öffentliche Diskussion eines Verdachts** durch die Medien bedarf somit der **Legitimation**.

In diesem Spannungsfeld unterliegt die Verdachtsberichterstattung strengen rechtlichen und handwerklichen Regeln.

1. Der Sorgfaltsmaßstab

Journalisten müssen die zur Veröffentlichung bestimmten Nachrichten und Informationen auf ihren Wahrheitsgehalt prüfen.

Der Journalist hat an der **Schwere des Vorwurfs** das Maß seiner Sorgfalt auszurichten, weil **nachlässige Recherche** ein entsprechend hohes Maß an **Schaden** für den zu Unrecht Angeschuldigten bedeuten kann. Rechtsgüter sind gegeneinander **abzuwägen**.

Grundsätzliche Voraussetzung für die Zulässigkeit der Berichterstattung ist, dass die Medien, bevor sie etwas veröffentlichen, durch die ihnen möglichen Ermittlungen die Gefahr, über den Betroffenen **etwas Falsches zu verbreiten, nach Kräften auszuschalten** suchen. Darüber hinaus müssen sie auf eine Veröffentlichung überhaupt verzichten, solange nicht ein **Mindestbestand an Beweistatsachen** zusammengetragen ist (BGH NJW 1997, 1148).

Unbestätigte Meldungen und Gerüchte sowie Vermutungen sind als solche erkennbar zu machen (Ziffer 2 Pressekodex; s. o. B.I.1. Journalistische Sorgfaltspflicht).

2. Checkliste: Was zu beachten ist

Bei der Frage, ob und wie der Journalist einen belastenden Verdacht über eine Person, ein Unternehmen oder eine andere Einrichtung verbreiten darf, hilft ihm die folgende „Checkliste", die aus Gerichtsurteilen abzuleiten ist.

a) Verdacht von öffentlichem Interesse?

Der Journalist, dem – auf welche Weise auch immer – ein Verdacht zugetragen wird, hat zunächst die Frage zu klären, ob der Gegenstand dieses Verdachts von öffentlichem Interesse ist oder ob es um einen rein privaten Vorgang geht (Aufklärungsinteresse gegen Ehrenschutz).

Berührt ein Vorwurf nicht den Intimbereich eines Betroffenen, sondern den Bereich seiner **gewerblichen oder politischen Betätigung**, kommt einem Informationsinteresse der Öffentlichkeit ein erheblicher Rang zu; wer sich im Wirtschaftsleben oder in der (Verbands-)Politik betätigt, muss sich in weitem Umfang Kritik gefallen lassen. Das ist der Fall, wenn etwa ein Unternehmen verdächtigt wird, mit einem dubiosen Titelhandel auf betrügerischen „Dummenfang" zu gehen (BGH AfP 1995, 404).

Wird ein Landesminister verdächtigt, im Supermarkt eine **Dose**

Katzenfutter gestohlen zu haben, ist ein Informationsbedürfnis der Allgemeinheit anzunehmen. Auf die Geringfügigkeit des Diebesgutes kommt es bei einem Verdächtigen von diesem Range nicht an. Etwas anderes könnte gelten, wenn es um Diebstahlsvorwürfe unter Kleingärtnern oder Nachbarn geht. So wird öffentliches Interesse immer dann gegeben sein, wenn es um Verhaltensweisen geht, die im **Widerspruch zu öffentlichen Ämtern**, Funktionen und Allgemeininteresse stehen.

Von öffentlichem Interesse ist es, wenn **Geschäftspraktiken** zur Gefährdung für geschäftlich überforderte Personen führen können und eine öffentliche Information und Diskussion geeignet ist, Abhilfe zu schaffen (BVerfG NJW 1982, 2655).

Von Interesse ist also alles, was vermuten lässt, dass die **Allgemeinheit, Kranke, Schwache** oder Minderheiten **zu Schaden kommen** könnten. Informationen über Chaos beim Umbau eines Altenheimes z. B. begründen das öffentliche Interesse schon dadurch, dass Bewohner unzumutbar beeinträchtigt und Mitarbeiter gesundheitlich geschädigt werden könnten. Verstümmelung von Kindern aus rituellen Gründen in deutschen Arztpraxen rechtfertigt ebenfalls eine Berichterstattung (LG Berlin AfP 2001, 423).

Check: Wie hoch ist im konkreten Fall die **Intensität** des potentiellen **Eingriffs in Rechte der Beteiligten**? Es macht einen Unterschied, ob sich der Verdacht darauf erstreckt, ob jemand seinen Nachbarn mit nächtlichem Lärm stört oder ob der Vorwurf lautet, ein Amtsleiter habe seine Mitarbeiter sexuell belästigt, ob sich der Bericht also mit einer angeblichen harmlosen Ruhestörung oder mit einer angeblichen schweren Straftat befasst.

---

b) Verdacht von Gewicht oder nur Gerücht?

Hat der Verdacht ein Gewicht? Können objektive Verdachtsmomente und Belegtatsachen genannt werden, die überprüfbar sind? Das bloße **Anschwärzen** des Berufs-Kollegen, die **Weitergabe eines Gerüchts**, dürften diese Anforderungen kaum erfüllen, auch die – womöglich leichtfertig eingereichte – **Strafanzeige** reicht noch nicht aus, solange der Verdacht nicht zusätzlich durch **objektive, belegbare Indizien und Belegtatsachen** untermauert werden kann (LG München AfP 2003, 464).

Es muss ein **Mindestbestand an Beweistatsachen** vorliegen, die „**für den Wahrheitsgehalt** der Information **sprechen** und ihr damit erst ‚Öffentlichkeitswert' verleihen" (BGH NJW 2000, 1036). In dem vom BGH entschiedenen Fall waren es Überweisungsbelege als Indiz für Zahlungen an eine Amtsträgerin (siehe unten bei e). Erst wenn tatsächliche Verdachtsgründe vorliegen, ist ein Aufklärungsinteresse der Medien gerechtfertigt (BGH AfP 1995, 404). Fehlt es an solchen Beweistatsachen, überwiegt regelmäßig (noch) das Interesse des Betroffenen am Schutz seiner Persönlichkeit. Die Medien müssen auf die Veröffentlichung verzichten (oder weiter recherchieren).

Gibt es **nur die Auskunft eines Informanten**, sind in der Regel zusätzliche Belege zu recherchieren. Die eidesstattlichen Erklärungen zweier Herren zum Vorwurf der Bestechlichkeit eines Amtsträgers, hielt das OLG München als Mindestbestand an Tatsachen für **nicht ausreichend**. Sie waren nur Zeugen vom Hörensagen und hatten fast identische Aussagen gemacht, was ihre Glaubwürdigkeit einschränkte (AfP 2001, 404). Teilt dagegen die Polizei Indizien mit, darf die Presse in der Regel darauf vertrauen, dass sie auf hinreichend sicheren Erkenntnissen beruhen. Auskünfte eines nicht benannten Informanten aus der Mordkommission dagegen stehen offiziellen Behördenerklärungen nicht gleich. Auf sie darf sich der Journalist ohne eigene Nachforschungen nicht verlassen (OLG Dresden NJW 2004, 1181). Auch kann die **Motivation** eines Informanten Anlass geben, an der **Zuverlässigkeit** seiner Aussage zu zweifeln. So könnte der Zuträger, der seinen Berufskollegen bei der Presse anschwärzt, womöglich vom Vorsatz geleitet sein, dem anderen nur zu schaden und dafür die Medien unter Vernachlässigung der Wahrheit zu benutzen. Der Journalist sollte seine Informationen überprüfen und zusätzlich nach Belegtatsachen recherchieren.

Niedere Beweggründe eines Informanten machen die Berichterstattung andererseits nicht generell unzulässig (BGH NJW 1997, 1148, 1149 – Chefarzt).

Check: Wie zuverlässig sind die **Quellen**? Reichen die Belegtatsachen aus? Vorwürfe z. B. aus dem Kollegenkreis des Betroffenen, von Mitarbeitern eines Unternehmens oder von Geschäftspartnern sollten nicht als alleinige Grundlage eines Berichts verwertet werden. Besonders gründlich muss die **Gegenrecherche** des Journalisten dann sein, wenn er es nur mit mündlichen Informationen zu tun hat und keine Dokumente zum Belegen hat. Zu bedenken ist auch, dass zehn **eidesstattliche Versicherungen** noch nicht ausreichen können (siehe Berichterstattung der BILD-Zeitung vom November 2000 im Fall Sebnitz), die Menge macht es nicht, und **gelogen** wird erfahrungsgemäß **auch vor Gericht**. Wenn es um Ärzte oder Einrichtungen wie Kliniken, Alten- oder Pflegeheime geht, ist zu bedenken, dass die Mitarbeiter der gesetzlichen Schweigepflicht unterliegen und dadurch in ihrer Möglichkeit der öffentlichen Verteidigung beschränkt sind, so dass ggfs. mehr Recherche notwendig ist.

c) Alle entlastenden Tatsachen berücksichtigt?

Es besteht eine Pflicht zur **Vollständigkeit** der Berichterstattung. **Entlastende Tatsachen**, z.B. Gutachten, Ereignisse interner Untersuchungen oder Selbstanzeige des Betroffenen, sind zu sammeln und in die Veröffentlichung aufzunehmen (siehe oben A.II.1.c) aa) Vollständigkeit). Alle erreichbaren **Quellen** müssen **ausgeschöpft**, alle **entlastenden Tatsachen** müssen mitgeteilt werden. Geht es z.B. um Vorwürfe gegen einen Arzt, er arbeite fehlerhaft, muss in der Veröffentlichung ausdrücklich darauf hingewiesen werden, wenn der ärztliche Direktor der Klinik diese Vorwürfe nicht teilt und wenn der Arzt selbst zur Klärung ein Verfahren vor der Ärztekammer eingeleitet hat (BGH NJW 1997, 1148, 1150).

Wird der Manager eines Unternehmens von seinem Chefbuchhalter beschuldigt, er habe betrogen und unterschlagen, darf eine Zeitung in ihrem Bericht darüber nicht die Information weglassen, dass zwei Gremien, die der Aufsichtsrat mit der Untersuchung der Vorwürfe beauftragt hatte, den Manager entlasten. (Deutscher Presserat, Jahrbuch 2004, 217).

Check: Welche praktischen und zumutbaren **Möglichkeiten** bestehen, um die Richtigkeit der bislang recherchierten Nachricht zu **überprüfen**? Welche Anhaltspunkte gibt es für die Existenz von entlastenden Fakten?

d) Betroffene anhören

Der Betroffene muss schließlich zu den Vorwürfen gehört werden (audiatur et altera pars). Er muss Gelegenheit erhalten, zu den Vorwürfen Stellung nehmen zu können. Dazu gehört auch, dass ihm **genügend Zeit** gegeben wird, sich mit der Anfrage eines Journalisten zu befassen. Der nahe Redaktionsschluss, die Sorge um Exklusivität sind keine Rechtfertigung dafür, den Betroffenen zu hetzen. Je nach Schwere und Umfang des Vorwurfs muss er in der Lage sein, sich zu beraten und seine **Antworten vorzubereiten**. Deshalb kann hier auch kein Zeitrahmen genannt werden, der in jedem Falle einzuhalten ist. Das Landgericht Hamburg hatte zum Beispiel drei Tage zur Beantwortung eines mehrseitigen Fragenkataloges zwar für sehr kurz, aber dennoch für nicht beanstandenswert erklärt (AfP 1993, 678 – Industriespionage).

Vielfach tauchen die Beschuldigten ab und sind für den Journalisten nicht zu sprechen. Dann akzeptieren die Gerichte, wenn der Journalist das **rechtzeitige, ernsthafte Bemühen** um eine Stellungnahme nachweisen kann. Er muss sich jedenfalls nicht hinhalten lassen, bis die **Aktualität verloren** gegangen ist.

Zwar wird in der **Rechtsliteratur** auch die Meinung vertreten, dass eine **Rückfrage entbehrlich** ist, wenn keine spezielle Aufklärung zu erwarten ist, wenn sich der Betroffene an anderer Stelle schon geäußert hat oder wenn ohnehin nur ein Dementi zu erwarten ist. Auch von der Schwere des Vorwurfs wird die Pflicht zur Rückfrage abhängig gemacht (Soehring, Rz. 2.22 ff.; Wenzel, 5.145). Die Entscheidungen der **Gerichte** aber – auf die es für den Journalisten letztlich ankommt – sind **streng**. So ist denn auch angesichts der jüngsten Entscheidung des Bundesverfassungsgerichts, in der es „nur" um die Haarfarbe des Kanzlers ging, für den Journalisten eher Vorsicht geboten (siehe auch oben unter Sorgfaltspflicht):

> **Beispiel:** Eine „Imageberaterin" hatte sich gegenüber einer Presseagentur zu Kleidung und Styling der Kanzlerkandidaten Stoiber und Schröder geäußert. Zu Schröder sagte sie, dessen durchgehend dunkles Haar wirke unglaubwürdig. „Es käme seiner Überzeugungskraft zugute, wenn er sich die **grauen Schläfen nicht wegtönen** würde." Zu dieser Behauptung hätte der Kanzler, so das Bundesverfassungsgericht, vorher **befragt werden müssen**. Die Bedeutung dieser eher unwichtig scheinenden

Aussage sei durch den Kontext, in dem es um den Vergleich der Kanzlerkandidaten im Wahlkampf ging, doch nicht unerheblich, weil die Aussage zu der Haartönung an die Glaubwürdigkeit und Überzeugungskraft
des Politikers anknüpfte. Die Agentur wurde zur Unterlassung verurteilt
(BVerfG NJW 2004, 589).

Der BGH sah in einem anderen Fall, in dem es um den schweren
Verdacht der Mafia-Verstrickung eines Polizisten ging, die Pflicht
des Journalisten zur Nachfrage nicht etwa dadurch aufgehoben,
dass **keine weitere Aufklärung** zu erwarten gewesen wäre. Der Autor des Beitrags habe nicht von vornherein ausschließen können,
dass der Betroffene die Beziehung zwischen Polizei und Rotlichtmilieu möglicherweise näher geschildert hätte, wenn er mit dem
Verdacht **unmittelbar konfrontiert** worden wäre (NJW 1996, 1134).

Die Entgegnungen, Dementis und Stellungnahmen eines Betroffenen sind in ihren **Kernaussagen** in den journalistischen Text ein-
zuarbeiten.

Wichtig: Wenn sich die **Vorwürfe** im Laufe der Recherche und im
Laufe einer fortgesetzten Berichterstattung **erweitern**, muss der Betroffene zu jeder Erweiterung **neu gefragt** werden.

Fragen des Journalisten während der Recherche bedeuten noch
nicht, dass er darin anklingende Vorwürfe schon verbreitet. Selbst
wenn ein Journalist im Rahmen einer **Pressekonferenz**, die zu einem
ehrenrührigen Gerücht anberaumt wurde, unter Namensnennung
einer Person die **Frage** stellt, **ob das Gerücht zutreffend** sei, handelt
er im Rahmen der Recherche rechtmäßig. Er kann sich auf die
Wahrnehmung berechtigter Interessen berufen. Eine **vorbeugende
Unterlassungsverfügung** wegen seiner Frage kann nicht gegen ihn er-
lassen werden (OLG Frankfurt/Main AfP 2003, 63).

Check: Hat der Betroffene ausreichend Zeit bekommen, vor Redaktionsschluss zu antworten? Sind die Fragen ihm wirklich zugegangen?
Sind die Fragen komplett, behandeln sie alle Vorwürfe, die in der Veröffentlichung erwähnt werden sollen?

---

e) Namensnennung erlaubt?

Die Presse darf das Informationsinteresse der Öffentlichkeit nur in
einer den Betroffenen möglichst schonenden Weise befriedigen, so

lange das Risiko einer Falschbeschuldigung besteht. Deshalb sind Medien grundsätzlich verpflichtet, mit der Namensnennung bei Verdachtsberichten zurückhaltend zu sein. Sie müssen davon ausgehen, dass der Betroffene ein erhebliches **Geheimhaltungsinteresse** hat und sie müssen auf Namensnennung verzichten, wenn dem öffentlichen Interesse auch ohne sie entsprochen werden kann.

Das Geheimhaltungsinteresse kann im Einzelfall aber gegenüber einem höher zu bewertenden öffentlichen Informationsinteresse an der Identität des Betroffenen nachrangig sein. Namensnennung kommt grundsätzlich in Betracht in Fällen **schwerer Kriminalität** oder bei Straftaten, die die Öffentlichkeit besonders berühren. Aber auch Straftaten mittlerer Kriminalität wie etwa Vorteilsnahme oder Vorteilsgewährung, ziehen besonderes Interesse der Öffentlichkeit auf sich, weil ihnen wegen der **Verbindung von staatlichem Handeln** mit dem **strafbaren Verhalten von Amtsträgern** erhöhte Bedeutung zukommt.

Wegen der **Stellung der Person** des Beschuldigten und der **Art des Vorwurfs** kann eine namentliche Berichterstattung daher auch dann zulässig sein, wenn es nicht um Schwerkriminalität geht. Wenn staatliche und andere öffentliche Stellen, Amts- und **Funktionsträger** in eine Tat verwickelt sind, ist ein Informationsinteresse der Öffentlichkeit an der namentlichen Erwähnung also auch dann anzunehmen, wenn es sich lediglich um ein **Vergehen**, nicht um eine schwerwiegende Tat, ein Verbrechen, handelt (BGH NJW 2000, 1036).

Ein **Geschäftsmann** muss sich wie alle im Wirtschaftsleben Tätigen grundsätzlich der Kritik an seiner **beruflichen Tätigkeit** stellen. Dass eine Fernsehsendung zum Beispiel unter Namensnennung über Unregelmäßigkeiten eines Liquidators bei der Liquidation ehemaliger LPGs der DDR und über das gegen ihn laufende Ermittlungsverfahren berichtete, war nach Ansicht des OLG Brandenburg nicht zu beanstanden (NJW 1995, 886).

Beispiele:
- Eine Sachbearbeiterin des Straßenbauamts stand unter Korruptions-Verdacht, ihr wurde vorgeworfen, für die Vergabe von öffentlichen Aufträgen Geld genommen zu haben. Die örtliche Tageszeitung berichtete darüber unter Namensnennung. Der BGH hielt dies für zulässig, weil

die Frau in der Region eine hervorgehobene Rolle inne hatte, sie war bereits durch ihre Tätigkeit für den Verein zur Drogenbekämpfung in die regionale Öffentlichkeit getreten. Durch die Beschreibung ihrer Tätigkeit im Straßenbauamt sowie als Vorsitzende des Drogenvereins wäre ihre Identifizierung jedenfalls im lokalen Bereich auch ohne ausdrückliche Namensnennung möglich gewesen (BGH NJW 2000, 1036).

- Die Identität eines Rechtsanwaltes, gegen den zeitweilig im Zusammenhang mit dem Zusammenbruch einer großen Aktiengesellschaft, deren Berater und Bevollmächtigter er war, wegen Betruges und Verstoß gegen das Aktiengesetz ermittelt wurde, ist nicht schon deshalb von öffentlichem Interesse, weil der Fall des Unternehmens großes Aufsehen erregte. Das könnte anders zu entscheiden sein, wenn es bei dem Vorwurf gegen den Anwalt um konkrete, schwerwiegende Verfehlungen gegangen wäre, die seine Berufspflichten als Rechtsanwalt betreffen (BGH NJW 1994, 1950).

Bei **dürftiger Tatsachen- und Recherchelage** müssen die Medien **anonymisieren**, wenn sie nicht gar wegen zu geringer Belegtatsachen **ganz** auf Berichterstattung zu **verzichten** haben (BGH NJW 2000, 1036).

Wenn in **anschließenden Medienberichten** Namen und Identität offen gelegt werden, haben diejenigen Medien, die ohne Namensnennung berichtet haben, dies **nicht zu verantworten** (LG Berlin AfP 2001, 423).

Hat sich ein Beschuldigter **über seinen Anwalt** gegenüber der Presse zum Tatvorwurf **geäußert**, ohne gleichzeitig deutlich gemacht zu haben, mit einer Behandlung der Angelegenheit in der Presse **auf keinen Fall einverstanden** zu sein, geht ihm die besondere Schutzbedürftigkeit vor einer identifizierenden Berichterstattung über sein Verfahren verloren (LG Berlin AfP 2003, 559). Der Schutz vor identifizierender Berichterstattung geht auch verloren, wenn sich der Betroffene umfassend in Form eines Interviews äußert, nicht aber, wenn er nur Klarstellungen vornimmt (LG Berlin AfP 2004, 154).

f) Vorverurteilung vermeiden

Der Journalist darf die unterschiedlichen Standpunkte nur dokumentieren, indem er Vorwürfe und Stellungnahmen verschiedener Seiten wie auf einem „Markt der Meinungen" zusammen- und gegenüberstellt. Wenn er dabei eine eigene ernsthafte Distanzierung von den referierten Vorwürfen unterlässt, verliert er seine Rechtfertigung und verletzt Persönlichkeitsrechte (BGH NJW 1996, 1131). Der Journalist darf sich den Vorwurf also nicht **zu Eigen machen**. Die Sprache muss zwischen Verdacht und festgestellter Schuld unterscheiden, es darf nicht der Eindruck entstehen, der Betroffene sei der ihm vorgeworfenen strafbaren Handlung bereits überführt (siehe auch Ziffer 13 Pressekodex und Presserats-Richtlinie 13.1. Anhang). Eine entscheidende Rolle spielen dabei die Formulierungen, in die Zitate der Beteiligten eingebettet werden. Dies gilt sowohl für die Aussagen derer, die Vorwürfe erheben, als auch für die Worte, mit denen sich der Beschuldigte verteidigt.

Beispiele:

- In einem Bericht über organisiertes Verbrechen und Bestechung von Polizisten durch einen Bordellbetreiber M hatte ein Buch-Autor aus Ermittlungsakten die Aussage eines Mannes aus dem Rotlichtmilieu zitiert, worin es unter voller Namensnennung hieß: „Ich weiß, dass der damalige Polizeibeamte St., ein Polizeirat, für M. arbeitete." Unmittelbar nach diesem Zitat formulierte der Buchautor weiter: „Es ist eine unergiebige Recherche. Ich finde nur, was ich eigentlich nicht zu finden hoffte." Obwohl das Zitat ausdrücklich als Äußerung eines Dritten gekennzeichnet war, hielt der BGH die Art und Weise seiner Verbreitung für unzulässig. Es sei nicht schlicht dokumentiert worden, sondern so „eingebettet", dass dem Leser nahegelegt werde, es gebe eine Bestätigung für die Vorwürfe. Von Bedeutung sei dabei insbesondere der Satz, der ein Bedauern ausdrückt, die Vorwürfe bestätigt zu sehen: „finde nur, was ich eigentlich nicht zu finden hoffte." (BGH NJW 1996, 1132)
- Für unbedenklich hielt der BGH in einem Fall dagegen die sprachliche Einordnung der belastenden Belegumstände durch die Worte „Prekär an der Sache ist ... ". Es macht nach Ansicht des BGH auch keinen Unterschied, ob der Journalist formuliert: „Die Staatsanwaltschaft beschuldigt den X ... „ oder „Die Staatsanwaltschaft wirft dem X vor ..." (BGH NJW 2000, 1036).
- Ein Bericht macht sich Vorwürfe zu Eigen, wenn er eingehend darlegt, ein Belastungszeuge habe seine Aussage gegen den Angeklagten unter Eid gemacht, Anhaltspunkte für Unrichtigkeiten hätten sich nicht ergeben (OLG München AfP 1976, 130).
- Mit der Formulierung: „Jetzt schließt sich die Indizienkette. Die Ermittler sind kurz davor, den Fall zu lösen", ging eine Zeitung nach Ansicht des

OLG Dresden über das Maß des Zulässigen „weit hinaus" (NJW 2004, 1181).

Staatsanwaltschaftliche **Presseerklärungen** sind für den Journalisten **gefährlich**, wenn er sie **im Wortlaut** übernimmt („A hat den B erschlagen"). Sie müssen ebenfalls, wie jede andere Aussage Dritter, mit Distanz referiert werden. Auch wenn sich Staatsanwälte mit großer Selbstsicherheit präsentieren („Nach den Erkenntnissen der Staatsanwaltschaft steht fest: Der A hat den B erschlagen.") gilt für den Berichterstatter: Das letzte Wort hat hier erst das Gericht, in anderen Fällen die jeweils im Einzelfall abschließende Instanz (z. B. Disziplinarverfahren, Untersuchungsausschuss o. Ä.). Die Medien unterliegen als Verbreiter also strengeren sprachlichen Regeln als diejenigen, die ihnen die Vorwürfe zutragen.

Auch wenn die **Vorwürfe Dritter** als **alleinige Grundlage** der Veröffentlichung dienen, fehlt Distanz, so dass sich Medien die Aussagen Dritter als eigene zurechnen lassen müssen (BGH NJW 1997, 1148).

Als Vorverurteilung wertete das OLG Brandenburg einen Fernsehbericht über einen Liquidator von LPGs und dessen Ermittlungsverfahren, weil der Bericht sich ohne eigene Recherche **nur auf andere Medienberichte** stützte und den Betroffenen **nicht zu Wort kommen** ließ (NJW 1995, 888).

Check: Zitate der Beteiligten neutral referieren, eigene Wertungen in ihrem Kontext vermeiden, einzelne Aussagen immer zweifelsfrei auf die Quelle beziehen (dann muss auch nicht alles nur im Konjunktiv formuliert werden), präjudizierende Formulierungen vermeiden, zum Beispiel: „Der Verdächtige redet sich damit heraus, ..." oder „Der Mann dementiert die Vorwürfe. Er hatte früher bei anderer Gelegenheit immer gelogen" oder: „Der Mann dementiert. Wenn die Wahrheit an den Tag kommt, wird es ihm schlecht gehen".

---

g) Verhältnismäßigkeit der Aufmachung

Auch die Unverhältnismäßigkeit in Aufmachung und Wortwahl beim Verbreiten eines Verdachts kann zu rechtlichen Beanstandungen führen. Übertreibungen sind zu vermeiden. Der Einbruch in die persönliche Sphäre eines Täters ist durch den Grundsatz der Verhältnismäßigkeit begrenzt. Deshalb kommt es für die Abwägung zwischen Informationsanspruch und Persönlichkeitsrechten des Einzelnen grundsätzlich auch immer auf die Art und Weise der Darstellung an (BVerfG NJW 1993, 1463).

Beispiel: Eine Zeitung berichtete in der Schlagzeile auf Seite eins mit Namensnennung und Foto von dem Ermittlungsverfahren gegen einen Schauspieler wegen des Verdachts auf Ladendiebstahl. Sie wurde vom Presserat gerügt, weil die identifizierende Berichterstattung in dieser Weise „überproportional" sei und gegen das Zurückhaltungsgebot aus Richtlinie 8.1 verstoße (Presserat Jahrbuch 2004, 139).

Wird einem Rechtsanwalt eine Tat als Organ der Rechtspflege vorgeworfen, handelt es sich, so das OLG München, um eine Tat „mittlerer Kriminalität", für die eine identifizierende Berichterstattung nicht zu rechtfertigen wäre. Wegen des besonderen Öffentlichkeitsinteresses sei aber eine Abkürzung des Familiennamens zulässig, wodurch eine Identifizierbarkeit zwar möglich, aber erschwert sei (AfP 2003, 438).

Check: Vorsicht bei **Überschrift und Layout** – wird der Verdächtige durch die **Aufmachung** zusätzlich an den **Pranger** gestellt? Auch im Umgang mit vermeintlich unwichtigen Details ist Aufmerksamkeit geboten. Manchmal ist alle Konzentration des Rechercheurs nur auf die große Affärengeschichte gerichtet und die **Sorgfalt bei den „kleinen" Fakten** geht verloren. Dann kann ein Verdächtiger womöglich nichts gegen die Veröffentlichung des Mordverdachtes unternehmen, wohl aber gegen falsche Informationen über sein Alter, Vereinsmitgliedschaft oder ähnliche Nebensächlichkeiten. Bei Unrichtigkeiten stehen dem Straftäter Anspruch auf Unterlassung und Widerruf nämlich auch zu, wenn es lediglich um Einzelheiten geht (Wenzel, Kap. 10, 199).

h) Wie geht es danach weiter?

Nur wenn der Journalist **alle Punkte** dieser Checkliste **lückenlos erfüllt**, hält die Verdachtsberichterstattung einer gerichtlichen Prüfung stand und löst anschließend keine Ansprüche aus. Er handelt in Wahrnehmung berechtigter Interessen (siehe oben). Auch wenn sich in einem solchen Fall, so der BGH, später der Verdacht als unwahr herausstellt, so war der Bericht zum Zeitpunkt der Verbreitung trotzdem **rechtmäßig**, so dass „Widerruf oder Schadensersatz nicht in Betracht" kommen (BGH NJW 2000, 1036).

Hat der Journalist seine Sorgfaltspflichten dagegen nicht ausreichend erfüllt, kann er Ansprüche des Betroffenen nur noch dadurch abwehren, dass er die Wahrheit der Behauptung, die er verbreitet hat, nachweist. Das gelingt allerdings selten.

Es versteht sich fast von selbst, dass nach der Einstellung eines Ermittlungsverfahrens, wenn sich Vorwürfe also nicht bestätigt haben, eine **Wiederholung der Vorwürfe** in künftigen Berichten **zu unterbleiben hat**. Hat sich ein Verdacht im Verlaufe der Ermittlungen von Polizei und Staatsanwaltschaft **als unbegründet erwiesen**, und wurde deswegen das Verfahren eingestellt oder der Angeklagte freigesprochen, ist es den Medien nicht gestattet, alle Vorwürfe nochmals ausführlich zu referieren, nur um mitzuteilen, sie seien ausgeräumt (KG NJW 1989, 397). Dies folgt aus den gleichen Grundsätzen, die bei Berichten über bereits verbüßte Straftaten zu beachten sind (s. o. D.VIII.2. Vorstrafen und alte Sünden).

Ob der ehemalige Verdächtige andererseits einen **Anspruch** erheben kann, dass Medien über seinen **Freispruch berichten**, ist eine Frage der Nachwirkung vorausgegangener Verdachtsberichterstattung (s. o. A.II.1.c)bb) Fortsetzungsberichte).

E. Rechtsansprüche

I. Erkennbarkeit und Betroffenheit

Ansprüche kann nur geltend machen, wer **erkennbar** (s. o. D.IV. Namensnennung und Identifizierbarkeit) und von der Berichterstattung **betroffen** ist. Berichten Medien also in einer Art und Weise, dass ein Betroffener für andere nicht zu identifizieren ist, hat er keine Ansprüche. Das gilt auch dann, wenn ihm und dem Medienunternehmen klar ist, dass es um ihn geht (Prinz/Peters, Medienrecht, Rz. 142).

Wenn eine Zeitung oder ein Sender **selbst** handwerklich korrekt **anonymisiert** hat, aber **andere Medien** mit voller Namensnennung berichten, ist es möglich, dass dadurch auch einem breiten Publikum der anonym Berichtenden klar wird, um wen es sich handelt. Die Folge: Ansprüche könnten auch gegen jene geltend gemacht werden, die anonymisiert hatten, obwohl ihnen die anderen Veröffentlichungen nicht zuzurechnen wären. Für solchen Fall erkannte das Landgericht Berlin, dass zwar die Pressefreiheit desjenigen berührt wird, der korrekt anonymisiert berichtet hat. Der aber kann sich darauf nicht berufen, wenn er **Unwahres veröffentlicht** hat, auch wenn er selbst die Namen der Betroffenen unerwähnt gelassen hat (NJW-RR 1992, 1379 f.).

> **Tipp:** Auch Medien, die anonymisieren und den Betroffenen nicht erkennbar werden lassen, sollten trotzdem immer den Nachweis führen können, dass sie mit der erforderlichen Sorgfalt gearbeitet haben und Tatsachen belegen können.

Betroffener oder Verletzter einer Berichterstattung ist jede Person oder Stelle, deren eigene Interessensphäre durch die Äußerung berührt wird und die zu der veröffentlichten Tatsache in einer **individuellen Beziehung** steht (Seitz/Schmidt/Schoener, Rz. 90). Das sind nicht immer nur die handelnden Personen selbst, es können zum Beispiel auch deren jeweilige Arbeitgeber sein, mit denen die beschriebenen Handlungen in Beziehung stehen: So kann eine Behörde betroffen sein, wenn es in der Berichterstattung um ihr unterstellte Beamte und deren dienstliche Tätigkeit, eine Anstalt des öffentlichen Rechts, wenn es um ihren Präsidenten und den Vorwurf der Bestechlichkeit geht (BGH NJW 1983, 1183 – Vetternwirtschaft – OLG München AfP 2001, 404). Darüber hinaus kann ein Krankenhausträger betroffen sein, wenn über Missstände in von ihm verwalteten Krankenhäusern, ein Bundesland, wenn über dessen gesetzgebende Körperschaften berichtet wird (Seitz/Schmidt/Schoener, Rz. 70). Wenn über eine Zeitung berichtet wird, kann ihr Chefredakteur betroffen sein, wenn Missstände in einem Theater beschrieben werden, kann auch der Intendant Betroffener sein. Wenn über einen Klinikarzt geschrieben wird, er sei „Tötungsspezialist für ungeborene Kinder", ist auch die Klinik davon betroffen, auf deren Gelände der Arzt die kritisierten Handlungen vornimmt (BGH NJW 2000, 3421).

Zu beachten: Betroffen sein kann auch **jemand, den der Redakteur gar nicht meint,** wenn er seinen Bericht abfasst. So kann durch die Verbindung von **Text und Bild** eine ungewollte Aussage über abgebildete Firmen oder Personen entstehen (siehe oben: Wirklichkeit in Bildern). Andererseits muss nicht die Abbildung eines Standard-Produktes (Straßenpoller) zum **Fernsehbericht** über ein Verfahren wegen Bestechlichkeit gegen den Straßenbauamts-Leiter zu der Behauptung führen, der Hersteller des im Bild gezeigten Pollers sei in den Fall involviert. (BGH NJW 1992, 1312; s. o. in A.II.4. Wirklichkeit in Bildern).

II. Die einzelnen Ansprüche

1. Gegendarstellung

Mit diesem Anspruch dementiert ein Betroffener Tatsachen eines Berichts und setzt die nach seiner Auffassung korrekten Fakten dagegen. Der Anspruch ist zumeist im Kern gleich lautend geregelt in § 11 der Landespressegesetze (§ 10 in Berlin, Hessen, Mecklenburg-Vorpommern, Sachsen, Sachsen-Anhalt; § 12 in Brandenburg), in den Rundfunkstaatsverträgen, den Landesmediengesetzen und im

MdStV. Es gilt das **„Prinzip der Waffengleichheit"** zwischen Medien und Anspruchsteller, das heißt der Betroffene soll ohne viel Aufwand schnell entgegnen können. Deshalb ist der Anspruch gerichtlich ohne Klageverfahren schon mit einer **einstweiligen Verfügung** durchsetzbar. Eine Beweisaufnahme und die **Feststellung über Wahrheit oder Unwahrheit** findet im Gegendarstellungsverfahren **nicht** statt. So kann es durchaus geschehen, dass ein Medium gerichtlich zum **Verbreiten einer Lüge per Gegendarstellung** verurteilt wird – was in der Praxis nicht selten vorkommt. Mit dem Abdruck oder der Ausstrahlung einer Gegendarstellung ist jedenfalls nicht offenkundig und nachgewiesen, dass die Redaktion etwas falsch gemacht hat.

Das Gegendarstellungsrecht stellt sehr formale Anforderungen. Um Veröffentlichung einer Gegendarstellung verlangen zu können, muss der Anspruchsteller folgende **Voraussetzungen** erfüllen:

- **Zuleiten** muss der Anspruchsteller einen **abdruckfertigen**, das heißt den gesetzlichen Bedingungen entsprechenden Gegendarstellungstext an den **verantwortlichen Redakteur** oder **Verleger**, bzw. Sender oder Anbieter. Wird gegen eine im ARD-Gemeinschaftsprogramm ausgestrahlte Sendung eine Gegendarstellung verlangt, kann sie gegen die ausstrahlende Anstalt gerichtet werden, auch wenn das Programm von einer anderen Landesrundfunkanstalt der ARD produziert wurde (OLG München AfP 1992, 304). Das Anschreiben, mit dem die Gegendarstellung zugeleitet wird, nennt eine **Frist**, innerhalb derer die Redaktion erklären soll, ob sie veröffentlichen wird. Nach Ablauf der Frist wird in der Regel eine einstweilige Verfügung bei **Gericht** beantragt.
- Die Gegendarstellung muss **schriftlich** abgefasst sein und von dem Gegendarstellenden **eigenhändig unterschrieben** werden, bei juristischen Personen von dem gesetzlichen Vertreter, der Prokurist gehört nicht dazu (OLG Frankfurt AfP 2003, 459).
- Das **Original** muss zugeleitet werden, ein Fax genügt nicht (OLG Hamburg NJW 1990, 1613).
- Der Gegendarstellungstext muss **unverzüglich** nach Veröffentlichung des angegriffenen Beitrags (der „Erstmitteilung") zugeleitet werden, das heißt ohne schuldhaftes Zögern. (Für Bayern gilt Grenze der Aktualität, die bemisst sich nach Umständen des Ein-

zelfalles und Nachwirkung – OLG München AfP 1998, 373; Aktualitätsgrenze bei Tageszeitungen: vier Wochen nach der Erstmitteilung, OLG München AfP 2003, 165). In der Regel sind zwei bis drei Wochen nach der Erstveröffentlichung noch unverzüglich. Unverzüglich muss auch die Zuleitung eventuell korrigierter neuer Textversionen sein. Nach drei Monaten kann Abdruck endgültig nicht mehr verlangt werden (§ 11 Abs. 2 LPG HH).

- Nur **Tatsachenaussagen, nicht Meinungsäußerungen** in einem Bericht können mit einer Gegendarstellung angegriffen werden. Das ist auch möglich bei Tatsachenbehauptungen, die in **Zitaten** stecken, welche die Redaktion selbst gar nicht aufstellt. Ausnahme: Wenn die Aussagen vor **Gericht oder im Parlament** gemacht wurden und von der Redaktion wahrheitsgemäß referiert werden, kann keine Gegendarstellung verlangt werden (§ 11 LPG HH Abs. 5). Auch in **Bildern** (Fotos, Grafiken) können Tatsachen enthalten sein, die einen Gegendarstellungsanspruch auslösen. Bei Karikaturen ist immer erst zu prüfen, ob die gewollte Verzerrung der Wahrheit nicht Teil der gesamten Meinungsäußerung ist und deshalb nicht von den übrigen Aussagen getrennt als Tatsache angegriffen werden darf. (Siehe oben unter: Wirklichkeit in Bildern und: Abgrenzung Tatsache/Meinung.) Tatsachen, die mit Abdruck/Ausstrahlung der **Gegendarstellung selbst** verbreitet werden, sind **nicht noch einmal** gegendarstellungsfähig (Wenzel, Rz. 11.68).

- Nur **mit Tatsachen** darf in der Gegendarstellung entgegnet werden, nicht mit Meinungsäußerungen.

- Der **Umfang** der Gegendarstellung muss **angemessen** sein, die Grenze ist nicht festgelegt und nach dem Einzelfall zu beurteilen. Der Betroffene darf aus der Textpassage der Erstmitteilung, die er angreifen will, so viel zitieren oder mit eigenen Worten wiedergeben, wie zum **Verständnis der Entgegnung** notwendig ist. Der Gegendarstellungstext darf **keine irreführenden Passagen** enthalten. Die Entgegnung zu Bildern kann ausnahmsweise in einem „Gegenbild" zum Ausdruck gebracht werden, wenn die Version des Betroffenen schwer in Worte zu fassen ist (OLG Hamburg AfP 1984, 115).

- **Strafbaren Inhalt** darf die Gegendarstellung nicht haben (§ 11 Abs. 2 LPG HH, § 12 NDR Staatsvertrag wie auch alle anderen Bestimmungen). Ob der Betroffene mit seiner Gegendarstellung gegen zivilrechtliche Bestimmungen (zum Beispiel arbeitsrechtliche Verschwiegenheitspflichten) verstößt, ist unerheblich, die Gegendarstellung darf aus diesem Grund nicht verweigert werden. Sofern mit dem Gegendarstellungstext aber **Persönlichkeitsrechte Dritter verletzt** werden, entfällt das **berechtigte Interesse** des Anspruchstellers, gerade mit diesem Text entgegnen zu dürfen (OLG Hamburg NJW-RR 1994, 1179).

• **Betroffen** von der verbreiteten Behauptung muss derjenige sein, der eine Gegendarstellung für sich verlangt (s. o. E.I. Erkennbarkeit und Betroffenheit).

Enthält die zugeleitete Gegendarstellung **Fehler**, sind Redaktion und Medienunternehmen nicht verpflichtet, zu veröffentlichen und den Anspruchsteller darauf hinzuweisen. In diesem Falle gilt das Prinzip **„Alles oder nichts"**, der Anspruch kann insgesamt zurückgewiesen werden (OLG Karlsruhe AfP 2003, 439).

Der Abdruck/die Ausstrahlung der Gegendarstellung muss **an gleicher Stelle** erfolgen, an der die Erstmitteilung erschien, das ist die gleiche Rubrik, das Sendeformat o. Ä. Bei Zeitungen und Zeitschriften kann es auch der **Titel** sein, wenn die Erstmitteilung oder deren Kernsubstanz auch auf dem Titel verbreitet wurden. Ist eine Mitteilung in einer **Teilauflage** veröffentlicht worden, die nur in unregelmäßiger Folge erscheint, kann der Betroffene Abdruck im Stammblatt verlangen, weil er das Erscheinen der Teilauflage nicht abwarten muss (OLG Hamburg NJW-RR 1991, 97). Wurde die Erstmitteilung im **Inhaltsverzeichnis** angekündigt, kann der Betroffene verlangen, dass auch seine Gegendarstellung dort angekündigt wird (OLG Hamburg AfP 1992, 278; siehe im Einzelnen Prinz/Peters, Rz. 593 ff. und Wenzel, Kap. 11).

Wenn der Anspruchsteller die **Form eingehalten** hat, ist die Gegendarstellung nur **abwendbar,** wenn die Redaktion nachweisen kann, dass sie **offenkundig unwahr** ist. Das heißt, die Redaktion muss durch Vorlage von **Dokumenten** ohne besondere Beweisaufnahme (die es nicht gibt in diesem Verfahren) nachweisen können, dass ihre Berichterstattung wahr ist. Eidesstattliche Versicherungen von Zeugen genügen nicht, um die Wahrheit „offenkundig" zu belegen.

Gleiches gilt bei **Irreführung** des Gegendarstellungstextes: Dem Anspruchsteller steht ein berechtigtes Interesse an der Veröffentlichung einer irreführenden Gegendarstellung nicht zu.

Wenn der Inhalt des Berichts die wahrheitsgetreue **Wiedergabe öffentlicher Sitzungen** der gesetzgebenden oder beschließenden Organe des Bundes, der Länder, der Gemeinden sowie der Gerichte ist, muss eine dagegen gerichtete Gegendarstellung ebenfalls nicht veröffentlicht werden.

Tipp:
* Wenn die Redaktion weiß, dass sie Recht hat und der Anspruchsteller lügt, ist es oftmals den Aufwand wert, in einer **Nachrecherche** nach Dokumenten zu suchen.
* Wenn die Redaktion weiß, sie hat einen Fehler gemacht, ist es oft sinnvoller, nicht über Formalien zu streiten, sondern sich über eine (eventuell andere Art) der Korrektur mit dem Anspruchssteller zu verständigen und damit auch mögliche andere Ansprüche „weg" zu verhandeln (s. u. E.III. Nacharbeiten: Schadensbegrenzung).

Gibt es rechtlich keine Möglichkeit, die Pflicht zur Veröffentlichung einer Gegendarstellung abzuwenden, schaffen Redaktionen sich Abhilfe durch einen redaktionellen Hinweis, den so genannten **Redaktionsschwanz**. Dafür sind ebenfalls **nur Tatsachenaussagen** erlaubt, keine Wertung oder Glossierung (§ 11 Abs. 3. LPG HH; Ausnahme: Bayern). Zu bedenken ist aber, dass eine neue Tatsachen-Mitteilung im Redaktionsschwanz eine neue Gegendarstellung möglich macht. In der Regel unbedenklich ist der so genannte „§ 11-Hinweis" („Unabhängig vom Wahrheitsgehalt sind wir verpflichtet…"). Der Text „Die Redaktion **bleibt bei ihrer Darstellung**" sollte mit großer **Vorsicht** verwendet werden, da meistens mit der Gegendarstellung auch eine Unterlassungsverfügung durchgesetzt wird. Diese Formulierung wiederholt die Aussage und würde gegen die **Unterlassungspflicht** verstoßen (siehe im Einzelnen: Wenzel, Rz. 11.199 ff.).

Tipp: Redaktionen müssen unbedingt beachten: Der Anspruch auf Abdruck einer Gegendarstellung ist nur dann erfüllt, wenn die Redaktion den Text „ohne Einschaltungen und Weglassungen" (§ 11 Abs. 3 LPG HH)

---

veröffentlicht, das heißt **unverändert** so, wie sie vom Anspruchsteller verlangt und durchgesetzt wurde. Dazu gehören sowohl Überschrift als auch Unterschrift in unveränderter Form. Die Süddeutsche Zeitung hatte zum Beispiel eine Gegendarstellung des NDR-Intendanten am 19. Oktober 2000 abgedruckt und zwischen Überschrift und Gegendarstellungstext ihre redaktionelle Anmerkung platziert. Das war unzulässig. Sie musste deshalb am 3. Januar 2001 **dieselbe Gegendarstellung noch einmal**, aber unzerteilt, abdrucken.

2. Unterlassung

Wer sich durch Medienberichte verletzt fühlt, möchte das Gleiche nicht noch einmal erfahren und eine Wiederholung verhindern. Manchmal glaubt jemand, er habe schon sichere Anzeichen dafür, dass eine ihn verletzende Berichterstattung zu erwarten ist, und er möchte dies von vornherein unmöglich machen. Dafür steht ihm der Unterlassungsanspruch nach §§ 823, 1004 Abs. 1, 2 BGB zur Verfügung (Beseitigung einer rechtswidrigen Störung).

Der Anspruch besteht gegen die **künftige Verletzung** geschützter Rechte durch unwahre oder aus sonstigen Gründen unzulässige Darstellung (z. B. Verletzung des allg. Persönlichkeitsrechtes). Wer erreichen will, dass künftig erwartete bestimmte Veröffentlichungen unterlassen werden, muss dem Gericht entweder darlegen und glaubhaft machen, dass eine Rechtsverletzung **unmittelbar droht** („Erstbegehungsgefahr").

Wenn durch Berichterstattung **bereits einmal Rechte verletzt** wurden, ist die Gefahr einer Wiederholung gegeben. Der Betroffene muss dem Gericht also nur die Erstmitteilung vorlegen und **darlegen**, dass sie seine Rechte verletzt. Sofern die Redaktion schon auf die Abmahnung hin freiwillig eine **„strafbewehrte"** (das ist die Zusage einer Vertragsstrafe) **Unterlassungserklärung** abgibt, entfällt die Wiederholungsgefahr und das Gericht erlässt keine Einstweilige Verfügung. Das gilt auch, wenn die Unterlassungserklärung den Einleitungssatz enthält „Ohne Präjudiz und Anerkennung einer Rechtspflicht" (OLG München AfP 2004, 60 – Esra).

Dass eine Verletzung durch einen Medienbericht **erstmals zu erwarten** ist, muss der Betroffene dem Gericht dagegen ganz **konkret** darlegen und **glaubhaft** machen. Dafür genügt es nicht, wenn er vorträgt, ein Journalist habe ihm kritische und ehrenrührige Fragen gestellt, die eine unzulässige Berichterstattung erwarten lassen. **Journalistische Recherche** begründet keine Erstbegehungsgefahr (OLG Hamburg AfP 1992, 279).

Wann müssen Medien damit rechnen, dass ihnen ein Beitrag schon **vor** seiner **Veröffentlichung gerichtlich verboten** wird? Das entscheidende Kriterium ist, dass eine **Begehungsgefahr konkret** ist oder Gefahr für Leib und Leben besteht. Wer etwa einen Fernsehbeitrag durch ein Unterlassungsbegehren verhindern will, darf sich nicht auf das **Rohmaterial eines Filmes** stützen, weil daraus nicht notwendig zu entnehmen ist, dass eine rechtswidrige Störung unmittelbar bevorsteht (LG Stuttgart AfP 2003, 471). Geht es zum Beispiel um Aufnahmen von Flugblättern und Interviews mit wüst schimpfenden Kontrahenten in einem Mietstreit, kann kein Verbot erwirkt werden. Die TV-Recherche hat noch nicht das Stadium erreicht, das mit einem „Rohmanuskript" der gedruckten Presse zu vergleichen wäre. Gegen ein **Rohmanuskript der Presse** kann nach Ansicht des OLG Hamburg auch dann vorgegangen werden, wenn die Redaktion über dessen Veröffentlichung noch nicht entschieden hat. Seine **Herstellung** sei „im Zweifel" zum Zwecke der Veröffentlichung erfolgt, während das filmische Rohmaterial noch journalistisch **bearbeitet** werden muss. Vor Zusammenfügen (Schneiden) des Filmmaterials, so das OLG Hamburg, vor dem Abschluss der Recherchen und vor der journalistischen Ausarbeitung des Film-Beitrags sei noch nicht zu erkennen, wie der geplante Bericht „konkret ausfallen" würde. Insbesondere sei zu diesem Zeitpunkt noch nicht klar, ob etwa „bei ordnungsgemäßer Recherche unter Einbeziehung der Stellungnahme des Betroffenen" die Berichterstattung zulässig sein könnte (AfP 2000, 188).

Verboten werden dürfen nur Darstellungen, die Rechte eines Betroffenen verletzen. Bei **„wertneutralen" Mitteilungen**, die den Betroffenen nicht belasten, ist Unterlassung nicht zu verlangen. Ob eine Äußerung neutral, schwer oder weniger schwer für den Betroffenen wiegt, wird von ihm selbst in der Regel anders gesehen, als von einem Journalisten. Der sollte davon ausgehen, dass Gerichte einen hohen **Grad der Beeinträchtigung** nicht für notwendig halten, um einen Unterlassungsanspruch nach §§ 823, 1004 BGB zu begründen. Die Anforderungen dürfen nicht überspannt werden. Dem Betroffenen muss die Entscheidung darüber vorbehalten bleiben, ob eine Unwahrheit zu beanstanden ist oder nicht, ohne diese überhaupt auf ihre Ehrenrührigkeit zu prüfen. Ihm ist auch bei nur geringer Beeinträchtigung ein Unterlassungsinteresse zuzugestehen (LG Hamburg NJW 2003, 1952). Beeinträchtigend kann zum Beispiel die Angabe sein, an einem Seminar hätten 50 Hörer teilgenommen, weil bei dem besonderen Renomee des Dozenten diese Zahl als niedrig empfunden werden kann (vgl. Wenzel, Rz. 5.80; Prinz/Peters, Rz. 128). Beruht ein Zeitungsbericht z. B. auf einer falschen amtlichen Auskunft, ist er nicht rechtswidrig (siehe oben unter „Sorgfaltspflichten"). Der Anspruch auf Unterlassung kann nicht weiter verfolgt werden, wenn die Zeitung dem Betroffenen formlos mitteilt, sie werde künftig die korrekten Tatsachen beachten (siehe AG Frankfurt-Oder AfP 2004, 161).

Anspruchsberechtigt sind als Betroffene sowohl natürliche als auch juristische Personen und Körperschaften des öffentlichen Rechts, eventuell beide (s. o. D.V.1. Schmähung).

Anspruchsgegner ist sowohl derjenige, der behauptet oder schmäht (zum Beispiel der **Autor** eines Textes), als auch der verbreitet (zum Beispiel der **Verlag**, der **Anbieter** oder der **Sender**). Chefredakteur, Herausgeber und Verantwortlicher Redakteur können in Anspruch genommen werden, wenn sie tatsächlich Einfluss auf den Bericht genommen haben, jeder der willentlich an der Rechtsverletzung mitgewirkt hat, z. B. auch eine Presseagentur. (BGH AfP 2004, 119)

Mit dem Anspruch kann nur die „konkrete Verletzungsform" angegriffen und verboten werden, das heißt nur der **Teil einer Darstellung**, der die falsche oder schmähende Aussage enthält. Nur im Ausnahmefall sind **Gesamtverbote** möglich (Beispiel: Roman „Mephisto" als Schmähschrift, BGH NJW 1968, 1773). Für herkömmliche Medienberichterstattung darf ein Gesamtverbot nicht ausgesprochen werden (Soehring, Rz. 30.29 b).

3. Widerruf und Richtigstellung

Mit Abdruck eines Widerrufs setzen sich Medien selbst ins Unrecht, denn sie müssen ihrem Publikum bekennen, dass sie etwas falsch berichtet haben. Daher ist diese Sanktion für eine Redaktion besonders schmerzhaft. Der Anspruch basiert auf § 1004 BGB (Beseitigung einer rechtswidrigen Beeinträchtigung, Folgenbeseitigungsanspruch). Er besteht unabhängig von Verschulden. Eine Pflicht zur Berichtigung gibt es nur bei **feststehender Unwahrheit** einer berichteten Tatsache.

Gerichtlich festgestellt wird die Pflicht zur Veröffentlichung einer Berichtigung nicht im Verfügungs-, sondern im **Klageverfahren**. Formal vorgeschriebene Formulierungen gibt es für den Widerruf nicht. Die Beweislast hat der Kläger, Medien müssen ihre Faktenlage allerdings „substantiieren". Behaupten Journalisten zum Beispiel, ein bestimmtes Buch weiche von der Originalvorlage ab und sei nicht authentisch, müssen sie auch darlegen können, wie sie zu dieser Aussage kommen, etwa in welchen Teilen und aus welchen Gründen das Buch von der Original-Vorlage abweicht (BGH GRUR 1975, 89).

Veröffentlichung des Widerrufs muss wie die Gegendarstellung an der selben Stelle wie die Erstmitteilung erfolgen. Ein redaktioneller Zusatz ist erlaubt, die Redaktion darf zum Ausdruck bringen, dass sie trotz Verurteilung zum Widerruf immer noch anderer Überzeugung ist (BVerfG NJW 1970, 651).

Geht es um den Inhalt von Zitaten, ist die Berichtigung nur als „Richtigstellung" der Medien möglich. Sie verbreiten nur und behaupten nicht selbst. Mit Richtigstellung wird ein falscher Eindruck korrigiert oder nur ein Teil von mehreren Aussagen. Es ist nicht verspätet, wenn die Klage auf Richtigstellung erst sieben Monate nach der Veröffentlichung erhoben wird (BGH AfP 2004, 124).

4. Schadensersatz

Wer fremde Rechte vorsätzlich oder fahrlässig (schuldhaft) und rechtswidrig verletzt, ist zum Ersatz des daraus entstehenden Schadens verpflichtet (§ 823 BGB).

Medienberichterstattung kann zwar Rechte verletzen, ohne

rechtswidrig sein zu müssen. Sie löst keine Schadensersatzansprüche aus, wenn sie in Wahrnehmung berechtigter Interessen erfolgt (siehe oben unter diesem Stichwort).

Medienberichterstattung führt dann nicht zu Schadensersatzansprüchen, wenn Informationen aus privilegierten Quellen wiedergegeben werden (Behörden, Presseagenturen, siehe oben unter „Privilegierte Quellen").

Medien handeln aber schuldhaft und rechtswidrig und machen sich schadensersatzpflichtig, wenn sie die **pressemäßige Sorgfalt** außer Acht lassen. (s. o. B.I.1. Sorgfaltspflicht).

Zu prüfen ist im Einzelfall, ob die Berichterstattung unmittelbar **kausal** war für einen materiellen Schaden. Dies war zum Beispiel der Fall bei einem Fernsehbericht, der Vorwürfe gegen einen Arzt verbreitete, ohne die für die **Verdachtsberichterstattung notwendigen Sorgfaltspflichten** zu beachten. Der Beitrag hatte nach Ansicht des BGH das Gebot zur Vollständigkeit verletzt und hätte die Vorwürfe gegen den Arzt nicht öffentlich diskutieren dürfen. **Infolge der Sendung war dem Arzt gekündigt worden**, dadurch sei ihm ein materieller Schaden entstanden, den der Fernsehveranstalter und der Autor als Gesamtschuldner zu ersetzen hatten. Gefordert worden war in diesem Fall eine Schadenssumme von 300.000 DM (BGH NJW 1997, 1148; umfassend zum Schadensersatzanspruch: Wenzel, Rz. 14.20 ff.).

5. Geldentschädigung (Schmerzensgeld)

Geldentschädigung wegen schuldhaft rechtswidriger Berichterstattung kann nur derjenige verlangen, der durch die Berichterstattung einen **schwerwiegenden Eingriff** in sein Persönlichkeitsrecht erlitten hat und der für diese Beeinträchtigung nicht auf andere Weise einen Ausgleich erhalten kann. Der Anspruch gewährt Ersatz des **immateriellen Schadens** gemäß §§ 823, 847 BGB. Eine schwerwiegende Verletzung des Persönlichkeitsrechts hängt insbesondere von der Bedeutung und der **Tragweite des Eingriffs** ab, etwa von dem **Ausmaß der Verbreitung** der verletzenden Aussagen, auch davon, wie nachhaltig die **Interessen- und Rufschädigung** des Verletzten **fortdauert**, von Anlass und Beweggrund des Handelnden sowie vom

Grad seines Verschuldens (BVerfG NJW 2004, 591). Nicht in jedem Fall, in dem Fehler bei der Berichterstattung passiert sind, kann Geldentschädigung gefordert werden.

Aufgrund der Berichterstattung über einen **verstorbenen** Angehörigen kommt ein Geldentschädigungsanspruch eines **lebenden Angehörigen** nur in Betracht, wenn die Berichterstattung zugleich auch unmittelbar und ausdrücklich das Persönlichkeitsrecht des lebenden Angehörigen verletzt. Die bloße Erkennbarkeit des Verstorbenen genügt hierfür nicht (LG Heilbronn ZUM 2002, 160). Allerdings kann Geldentschädigung auch verlangt werden, wenn Veröffentlichungen in den vermögenswerten Teil des allgemeinen Persönlichkeitsrechts eines Verstorbenen eingreifen (BGH NJW 2000, 2195 ff. „Blauer Engel").

III. Wer haftet?

Verlage, Sender, Mediendiensteanbieter und Rundfunkanstalten sind verantwortlich, wenn durch von ihnen veröffentlichte Beiträge Persönlichkeitsrechte oder andere über §§ 823 ff. BGB geschützte Rechtsgüter verletzt werden.

Chefredakteure und **Herausgeber** sind **nur dann** straf- oder zivilrechtlich zur Verantwortung zu ziehen, wenn ihnen nachzuweisen ist, dass sie jeweils **individuelle Beiträge** zu der angegriffenen Veröffentlichung **geleistet** haben (BGH NJW 1990, 2828). Bei kleineren Zeitungen und Zeitschriften ist in der Regel hiervon auszugehen, weil der Chefredakteur und Herausgeber faktisch die Gesamtverantwortung trägt (OLG Köln AfP 1985, 293).

Wer als **Verantwortlicher Redakteur** im Impressum ausgewiesen ist, haftet zivilrechtlich auch nur dann, wenn er individuell auf den veröffentlichten Beitrag eingewirkt oder an ihm mitgewirkt hat (KG NJW 1991, 1490).

Daneben kann auch der Verfasser der Texte in Anspruch genommen werden.

F. Vorbeugen und Schaden begrenzen

Durch interne **Qualitätskontrolle**, **Professionalität** und **Bewusstsein für das eigene Handeln** mit seinen möglichen Folgen können Journalisten **Probleme rechtzeitig erkennen** und sie vielleicht auch verhindern, ohne besondere Berater einschalten zu müssen. Dem Journalisten, der schon mit dem Thema seiner Recherche viel zu tun hat, erscheinen solche zusätzlichen gedanklichen Aufgaben oft unzumutbar. Er sollte sich trotzdem Standards für die Arbeitsabläufe zu Eigen machen. Es dient letztlich auch der Sicherung seiner Arbeitsergebnisse, somit auch seinem persönlichen Interesse.

Zu unterscheiden ist dabei zwischen der Phase der Planung, der Recherche und der Vorbereitung einer Berichterstattung einerseits und der Phase im Anschluss an die Veröffentlichung eines Sachverhalts andererseits.

I. Planung und Recherche

Vor der Veröffentlichung sollte sich der Journalist einige **Fragen** stellen und auch **beantworten**, zum Beispiel:
- Eignet sich der Sachverhalt überhaupt für eine Veröffentlichung oder ist er rein **privat?**
- Oder ist er nicht mehr als ein **Gerücht**?
- Reichen die vorliegenden **Fakten** für eine Berichterstattung aus? Wenn nein: was muss **zusätzlich recherchiert**, wer muss unbedingt befragt werden?
- Und wenn auf die Fragen nicht befriedigend geantwortet wird: Muss auf die Berichterstattung ganz **verzichtet** werden?
- Oder gibt es **Darstellungsformen**, durch die eine Nachricht transportiert werden kann, ohne dass rechtlich Angriffsfläche geboten wird?

Im Folgenden werden einige Fragen formuliert, die sich auf Fehlerquellen beziehen, die typisch sind und in der Praxis immer wieder für Probleme sorgen.

1. Kontakt zum Betroffenen

Wie ist die Sicht des Betroffenen zu der Behauptung eines Dritten? Ist er wirklich rechtzeitig, vollständig und **ausreichend befragt** worden (s. o. D.IX. Verdächtigungen und Gerüchte und BVerfG NJW 2004, 589)?

Ein **Dementi** muss im Übrigen **aktuell** sein und im Text aufgenommen werden, es muss **neutral referiert** werden.

2. Aktualität

Die Aktualität der Rechercheergebnisse muss sichergestellt sein. Die letzte Mitteilung der Staatsanwaltschaft liegt zum Beispiel vier Wochen zurück – gibt es womöglich eine **neue Entwicklung** im Ermittlungsverfahren, liegt vielleicht inzwischen ein entlastendes Gutachten vor?

3. Sorgfalt mit Nebensächlichkeiten

Ist die **Firmenbezeichnung** korrekt recherchiert – wie heißt die Firma wirklich, beispielsweise „Zeiss Jena" oder „Jenoptik"? Kann **Parteimitgliedschaft** einer Person schon daraus geschlossen werden, dass sie an der Gründungsveranstaltung teilgenommen hatte? Der Journalist sollte besser **nicht schlussfolgern**, sondern sicherheitshalber **an der richtigen Quelle recherchieren**. Sorgfalt auf „Nebenschauplätzen" sollte nicht vernachlässigt werden. Wer alle Konzentration und Aufmerksamkeit in die Aufdeckung des politischen Skandals legt, riskiert den Gegendarstellungsanspruch z. B. beim eher unwichtigen aber unkorrekten **Datum** des letzten Regierungswechsels oder bei schludriger Verarbeitung bekannter Tatsachen aus **Archivmaterial**.

II. Arbeit an Texten und Bildern

Sinnvoll ist es, wenn die Redaktion beim Texten und Publizieren die Frage stellt, wie ihre Veröffentlichung vom Leser oder Zuschauer verstanden werden muss und ob die Belege im Zweifel ausreichen, um die Veröffentlichung in ihrer ganz konkreten Form zu tragen und zu rechtfertigen. Werden danach Lücken erkennbar, genügen oft einige geringfügige **Überarbeitungen des Textes**. In der Regel geht dabei die von der Redaktion gewollte **Nachricht nicht verloren**. Manchmal muss vielleicht nur noch die eine oder andere ergänzende Information **nachrecherchiert** werden.

1. Texte

Im Einzelnen sollte jeder professionell arbeitende Journalist ohne juristische Hilfe zunächst selbst sensible Stellen seines Textes erkennen und entsprechend bearbeiten. Er sollte zum Beispiel prüfen:

- Gibt es **ungewollte Unterstellungen** oder Eindrücke, die aus dem **Zusammenhang** oder durch **Textanschlüsse** entstehen? Sind sie durch Umformulierung zu vermeiden, vielleicht durch eine Änderung der Textanschlüsse?

- **Personalisierung von Sachverhalten** – wenn Handlungen einer bestimmten Person zugeordnet werden, deren Name gewissermaßen als Synonym für einen Verein oder für eine Behörde steht (zum Beispiel „Eichel" statt „Finanzministerium"). Dies geschieht häufig nur, weil es sprachlich interessanter klingen soll, aber als konkrete Aussage tatsächlich nicht gewollt und schon gar nicht nachweisbar ist. Das kann Probleme geben: Beispiel: „Der Reitverein missbraucht Sponsorengelder" oder „Müller" (er ist der Vorsitzende des Reitvereins) „missbraucht Sponsorengelder".

- Ist mehr **Differenzierung** in der Sprache notwendig? Kann man wirklich **verkürzen** auf „gefeuert", „Pleite" oder „vorbestraft"? Oder sollte es stattdessen doch besser **ausformuliert** heißen: „aus dem Job ausgeschieden", „geschäftlich erfolglos" oder „wegen einer ähnlichen Tat schon einmal aufgefallen"?

Beispiel für eine elegante Umschreibung, die trotzdem eindeutig ist: Der neue Chef von Pro-Sieben-Sat.1, Haim Saban, wechselte seit Amtsantritt sukzessive das Führungspersonal aus. Im März 2004 traf es Vorstandschef Urs Rohner. Dies meldete die FAZ am 24. März 2004 mit den Worten: „ Haim Saban tritt an, um die Nummer eins zu werden. Deshalb hat er gestern den Vorstandschef Urs Rohner – ‚auf eigenen Wunsch', wie es offiziell heißt – gehen lassen und ersetzt ihn durch seinen Vertrauensmann Guillaume de Posch..."

2. Zusammenspiel von Bildern und Texten

Aussagen können sich auch aus dem **Zusammenhang** ergeben, in den Bilder und Texte gestellt werden. Auch das Layout (zum Beispiel: Aufmacherfoto des Bürgermeisters zum Stichwort „Bestechung", obwohl der Vorwurf gegen eine andere Person zielt) kann zu **ungewollter Verknüpfung von Aussagen** führen. Vorsicht gilt auch bei Fotos von Personen im Arbeitsamt zum Text über „Arbeitslosigkeit", bei Fotos von Jugendlichen am Stadtbrunnen zum Text „Straßenkinder" sowie bei allen Illustrationen mit identifizierbaren Unbeteiligten eines geschilderten Sachverhaltes.

3. Umgang mit Aussagen Dritter

Ist die Aussage zur Veröffentlichung frei gegeben (s. o. B.II.1. Recht am eigenen Wort)?

Sind die Zitate **korrekt** notiert und authentisch **wiedergeben**? Sie sollten im Zweifel nicht ungeprüft **von Dritten übernommen** werden. In jedem Falle Vorsicht, wenn ein Zitat aus anderen Presseberichten übernommen werden, die sind als Quelle kein Beleg für Richtigkeit.

Wird jemand **beleidigt**? Bei Veröffentlichung einer kritischen Äußerung: Die Redaktion sollte sich von belastenden, nicht überprüfbaren Aussagen der Zitierten durch den Kontext distanzieren.

Die **Motivation von Informanten** sollte hinterfragt werden, um die Glaubwürdigkeit und damit den Wahrheitsgehalt und die Notwendigkeit zusätzlicher Recherche einschätzen zu können.

III. Schadensbegrenzung

Was kann die Redaktion oder das Medienunternehmen tun, wenn **nach der Veröffentlichung** Briefe eintreffen, in denen dementiert, geschimpft und mit Prozess gedroht wird? Soll man einer Abmahnung sofort folgen und eine Gegendarstellung drucken, weil sie von einem kompetenten und fachkundigen Anwalt verfasst wird? Angenommen, es ist wirklich etwas schief gegangen – gibt es trotzdem eine Chance, dem drohenden Rechtsstreit zu entkommen und das schlimmste (Widerruf und Schadensersatz) abzuwenden? Und das auch noch auf eine Weise, die der Redaktion und dem Verlag die Chance gibt, mit dem Betroffenen anschließend weiterhin ordentlich und ohne Feindschaft auszukommen?

Auch hier zeigt die Erfahrung: Jeder Einzelfall bietet **individuelle Lösungsansätze** für **gesichtswahrende** und **schadensbegrenzende Bewältigung** eines Konfliktes. Es gibt verschiedene Handlungsmöglichkeiten zwischen den Fällen, die aus Prinzip vor Gericht ausgefochten werden müssen, weil wesentliche Positionen (z. B. **Wahrheit und Informantenschutz**) nicht aufgegeben werden dürfen, und den Fällen, in denen gewisse **Zugeständnisse** beim Umgang mit eigenen Fehlern am Ende nicht nur **Kosten sparen** und **Frieden schaffen**, sondern auch Glaubwürdigkeit und Souveränität beweisen. Niemandem im Medienunternehmen und in der Redaktion dürfte damit gedient sein, einen Prozess durch alle Instanzen zu treiben, wenn es z. B. um den unbestrittenen Vorwurf eines erfundenen Interviews geht.

Deshalb empfiehlt es sich, sobald ein Anspruchsschreiben (oder ein Leserbrief mit rechtlich relevanten Vokabeln wie „Richtigstellung" o. Ä.) eingeht, sofort und schonungslos intern den **Sachverhalt aufzuklären** und danach die richtige Strategie für den **Umgang mit dem Beschwerdeführenden** zu finden. Wichtig ist, Fehler zu benennen und ohne Zeitverlust das Notwendige zu tun. Dies ist die erste und die wichtigste Voraussetzung für eine erfolgreiche **Schadenminderung**.

Das **Prinzip der Deeskalation** wirkt nicht nur für ein „Medienopfer", sondern auch zu Gunsten der Journalisten.

1. Was tun bei schwerer Persönlichkeitsrechtsverletzung?

Beispiel: Die Westdeutsche Allgemeine Zeitung (WAZ) veröffentlichte am 8. Januar 2003 eine Richtigstellung zu einem Bericht, den sie gerade zwei Tage zuvor an gleicher Stelle verbreitet hatte. Die Meldung über eine angeblich Affäre des Bundeskanzlers, so der von der Chefredaktion unterzeichnete Richtigstellungs-Text, stelle einen „bedauerlichen Eingriff in das Persönlichkeitsrecht" Gerhard Schröders dar. „Wir nehmen diese Behauptung daher zurück und bitten den Bundeskanzler ... um Entschuldigung."

Ein solcher **redaktioneller Kniefall** ist selten. Was veranlasst eine Redaktion, sich kurz nach Erscheinen eines Berichtes so schonungslos zu einem Fehler zu bekennen und auch noch um Entschuldigung zu bitten? **Muss** eine Redaktion dies tun, und falls nicht – **sollte** sie es tun?

Bei schwerer Persönlichkeitsrechtsverletzung, etwa wie im Ausgangsbeispiel durch Tatsachenbehauptungen aus der Intimsphäre, kann ein Betroffener nebeneinander Gegendarstellung, Unterlassung, Richtigstellung und Geldentschädigung verlangen. Was kann eine Redaktion noch unternehmen, wenn „das Kind schon in den Brunnen gefallen" ist?

a) Richtigstellung

Ein **öffentliches Bekenntnis** wie im Beispiel der WAZ kann von Bedeutung sein, wenn es darum geht, die Folgen rechtswidriger Berichterstattung zu mildern und Geldansprüche des Verletzten abzuwenden. Für die Gerichte kommt es darauf an, ob eine **Richtigstellung** ausreichend **Wiedergutmachung** für die Verletzung des Persönlichkeitsrechtes bietet und die Verletzung auf ein Maß reduziert, das ein Schmerzensgeld nicht mehr rechtfertigt.

Das war beispielsweise nach Ansicht des OLG Hamburg (AfP 1994, 42 f.) nur zum Teil gelungen, als eine Zeitschrift ihre Meldung korrigierte, mit der sie einem Sänger Mafia-Aktivitäten unterstellt hatte. Obwohl die Richtigstellung in nahezu gleicher Aufmachung und zusammen mit einer Entschuldigung erschien, sprach das Gericht dem Sänger noch ein Schmerzensgeld von 5.000 DM zu (verlangt hatte er 10.000 DM). Um **vollständig Ausgleich** zu bieten, so das OLG, müsste auch die **Korrektur jeden Leser** der Erstmitteilung **erreichen**, was zu bezweifeln sei – die Korrektur fessele den Leser nicht so wie die Erstmitteilung. Das **Bedürfnis nach Geldentschädigung** könne deshalb nicht ganz beseitigt, allenfalls gemindert werden. Einigen sich die Beteiligten über die Veröffentlichung einer Richtigstellung, so besteht für die anschließende Zahlung einer Geldentschädigung unter Umständen kein Bedürfnis mehr (OLG Köln AfP 91, 427).

Eine Richtigstellung soll nach Empfehlung des Deutschen Presserats möglichst sofort veröffentlicht werden, sobald sich veröffentlichte Nachrichten und Behauptungen nachträglich als falsch erweisen. Der Kodex appelliert an das „Publikationsorgan", dem ein solcher Fehler unterlaufen ist, dies **„unverzüglich von sich aus"** richtig zu stellen (Ziffer 3 Pressekodex). Der durch Berichterstattung Verletzte soll nicht gezwungen sein, erst langwierig die Hilfe von Gerichten suchen zu müssen, um öffentliche Wiedergutmachung durch Korrektur im selben Medium zu erhalten.

b) Redaktionelle Entschuldigung

Einen **Rechtsanspruch** auf förmliche Entschuldigung der Medien **gibt es nicht** (Soehring, Rz. 32.30). Selbst im **Pressekodex**, in dem die Anstandsregeln des Deutschen Presserats formuliert sind, wird von den Journalisten **nicht verlangt**, sich für ihre Fehler öffentlich zu entschuldigen.

Die Entschuldigung kann aber, wie die unverzügliche Richtigstellung, dem Ausgleich für die Rechtsverletzung dienen. Sie wird **bei der Bemessung der Geldentschädigung** (und auch im Falle eines Presserats-Verfahrens) **mindernd** berücksichtigt (OLG Hamburg AfP 1994, 42 f.). Zu beachten: Die Redaktion sollte die Entschuldigung möglichst von sich aus anbieten. Dem Verletzten ist nicht zuzumuten, den Täter um eine versöhnliche Geste zu bitten. Dies könnte eine weitere Demütigung bedeuten (BVerfG NJW 2004, 2371).

c) Mitwirkungspflicht des Verletzten

Der Verletzte hat allerdings eine Verpflichtung, durch geeignete Maßnahmen nach der verletzenden Veröffentlichung deren **Folgen zu begrenzen** und eine Entschädigungsforderung zu vermeiden. Dazu gehört nach Ansicht des BGH, dass der Verletzte gehalten ist, sich mit dem Verlag oder Sender ins „Benehmen zu setzen und ihm Gelegenheit zu geben, von sich aus geeignete Schritte zur Verhütung des Schadens zu unternehmen." (NJW 1976, 1198, 1201, 1202 – Panorama). Er muss auch von der Möglichkeit Gebrauch machen, Widerruf und Gegendarstellung zu verlangen (LG Hamburg AfP 2003, 561).

Ist eine **Verletzung so schwerwiegend**, dass Gegendarstellung, Widerruf und Unterlassung die Verletzungsfolgen **nicht aufwiegen**, kann auch eine **Geldentschädigung** zugebilligt werden. Dies ist der Fall, wenn die Tonbandaufzeichnung einer gruppentherapeutischen Sitzung im Rundfunk ausgestrahlt wurde (OLG Karlsruhe AfP 2003, 440).

2. Mehrere Berichtigungsansprüche

Ist es zur Veröffentlichung einer falschen Tatsachenbehauptung gekommen, macht der Betroffene oftmals zwei selbständige Korrektur-Ansprüche nebeneinander geltend und verlangt sowohl Abdruck einer Gegendarstellung als auch einer Richtigstellung. Rechtlich darf er das tun. Wenn etwa eine norddeutsche Tageszeitung – unzutreffend – schriebe, Bundeskanzler Schröder war Gast bei der Geburtstagsfeier des Hamburger Skandal-Politikers Ronald Schill, könnte der Kanzler neben einer Gegendarstellung auch Widerruf oder Richtigstellung verlangen. Tatsächlich gehen mehrere Anspruchsschreiben des Kanzler-Anwalts bei der Zeitung ein. Die Redaktion erkennt, dass irgendetwas getan werden muss – aber muss sie wirklich zwei Mal redaktionellen Platz für ein und dieselbe Korrekturaussage vergeben?

a) Richtigstellung ersetzt Gegendarstellung

Die Redaktion hat die Möglichkeit, mit **nur einer** berichtigenden **Veröffentlichung** zwei Ansprüche zusammen zu erledigen. Auf eine Gegendarstellung besteht z. B. kein Anspruch mehr, wenn mit einer redaktionellen Richtigstellung oder einem Widerruf die Unwahrheit der Erstmeldung eingestanden wird (LG Berlin AfP 2004,148).

Beispiel: Ein berühmter Dirigent hatte in Dresden ein Konzert dirigiert, eine Tageszeitung schrieb anschließend darüber unter der Überschrift „Troubadix, Adorno und die Musik: Der Frantz, der kann's" unter anderem: „Im Programmheft hieß es zur 9. Sinfonie von Franz Schubert: ‚Wenn ein Werk von beträchtlicher Länge innerlich erfüllt ist, dann ist es eben die Große C-Dur Sinfonie'; von beträchtlicher Länge ja, von Erfüllung hingegen keine Spur. Aus der Sinfonie... wurde unter des Dirigenten Hand ein zäh dahin tröpfelnder Wälzer teuflischer Langeweile. ..." Tatsächlich hatte der Dirigent die 9. Sinfonie aber gar nicht dirigiert. Der Veranstaltungsplan war kurzfristig geändert worden. Der Journalist hatte von der Änderung nichts gewusst. Er hatte das Konzert vorzeitig in der

Pause verlassen und den zweiten Teil gar nicht gehört. Die Zeitung druckte daraufhin sofort einen Artikel mit der Überschrift „Entschuldigung". Der Dirigent verlangte darüber hinaus eine förmliche Gegendarstellung.

Eine von der Redaktion formulierte **eigene Berichtigung** kann also die **Gegendarstellung überflüssig** machen und das berechtigte Interesse des Betroffenen auf Veröffentlichung seiner formalen Gegendarstellung beseitigen. Voraussetzung: Die redaktionelle Berichtigung muss die **Funktion der Gegendarstellung voll erfüllen**. Das heißt, sie muss auch bei flüchtiger Lektüre sofort als Berichtigung eines Sachverhalts zu erkennen sein. Erkennbar sein muss auch die Person, die von diesem Sachverhalt betroffenen ist. Hierfür **genügt nicht** allein eine **Überschrift** mit dem plakativen Wort „**Entschuldigung**" oder „**In eigener Sache**", oder Abdruck im Inneren der Zeitung, wenn die Aussage auf dem Titel stand (SH OLG AfP 2004, 125).

Zu der erfundenen Konzertrezension im oben geschilderten **Beispiel** schrieb die Zeitung in dem Artikel unter der Überschrift „Entschuldigung" im Einzelnen:

„‚Gott ist tot, befand vor hundert Jahren der Philosoph Nietzsche.' So beginnt A den letzten Absatz seiner Rezension zum Justus-Frantz-Konzert in unserer gestrigen Ausgabe. ‚In der höflicher gewordenen Welt schlug daher weder Teutates Blitz ein, noch regnete es.' Nasse Füße aber wird wohl der Rezensent des Justus-Frantz-Konzerts dennoch bekommen haben und einen Blitz aus dem Musikgötterhimmel dazu: Berichtete er doch von der Interpretation eines Werks, das dann gar nicht gegeben wurde. Warum der Rezensent, der bisher als zuverlässiger Autor für die D schrieb, nicht zugeben wollte, dass er den zweiten Teil des Konzerts nicht mehr hören konnte, bleibt uns unerklärlich. Wir möchten uns an dieser Stelle für den Fauxpas des freien Mitarbeiters entschuldigen."

Dazu das Oberlandesgericht Dresden: Der Eingangstext in seiner Weitschweifigkeit halte flüchtige Leser von der weiteren Lektüre geradezu ab. Auch der Folgetext fordere vom Leser durch die Verwendung einer größeren Anzahl „opulenter Wendungen" erhöhte Aufmerksamkeit. Das Gericht akzeptierte diese redaktionelle Veröffentlichung nicht als gleichwertigen Ersatz für eine Gegendarstellung (NJW 1997, 1379).

Auch ein redaktioneller **Folgebericht**, der die wesentlichen Punkte der Richtigstellung enthält, kann die Gegendarstellung ersetzen. Auf eine Autorisierung des Betroffenen kommt es dabei nicht an (Schleswig-Holsteinisches OLG AfP 2004, 125). Autorisierung ist allerdings notwendig, wenn die Gegendarstellung als Leserbrief veröffentlicht werden soll.

b) Ersatzlösungen für einen Widerruf

Gelangt eine Redaktion nach interner Prüfung selbst zu der Erkenntnis, dass sie in einem vorausgegangenen Bericht eine oder mehrere falsche Tatsachen behauptet hat, so kann die Redaktion einer zu erwartenden Verurteilung zur Veröffentlichung eines Widerrufs durch **andere, weniger schmerzhafte, korrigierende Veröffentlichungen** entgehen. Wenn Medien freiwillig widerrufen oder sonst geeignete Maßnahmen zur Beseitigung der Störung ergreifen, die durch falsche Tatsachenbehauptungen eingetreten ist, hat sich der Berichtigungsanspruch des Betroffenen erledigt. Der Abdruck einer **Gegendarstellung genügt** dafür allerdings **nicht** (Damm/Rehbock, Rz. 274).

Die Redaktion muss den Sachverhalt selbst in irgend einer Form richtig stellen, Inhalt und Aufmachung einer Veröffentlichung müssen dies klar zum Ausdruck bringen (BGH NJW 1982, 1805). So kann zum Beispiel im Anschluss an eine Gegendarstellung ein **richtig stellender Zusatz** der Redaktion veröffentlicht werden, etwa: „Herr Müller hat Recht" (Löffler/Steffen, § 6 Rz. 290). Ein solcher Zusatz kann sogar im **Anschluss an einen Leserbrief** schon hilfreich sein, obwohl der nicht im selben Teil der Zeitung erscheint, in dem der ursprüngliche Bericht mit der falschen Tatsachenbehauptung erschienen war (OLG Düsseldorf AfP 1997, 711). Eine spätere Verpflichtung zur Veröffentlichung einer Berichtigung kann durch die Bestätigung der Redaktion, dass das Dementi des Betroffenen inhaltlich richtig ist, somit ausgeschlossen werden (OLG Köln AfP 1991, 427).

Eine weitere Korrektur-Möglichkeit ergibt sich für die Redaktion, wenn sie in der selben Sache schon zur **Unterlassung** verurteilt wurde. Sie kann dies ihren Lesern oder Zuschauern **redaktionell mitteilen**. Eine derartige Veröffentlichung kann den Widerruf ausschließen (BGH GRUR 1992, 527).

3. Empfehlungen für die Redaktion

Sobald nach einem Bericht Protest und Ansprüche vorgetragen werden, sollte intern **schonungslos aufgeklärt** werden, ob tatsächlich eine falsche Tatsachenbehauptung verbreitet wurde und wie schwer sie in das Persönlichkeitsrecht des Betroffenen eingreift. Ein Beispiel für eine schwere Verletzung ist die Behauptung, ein namentlich genannter Trainer der Fußball-Bundesliga habe sexuelle Verhältnisse mit Ehefrauen der von ihm trainierten Spieler (LG München ZUM 1998, 576). Keine schwere Verletzung ist dagegen die Behauptung, eine prominente Dame der Gesellschaft beabsichtige demnächst zu heiraten (OLG Hamburg NJW RR 1999, 1701).

In den Fällen schwerwiegender Fehler sollte der **Kontakt zum Verletzten** und die Einigung für eine schnelle Wiedergutmachung gesucht werden. Abgesehen von ethischen Überlegungen, dient die **schnelle Wiedergutmachung** nicht nur dem Verletzten zur **Schadenminderung**, sondern begrenzt auch den eigenen Schaden, der dem Medienunternehmen durch Image-Verlust und Prozesskosten entsteht. Häufig ergeben sich durch **Verhandlungen** sogar Lösungen, die für die Redaktion glimpflich und diskret sind, und für den Betroffenen sogar mehr Wert haben als der starre Text einer Gegendarstellung oder eines Widerrufs – z. B., wenn er ausführlich in einem Leserbrief seine Meinung sagen darf.

Das Ergebnis der internen Prüfung kann natürlich auch zugunsten der Redaktion ausgehen, wenn **zu Unrecht abgemahnt** und geklagt wird. Dann muss es die Zeitung auf das Ergebnis eines Gerichtsverfahrens ankommen lassen.

Informiert eine Redaktion ihre Leser oder Zuschauer über den Verlauf solcher Fälle, in denen das Gericht die Klage abgewiesen und die beanstandete Veröffentlichung für zulässig erklärt hat, muss dies nicht böses **redaktionelles Nachkarten** sein, sondern kann über journalistische Arbeit aufklären. Dies erscheint besonders angebracht, wenn „Medienprofis" wie Politiker zum Beispiel nach einer kritischen, aber zulässigen Berichterstattung öffentlich lautstark rechtliche Schritte androhen und vielleicht sogar vorläufigen Rechtsschutz durch eine Einstweilige Verfügung erhalten haben, die einer Überprüfung später aber nicht standhält.

G. Bildberichterstattung

Fotos, Filmaufnahmen, Zeichnungen und Karikaturen vermitteln dem Betrachter Informationen. Allein oder zusammen mit dem Begleittext geben sie Auskunft über Tatsachen oder sind Ausdruck einer Meinungsäußerung. Deshalb können auch Bilder falsche Tatsachen mitteilen, unzulässig Mitteilungen aus der Privatsphäre von Personen geben oder Menschen beleidigen. Was darf der Journalist also im Bild zeigen, was hat er zu bedenken?

I. Herstellen von Bildern

Das „Recht am eigenen Bild" gilt für die Abbildung von Personen und ist eine besondere Ausprägung des allgemeinen Persönlichkeitsrechts. Es ist geregelt im Kunsturheberrechtsgesetz (KunstUrhG), welches allerdings nur das Verbreiten, nicht die Herstellung von Bildern regelt. Die **Freiheit, Film- und Fotoaufnahmen herzustellen**, war in der Vergangenheit gesetzlich nicht eingeschränkt (Ausnahme: Gerichtsverhandlungen und militärische Anlagen, s. u.). Gesetzliche **Verbote**, das Filmen oder Fotografieren von Personen zu unterlassen, gab es nicht. Das hat sich mit der Einführung eines Straftatbestandes der „Verletzung des höchstpersönlichen Lebensbereichs durch Bildaufnahmen" (§ 201 a StGB) im August 2004 geändert. Hintergrund der Regelung sind die so genannten Spannerpraktiken von Personen, die Kameras an versteckter Stelle etwa in Hotelzimmern, Toiletten oder Umkleidekabinen installieren. Menschen, die auf solche Weise ausgespäht werden, sollen durch die Strafvorschrift in ihrem höchstpersönlichen Lebensbereich geschützt werden.

Was der Gesetzgeber nicht berücksichtigte: Ein solches Gesetz wirkt sich auch auf Fälle aus, in denen Menschen nicht als Voyeure, sondern – wie Fotografen und Kameraleute – von Berufs wegen mit einer Kamera unterwegs sind. Bildberichterstatter können ein **berechtigtes Interesse** daran haben, Bilder aus dem persönlichen Bereich herstellen und verbreiten zu dürfen, wenn ein öffentliches Interesse daran besteht. Fotografen und Kameraleute sollten straffrei bleiben, wenn die **Bedeutung der Information auf einem Bild** für die Unterrichtung der Öffentlichkeit und deren Meinungsbildung die Nachteile des Rechtsbruchs für den Abgebildeten überwiegt. § 201a StGB enthält für diese Fälle aber keinen ausdrücklichen Rechtfertigungstatbestand. Wie sich das Strafbarkeitsrisiko für Bildberichterstatter in Zukunft realisiert, ist ungewiss. Das Gesetz bietet nach Wortlaut und Systematik Abgrenzungsprobleme und Unsicherheiten für Kameraleute und Fotografen, aber auch für Redaktionen.

1. Höchstpersönlicher Lebensbereich

§ 201a StGB: Verletzung des höchstpersönlichen Lebensbereichs durch Bildaufnahmen

(1) Wer von einer anderen Person, die sich in einer Wohnung oder einem gegen Einblick besonders geschützten Raum befindet, unbefugt Bildaufnahmen herstellt oder überträgt und dadurch deren höchstpersönlichen Lebensbereich verletzt, wird mit Freiheitsstrafe bis zu einem Jahr oder mit Geldstrafe bestraft.

(2) Ebenso wird bestraft, wer eine durch eine Tat nach Absatz 1 hergestellte Bildaufnahme gebraucht oder einem Dritten zugänglich macht.

(3) Wer eine befugt hergestellte Bildaufnahme von einer anderen Person, die sich in einer Wohnung oder einem gegen Einblick besonders geschützten Raum befindet, wissentlich unbefugt einem Dritten zugänglich macht und dadurch deren höchstpersönlichen Lebensbereich verletzt, wird mit Freiheitsstrafe bis zu einem Jahr oder mit Geldstrafe bestraft.

(4) Die Bildträger sowie Bildaufnahmegeräte oder andere technische Mittel, die der Täter oder Teilnehmer verwendet hat, können eingezogen werden. § 74a ist anzuwenden.

Was sollten Bildberichterstatter beachten, wenn sie sich nicht strafbar machen wollen? Das Verbot gilt für Bilder, die vom Betroffenen in seinem **persönlichen Rückzugsbereich** – der Wohnung oder „einem gegen Einblick besonders geschützten Raum" – aufgenommen werden. An öffentlich zugänglichen Orten dagegen darf fotografiert werden, auch in Geschäfts- und Diensträumen. (BT-Drs. 15/2466, Begründung zum Gesetzentwurf) Unter das Verbot fallen demnach Aufnahmen in **Wohnhäusern und Gärten, in Gäste- und Hotelzimmern**.

Ob ein Nachtclub, in dem sich zum Beispiel ein Staatsoberhaupt mit einem Kriminellen trifft, als **„besonders gegen Einblick geschützter Raum"** oder als „öffentlich zugänglicher Ort" zu definieren ist, bleibt ungewiss. Wie der **Sichtschutz** aussieht, der die Grenze zwischen privatem und öffentlichem Raum zieht, weiß man nicht. Es ist damit zu rechnen, dass hier die Abgrenzung wie im Zivilrecht vorgenommen wird, wonach als privat auch gilt, wenn sich eine Person von der breiten Öffentlichkeit **„erkennbar abgeschieden"** an einer anderen Örtlichkeit außerhalb ihres Hauses aufhält. Das ist die Nische im Gartenlokal, könnte aber auch der Nachtclub sein.

Strafbar soll das Fotografieren in diesem Bereich nur sein, wenn es **„unbefugt"** ist, das bedeutet **ohne Einverständnis des Abgebildeten**, und wenn es den **„höchstpersönlichen Lebensbereich"** der abgebildeten Personen verletzt. Die Aufnahme muss demnach die Intimsphäre berühren, zu der die Bereiche **Krankheit, Tod, Sexualität und Nacktheit** gehören, darüber hinaus nach dem Willen des Gesetzgebers aber auch **Tatsachen aus dem Familienleben**, „wechselseitige persönliche Bindungen, Beziehungen und Verhältnisse innerhalb der Familie" (siehe BT-Drs. 15/2466).

Nicht nur **Paparazzi**, die das Liebesleben eines Prominenten ausleuchten, sind davon betroffen. Die Vorschrift berührt **investigative Recherche** bei der Aufdeckung von Missständen. Denkbar ist zum Beispiel, dass neben dem oben erwähnten – verheirateten – Staatsoberhaupt auch noch eine attraktive Dame sitzt. Damit wäre schon das Merkmal „persönliche Beziehung", somit der „höchstpersönliche Lebensbereich" im Sinne der Strafvorschrift berührt.

Das Beispiel verdeutlicht das rechtliche Dilemma: Den Fotografen und seine Redaktion interessiert die Dame gar nicht, sie würden sie im Falle der Veröffentlichung **pixeln**, von Interesse sind nur der Politiker und der Kriminelle auf dem Bild. Zivilrechtlich wäre die Veröffentlichung dieses Fotos gerechtfertigt und zulässig, der Fotograf aber verstößt mit der Aufnahme gegen § 201a StGB. Das Gleiche würde für die verdeckten Filmaufnahmen gelten, mit denen das ZDF zum Beispiel grobe Fälle von Kindesmissbrauch aufdeckte, oder mit denen die ARD-Sendung Kontraste Ärzte beim Dealen mit Methadon überführte.

Nicht eindeutig ist, ob sich neben dem Fotografen oder Kameramann auch der Redakteur strafbar macht, der **eine nach § 201 a StGB unbefugt hergestellte Aufnahme veröffentlicht**. Ob der Gesetzgeber mit dieser Vorschrift wirklich auch das **Verbreiten der Bilder** unter Strafe stellen wollte, ist zweifelhaft: Die neue Vorschrift wurde als Pendant zum § 201 StGB eingeführt, worin das unbefugte Aufzeichnen privater Gespräche unter Strafe gestellt wird. Die Formulierungen sind fast identisch. Dort wird aber das Veröffentlichen ausdrücklich erwähnt, so dass die fehlende Erwähnung bei § 201 a StGB zu dem Schluss führen muss, dass die Verbreitung durch die Redaktion, anders als bei verbotenen Wort-Mitschnitten, nicht unter Strafe stehen soll. Strafbarkeit wäre dann allenfalls nach dem bislang schon geltenden **§ 33 KUG** gegeben, diese Vorschrift würde jedenfalls die im KUG vorgesehenen Rechtfertigungsgründe berücksichtigen (siehe unten). Ob der Gesetzgeber dies meint, weiß man nicht. Wortlaut und Systematik des Gesetzes sind widersprüchlich und dadurch zusätzlich verunsichernd.

Das gleiche Problem stellt sich bei Bildern, die **ursprünglich mit Einwilligung** der Abgebildeten, also berechtigt, aufgenommen wurden und dann **unbefugt Dritten zugänglich gemacht** werden. Macht sich der Verantwortliche Redakteur einer Zeitschrift strafbar, wenn er die Swimmingpool-Bilder des Verteidigungsministers, die exklusiv nur für die BUNTE bewilligt worden waren, einfach übernimmt und ohne Einwilligung der abgebildeten Personen in einem kritischen Bericht abbildet? Ein solcher Fall gehört zum journalistischen Alltag. Ob er zur Anklage gebracht wird, bleibt abzuwarten.

Das Gesetz berücksichtigt nicht, dass Bildberichterstatter in der **Hektik eines aktuellen Ereignisses** keine Zeit haben, alle **Rechtsgüter gegeneinander abzuwägen**. Sie wissen im Moment der Aufnahme nicht, ob bei ruhiger Betrachtung wirklich die Interessen der Öffentlichkeit an Information überwiegen, sie können es nur vermuten. Redaktionen und Medienbetriebe, die Bildberichterstatter mit **Recherche** beauftragen, haben das Problem, ihre Kollegen in ein **strafrechtliches Risiko** zu schicken. Ob anschließend ein Strafverfahren folgt, ob Verurteilung droht oder die allgemeinen Rechtfertigungsgründe eventuell ausreichen werden, können auch sie vorher kaum abschätzen. Erst wenn die Aufnahmen vorliegen, kann realistisch eingeschätzt werden, ob eine **Chance auf Rechtfertigung** besteht und das Fotografieren straffrei bleibt.

Ein Verfahren nach § 201a StGB wird **nur auf Antrag** eingeleitet (§ 205 StGB). Dass diese Anträge voraussichtlich gerade in den Fällen gestellt werden, in denen **ertappte Machthaber** wegen des überwiegenden öffentlichen Interesses zivilrechtlich nicht vorgehen, dafür aber den Staatsanwalt aktivieren können, ist zu befürchten, Missbrauch der Vorschrift ebenso.

Schon nach bisher gängiger **Rechtsprechung** wurde der zivilrechtliche Schutz von fotografierten oder gefilmten Personen gewährleistet, ohne dass es auf eine Veröffentlichung der Bilder ankam. Das Anfertigen von Bildern ohne Verbreitungsabsicht kann bereits eine **Verletzung des Persönlichkeitsrechts** sein, die der Betroffene nicht in jedem Fall hinzunehmen hat. (BAG NJW 2003, 3436, Verdeckte Videoüberwachung). Nutzt ein Fotograf die Arglosigkeit einer Person aus, die sich im geschützten Bereich ihrer Privatsphäre unbeobachtet glaubt, greift er unzulässig in ihre **Privatsphäre** ein. Insbesondere, wenn er die Person mit den Bildaufnahmen überrascht und so **überrumpelt**, dass sich der Aufgenommene darauf nicht vorbereiten kann (BGH NJW 1996, 1128, 1130). Schon bei der Herstellung einer Personenaufnahme spielt die Frage eine Rolle, ob eine spätere Veröffentlichung eventuell das Recht des Fotografierten an seinem Bild verletzt (s. u.).

2. Beschlagnahme/Notwehr

Wird eine Person durch Fotografieren in ihren Persönlichkeitsrechten verletzt, kann sie **Notwehrrecht** geltend machen (§§ 32 StGB, 227 BGB i. V. m. „sonstigem Recht" nach § 823 Abs. 1 BGB und Recht am Bild).

Voraussetzung:
• Kenntnis des Betroffenen von unzulässiger Veröffentlichung
• unmittelbar bevorstehende Veröffentlichung
• eine anderweitige, rechtzeitige Hilfe ist nicht zu bekommen (Prinz/Peters, Rz. 817).

Privatpersonen dürfen zur Verhinderung von Aufnahmen handgreiflich werden und **Herausgabe des Films** verlangen, nicht aber die

Kamera zerstören. Sie können Aushändigung von Negativen verlangen und Vernichtung der rechtswidrig hergestellten Aufnahmen. Ihnen wird ein **Recht zur Selbsthilfe** (§ 229 BGB) auch dann zugebilligt, wenn nur die Verletzung des Persönlichkeitsrechts droht. Wenn sie sich allerdings irren, können sie nach § 231 BGB zum Schadensersatz verpflichtet sein.

Bei Fotoaufnahmen von **Polizeieinsätzen**, etwa bei Demonstrationen macht die Polizei immer wieder ein **Beschlagnahmerecht** geltend. Dies steht ihr aber nicht zu, weil die – nur zivilrechtlich verbotene – Verletzung des Rechts am eigenen Bild **keine strafbare Handlung** darstellt. Zwar kommt bei der bevorstehenden Veröffentlichung möglicherweise eine strafbare Handlung in Betracht (§ 33 KUG), die darf aber nicht schon allein aus der **grundsätzlich erlaubten Tätigkeit des Fotografierens** gefolgert werden. Strafbarkeit kann allenfalls vermutet werden, wenn **konkrete Anhaltspunkte** über gezielte Aufnahmen gegeben sind, die zu einer **gezielter Persönlichkeitsrechtsverletzung** führen könnten, in der Praxis dürfte dies aber kaum nachweisbar sein. In diesen Fällen kann es in den Grenzen des Polizeigesetzes, so der Verwaltungsgerichtshof Mannheim, Aufgabe der Polizei sein, durch geeignete Maßnahmen, notfalls auch durch eine Beschlagnahme des Bildmaterials, den Schutz aus § 22 KunstUrhG zu gewähren. „Ob im Einzelfall ein solcher Anlass besteht, hat die Polizei anhand der gesamten Umstände zu beurteilen" (NJW 2002, 629).

Nach Ansicht des OVG Saarland ist grundsätzlich von der **Rechtstreue des Fotografen** auszugehen, der **bei der Veröffentlichung** die Persönlichkeitsrechte (Anonymisierung) beachtet. Eine gezielte Aufnahme eines Polizisten kann zulässig sein, wenn an seiner Person ein besonderes Informationsinteresse entsteht, zum Beispiel wenn der Polizist sich durch besondere Gewaltanwendung hervortut (AfP 2002, 545). Es bleibt abzuwarten, wie sich die polizeiliche Beschlagnahmepraxis verändern wird, wenn es um Bilder aus dem geschützten Privatbereich geht, deren Aufnahme nun unter Strafe steht (§ 201a StGB).

Widersetzt sich ein Fotograf der Beschlagnahme, droht **Gewalt und Vernichtung** des gesamten belichteten Materials. Hierdurch sind den Fotografen in der Praxis nicht selten Sach- und Körperschäden entstanden. In der undurchsichtigen Hektik einer akuten Auseinandersetzung sollte deshalb möglichst Besonnenheit gewahrt werden.

Tipp: Um größeren Schaden zu vermeiden, zum Beispiel Vernichtung allen belichteten Materials, empfehlen sich im Konfliktfall vermittelnde Lösungen, manchmal sind sogar Zugeständnisse nötig, um nicht das gesamte Bildmaterial zu gefährden.

---

3. Zivilrechtliche Fotografierverbote

Grundsätzlich ist das Fotografieren von Sachen zulässig, es beeinträchtigt das Eigentum an der Sache nicht (BGH NJW 1989, 2251 – Friesenhaus). Allerdings muss der Fotograf beachten: Wenn er ein Haus fotografieren will, darf er das nur von einer **öffentlichen Straße** aus tun. Wenn er erst das Grundstück betreten muss, um eine Aufnahme machen zu können, kann der Eigentümer ihm dies verbieten (BGH NJW 1975, 778 – Tegel).

Das gilt erst recht für das **Innere eines Hauses**; da darf der Bewohner selbst bestimmen, ob sein persönliches Umfeld im Bild festgehalten wird (OLG Düsseldorf NJW 1994, 1971). Selbst wenn ein allgemeines **Interesse der Öffentlichkeit** besteht, ein Bauwerk auch von innen kennen zu lernen, etwa weil es künstlerisch bedeutsam ist, unter Denkmalschutz steht oder staatlich subventioniert wurde, muss der Eigentümer das Fotografieren im **Innenbereich** nicht gestatten. Das gilt insbesondere dann, wenn er der Öffentlichkeit selbst schon Bilder zur Verfügung gestellt hat (BGH NJW 1975, 778).

Nach dieser Regel darf z. B. der Eigentümer eines **Zoos**, eines **Museums** oder einer **Kirche** den Zutritt von Besuchern unter die Bedingung stellen, dass Fotos entweder gar nicht, nur gegen Entgelt oder nur für beschränkte Verwendung hergestellt werden (Soehring, Rz. 21.38).

Ein recherchierender Journalist, der die **räumliche Privatsphäre** verletzt, kann sich dabei auch nicht auf die Pressefreiheit berufen (OLG München AfP 1992,78).

Das Luftverkehrsgesetz verbietet Aufnahmen, soweit es um **militärische Sicherheitseinrichtungen** geht.

Nach § 169 Gerichtsverfassungsgesetz darf ein Gericht ein **Film-verbot** für **Gerichtsverhandlungen** anordnen. Der Grund liegt in der besonderen Funktion von Gerichtsverhandlungen, in denen es um unbeeinflusste Wahrheits- und Rechtsfindung geht und in der insbesondere ein Angeklagter eine exponierte Stellung einnimmt. Eine Störung durch Rundfunkberichterstattung könnte sich hier besonders empfindlich auswirken (BVerfG NJW 1995, 185). Grund für diese Einschränkung der freien Berichterstattung ist insbesondere die Unabhängigkeit der Gerichte und die unbeeinträchtigte Unbefangenheit der Verfahrensbeteiligten. Das Verbot gilt absolut, es ist im Hinblick auf Art. 5 GG trotzdem verfassungsgemäß (BVerfG AfP 1999, 256).

Ein generelles Fotografierverbot im Gerichtssaal, solange die **eigentliche Verhandlung** noch **nicht begonnen** hat, gibt es dagegen nicht, auch kein generelles Fotografierverbot für den **Umgebungsbereich der Sitzung** außerhalb der mündlichen Verhandlung, auch nicht im Wege des Hausrechts. Der **Persönlichkeitsschutz eines Angeklagten** erfordert dann kein völliges Verbot der Abbildung durch Film oder Foto, wenn der Angeklagte als Person der Zeitgeschichte eine solche Abbildung dulden muss (Honecker-Entscheidungen des BVerfG AfP 1992, 359 und AfP 1994, 213 „Schwere der Straftat"). Auch Richter und Schöffen einer Strafkammer stehen im Zusammenhang mit ihrem Amt „im Blickfeld der Öffentlichkeit unter Einschluss der Medienöffentlichkeit" (BVerfG NJW 2000, 2890).

Im Honecker-Prozess war wegen des Andrangs von Medienvertretern ein Pool gebildet worden, ein Kamerateam und zwei Fotografen durften vor Beginn der Hauptverhandlung im Sitzungssaal Aufnahmen machen, die dann allen Medien zur Verfügung standen.

II. Das Recht am eigenen Bild: § 22 Kunsturhebergesetz

KunstUrhG § 22: Bildnisse dürfen nur mit Einwilligung des Abgebildeten verbreitet oder öffentlich zur Schau gestellt werden. Die Einwilligung gilt im Zweifel als erteilt, wenn der Abgebildete dafür, dass er sich abbilden ließ, eine Entlohnung erhielt. Nach dem Tode des Abgebildeten bedarf es bis zum Ablauf von 10 Jahren der Einwilligung der Angehörigen des Abgebildeten. Angehörige im Sinne dieses Gesetzes sind der überlebende Ehegatte und die

Kinder des Abgebildeten, und wenn weder ein Ehegatte oder Kinder vorhanden sind, die Eltern des Abgebildeten.

Geschützt nach § 22 KunstUrhG sind sämtliche Abbildungen, die Personen erkennbar wiedergeben, nicht nur Fotos, auch Filmaufnahmen, Zeichnungen und Karikaturen gehören dazu. Auf die Art der Abbildung kommt es nicht an. Die Schutzrechte gelten für jedermann (BGH NJW 1995, 1955). Werden sie verletzt, kann der Abgebildete Abwehransprüche und gegebenenfalls Geldansprüche geltend machen, auch eine Strafverfolgung wegen vorsätzlicher unberechtigter Verbreitung oder Zurschaustellung eines Bildnisses ist denkbar (§ 33 KunstUrhG).

1. Erkennbarkeit

Die abgebildete Person ist nicht erst dann erkennbar, wenn ihre **Gesichtszüge** zu sehen sind. Vielmehr kann sie auch durch **besondere Merkmale** zu erkennen sein, wobei es nicht darauf ankommt, welche dies sind (BGH NJW 2000, 2201). So kann jemand von **rückwärts** aufgenommen worden sein, und trotzdem als Torwart in Aktion erkennbar sein (BGH NJW 1979, 2205). Es genügt, dass die abgebildete Person **innerhalb ihres Bekanntenkreises** erkennbar wird (OLG Karlsruhe AfP 2002, 42).

Bei einem **Nacktfoto**, das ohne Einwilligung gemacht wurde, ist die Verbreitung auch ohne Erkennbarkeit rechtswidrig, weil die Möglichkeit besteht, dass die Anonymität gelüftet wird (BGH NJW 1974, 1974; OLG Stuttgart AfP 1987, 693).

2. Einwilligung

Eine Veröffentlichung ist grundsätzlich nur mit Einwilligung des Abgebildeten zulässig (§ 22 KUG):
- Die Einwilligung gilt als erteilt, wenn der Abgebildete Honorar kassiert.
- Nach dem Tod des Abgebildeten bedarf es innerhalb von 10 Jahren der Einwilligung seiner Angehörigen.

Grundsätzlich reicht die Einwilligung zur Veröffentlichung eines Bildes nur so weit, wie „der mit der Einwilligung verfolgte **Zweck**" (Löffler/Steffen § 6 LPG, Rz. 127).

In der Praxis problemlos sind die Fälle, in denen jemand **nachweisbar** in die Bildveröffentlichung einwilligt, etwa durch eine **schriftliche Erklärung** oder durch **Entgegennahme eines Honorars** (§ 22 Satz 2 KUG). Im normalen Redaktionsalltag sind solche Fälle eher selten. Gespräche mit den Fotografierten sind oft gar nicht möglich. Häufig lassen sich Menschen bereitwillig ablichten und äußern sich dazu weder zustimmend noch ablehnend.

Eine Einwilligung muss grundsätzlich auch nicht ausdrücklich, sie kann durchaus **stillschweigend** erklärt werden (BGH GRUR 1996, 195). Wer allerdings nur die Aufnahmen über sich ergehen lässt und sich nicht gegen das Fotografieren oder Filmen wehrt, hat damit keineswegs sein Einverständnis erklärt (OLG Hamburg AfP 1991, 626). Auch wenn der Fotograf mit vielen Kameras behängt und somit als Pressemann erkennbar ist, gilt nichts anderes.

Der Bildreporter muss in jedem Fall zumindest **unmissverständliche Anhaltspunkte** dafür erkennen, dass der Abgebildete mit der Veröffentlichung **einverstanden** ist. Dies schließt ein, dass dem Betroffenen **Zweck und Umfang** der Veröffentlichung **bekannt** ist.

Beispiel: Wer sich bei seiner Hochzeit vor der Kirche ausgiebig fotografieren lässt, muss nicht davon ausgehen, dass er und seine Braut am nächsten Morgen in der Zeitung erscheinen. Ein Mannequin dagegen, das bei einer örtlichen Modenschau auftritt, rechnet mit Bildberichterstattung in der Tagespresse und willigt ein, so dass es keine Einwände gegen eine Abbildung in der Zeitung haben kann (OLG Koblenz GRUR 1995, 771; ebenso LG Düsseldorf AfP 2003, 469).

a) Einwilligung durch Dritte

Zu Missverständnissen über die notwendige Einwilligung kommt es immer wieder, wenn die Abgelichteten mit **Behörden, Organisationen** oder **Anstalten** zu tun haben, und der Fotograf sich vorher nur mit Vertretern dieser Stellen verständigt hat. Er glaubt vielleicht, mit der Erlaubnis, hausintern recherchieren und fotografieren zu dürfen, auch die Einwilligung der dort tätigen oder auftretenden Personen zu haben.

Die **Erlaubnis einer Gefängnisleitung** etwa, in der Anstalt Aufnahmen zu machen, **ersetzt** aber **nicht die Einwilligung** jedes einzelnen Häftlings (LG Köln AfP 2002, 343). Wer von einer Schulleitung eingeladen wird, auf dem Schulhof und in den Klassen zu fotografieren, hat noch nicht die Rechte der Kinder gesichert. Gleiches gilt für Aufnahmen in Arbeitsämtern, Sozialeinrichtungen oder Polizeidienststellen: Die Einwilligung des Einzelnen muss gesondert eingeholt werden.

> **Tipp:** Der Journalist kann den Behördenleiter vorab bitten, diese Einwilligung **stellvertretend** bei den einzelnen Personen für ihn **einzuholen**.

Zu bedenken ist schließlich noch, dass **Minderjährige** eine solche Einwilligung gar nicht erteilen können – nur das Wort des gesetzlichen Vertreters zählt. Ein vorübergehend in seiner Geschäftsfähigkeit Behinderter, wie zum Beispiel ein Volltrunkener, oder ein geistig Gestörter kann überhaupt nicht wirksam einwilligen, weil er nicht in der Lage ist, die Reichweite seiner Erklärung zu erfassen (OLG Frankfurt NJW 1987, 1087).

Beispiel: Eine Frau erschlug ihre 80-jährige Mutter, sie kam in Haft. Die Kripo erlaubte einem Fernsehreporter, mit der Täterin zu sprechen, ein Kameramann war dabei. Die Frau ließ die Aufnahmen zu. Der Bericht wurde im Fernsehen gesendet, die Frau verlangte anschließend Schmerzensgeld. Das Landgericht Köln gab ihr Recht und sprach ihr 10.000 € zu: Die Aufnahmen von der Straftäterin hätten nicht verbreitet werden dürfen. Das Gericht lastete den Fernsehredakteuren, die sich der Frau nicht einmal bekannt gemacht hatten, als Verschulden an, dass sie sich das Einverständnis nicht ausdrücklich hatten erklären lassen, sich stattdessen auf die behördliche Drehgenehmigung verlassen hatten und dass ihnen sogar klar erkennbar war, dass die Frau „total durcheinander" gewesen sei. Es fehlte an der notwendigen Einwilligung, die Frau galt als psychisch krank (AfP 2002, 343).

b) Widerruf der Einwilligung

Grundsätzlich bindet die Einwilligung den Abgebildeten in dem Umfang, in dem sie erteilt wurde. Das heißt je nach Vereinbarung, Abbildung in einer Zeitung, einer Zeitschrift oder einer Fernsehsendung, die ausdrücklich benannt wurde, in bestimmtem oder unbestimmtem Kontext, zum einmaligen oder mehrfachen Verbreiten. Die Einwilligung kann als nichtig erklärt werden, wenn sie zum Beispiel **durch Täuschung erschlichen** wurde oder wenn andere Anfechtungsgründe nach §§ 119 ff. BGB vorliegen (LG Köln AfP 1989, 766).

Ohne solche Rechtsverletzung durch den Journalisten oder Fotografen ist nach Ablauf einer gewissen Zeit die Einwilligung ebenfalls **widerrufbar.** Das ist dann möglich, wenn sich im Bereich des Einwilligenden die **Voraussetzungen geändert** haben, unter denen er der Veröffentlichung ursprünglich zugestimmt hatte (z. B. Aktfotos). Diese Möglichkeit gewähren Gerichte dem Betroffenen nach dem Grundsatz der **„gewandelten Überzeugung",** der in Anlehnung an § 42 Urheberrechtsgesetz herangezogen wird (LG Köln AfP 1996, 186; OLG München NJW-RR 1990, 999; Wenzel, Rz. 7.45; Helle, AfP 1985, 93, 100). Zwar ergibt sich daraus für Medien die Unsicherheit, nicht wie üblicherweise im Rechtsverkehr auf den **Bestand einer rechtmäßigen Vereinbarung** vertrauen zu können. Zur Begründung für diese Benachteiligung wird in den Entscheidungen darauf abgestellt, dass der Schutz der Persönlichkeitsrechte hier höher rangiert, als das Vertrauen der Medien auf den Bestand der einmal erteilten Einwilligung.

In Fällen, in denen allerdings entgeltliche Verträge geschlossen wurden und Medien aufwendige Produktionen im Vertrauen auf die Einwilligung realisiert haben, wird im Einzelfall besonders zu prüfen sein, ob der Grundsatz ohne weiteres anwendbar ist. Eine **Entschädigung des Vertrauensschadens** nach § 122 BGB ist möglich (AG Charlottenburg AfP 2002, 172). Es ist völlig legitim, wenn sich eine Redaktion auf den Standpunkt stellt, „pacta sunt servanda" und die Verbreitung der Aufnahme verteidigt. Das Prozessrisiko lässt sich im Einzelfall auch daran bemessen, wie stark der Bericht die Persönlichkeitsrechte berührt.

III. Ausnahmen nach § 23 KUG

Das Verbreiten von Personen-Bildnissen kann unter bestimmten, vom Gesetz aufgezählten Bedingungen auch ohne Einwilligung des Abgebildeten zulässig sein.

KunstUrhG § 23 – Recht am eigenen Bild, Ausnahmeregelungen
(1) Ohne die nach § 22 erforderliche Einwilligung dürfen verbreitet und zur Schau gestellt werden:

1. Bildnisse aus dem Bereiche der Zeitgeschichte;
2. Bilder, auf denen die Personen nur als Beiwerk neben einer Landschaft oder sonstigen Örtlichkeit erscheinen;
3. Bilder von Versammlungen, Aufzügen und ähnlichen Vorgängen, an denen die dargestellten Personen teilgenommen haben;
4. Bildnisse, die nicht auf Bestellung angefertigt sind, sofern die Verbreitung oder Schaustellung einem höheren Interesse der Kunst dient.

(2) Die Befugnis erstreckt sich jedoch nicht auf eine Verbreitung und Schaustellung, durch die ein berechtigtes Interesse des Abgebildeten oder, falls dieser verstorben ist, seiner Angehörigen verletzt wird.

1. Bilder aus dem Bereich der Zeitgeschichte

Personen der Zeitgeschichte sind Menschen, die nicht erst durch ein bestimmtes Ereignis in den Blick der Öffentlichkeit geraten, sondern ihr aufgrund Geburt, gesellschaftlicher Stellung oder Leistungen angehören, zum Beispiel Mitglieder von Königshäusern, Künstler Sportler, Politiker. Die richtige Zuordnung ist in Einzelfällen schwierig: Prinzessin Caroline gilt als „absolute" Person der Zeitgeschichte, ihr Ehemann, Prinz Ernst August, nur als „relative" (siehe im Einzelnen BVerfG NJW 2001, 1921).

Relative Personen der Zeitgeschichte sind Personen, die erst in Verbindung mit einem Ereignis öffentliches Interesse auf sich ziehen, und zwar im sachlichen und räumlichen Zusammenhang mit dem jeweiligen zeitgeschichtlichen Ereignis.

Ein Mann wird allerdings nicht deshalb zur Person der Zeitgeschichte, weil er zwei bekannte TV-Moderatorinnen ehelichte (LG Berlin AfP 2004 68).

Die Berechtigung zur Bildveröffentlichung gilt nur, solange das Interesse der Öffentlichkeit hieran andauert (Aktualität). Die am Ereignis beteiligten Personen dürfen auch durch ein Foto gezeigt werden, das bei anderer Gelegenheit zustande gekommen ist, solange dies „kontextneutral" ist (Portraitfoto – BVerfG NJW 2001, 1921).

a) Straftäter und Prozessbeteiligte

Beteiligte an Strafprozessen (Täter, Zeugen, Richter, Verteidiger) können unter besonderen Umständen relative Personen der Zeitgeschichte sein. Darf derjenige, der seine Mutter erschlägt, aber immer ohne Einwilligung abgebildet werden?

Das Problem ist: Über eine **Tat selbst** darf berichtet werden, die Veröffentlichung von **Bildern** der Täter oder Verdächtigten unterliegt dagegen **besonderen Regeln**. Die betreffenden Personen sollen nicht an den Pranger gestellt werden: Deshalb gilt der Grundsatz: Niemand wird allein durch eine Straftat oder ein Strafverfahren zur „Person der Zeitgeschichte", die **ohne weiteres** abgebildet werden darf. Ein Mord etwa, bei dem weder Täter noch Opfer in der Öffentlichkeit bekannt sind, rechtfertigt allein noch nicht, den Täter identifizierbar abzubilden. Immer müssen die Umstände des Einzelfalles berücksichtigt werden: die Schwere der Tat, die Bedeutung des Betreffenden in der Öffentlichkeit, die Person des Täters oder Einzelheiten, die den Fall deutlich aus dem Kreis der alltäglichen Kriminalität herausheben (BVerfG NJW 1973, 1226 – Lebach I).

So erklärte zum Beispiel das OLG Frankfurt die öffentliche Abbildung eines Mannes für zulässig, gegen den wegen Bildung einer kriminellen Vereinigung, illegalen Glücksspiels und Steuerhinterziehung ermittelt wurde. Der Mann hatte, so das Gericht, in seiner Stadt „Stellung und Einfluss". Auch ein **Klinikarzt**, der wegen Kokainhandels zu vier Jahren Freiheitsstrafe verurteilt wurde, durfte nach Ansicht des Landgerichts Berlin in der Presse abgebildet werden (NJW 1986, 1256). Das Landgericht Köln hielt die identifizierende und mit Bildveröffentlichung begleitete Berichterstattung über das Strafverfahren gegen einen hohen **Bank-Manager** wegen Kindesmissbrauchs für zulässig, er habe sich erhebliches strafbares Verhalten zuschulden kommen lassen (AfP 2003, 563).

Richter und Schöffen stehen Kraft des ihnen übertragenen Amtes und ihrer Teilnahme an öffentlichen Sitzungen der Strafkammer im Blickfeld der Öffentlichkeit. Dies schließt, so das Bundesverfassungsgericht, die Medienöffentlichkeit ein. Sie müssen deshalb Filmaufnahmen hinnehmen (NJW 2000, 2890).

Zeugen eines Prozesses, die nicht selbst aktiv tätig geworden sind, können allenfalls **ausnahmsweise** als Personen der Zeitgeschichte angesehen werden, zum Beispiel, wenn sie selbst eine Rolle von zeitgeschichtlicher Bedeutung spielen. Das gilt sogar dann, wenn sie in einem spektakulären Ermittlungsverfahren auftreten. Tatzeugen genießen einen höheren Schutz als Beschuldigte (LG Berlin AfP 2004, 68).

b) Unglücks- und Verbrechensopfer

Für Verbrechensopfer gilt besonderer Schutz. Bei spektakulären Straftaten zählten Gerichte vereinzelt auch Verbrechensopfer zu den relativen Personen der Zeitgeschichte. So wurde es als zulässig angesehen (OLG Hamburg NJW 1975, 649), dass das Opfer einer Geiselnahme während des sichtbaren Abtransports zum Fluchtauto des Geiselnehmers und später im Zusammenhang mit seinem Zeugenauftritt im Strafprozess fotografiert werden durfte. Der Deutsche Presserat dagegen hob in einer Entscheidung hervor, dass Opfer von Straftaten Anspruch auf ganz besonderen Schutz der Privatsphäre hätten, und sprach wegen der Veröffentlichung von Fotos einer ermordeten Frau eine Rüge aus (Jahrbuch 2002, 102). Auch wenn der Fall in der Regionalpresse großes Aufsehen erregt hatte, sei die Ermordete, sie war Frau eines Arztes, keine Person der Zeitgeschichte.

Spektakuläre Verbrechen, Unfälle oder in aller Öffentlichkeit begangene Selbsttötungen sind in der Regel **zeitgeschichtliche Ereignisse**, die ein berechtigtes Berichterstattungsinteresse auslösen. Der Presserat verlangt aber, so in seiner Entscheidung über Berichte nach dem Concorde-Absturz in Paris, **zusätzliche „besondere Merkmale"**, die in den beteiligten **Personen selbst** liegen, um eine uneingeschränkte Preisgabe ihrer Bildnisse rechtfertigen zu können. Das könne beispielsweise eine aktive Rolle im Unglücksgeschehen oder eine Rolle im öffentlichen Leben sein. Allein die Tatsache, dass eine Person Opfer einer Flugkatastrophe ist, verringert nicht den Schutz ihrer Privatsphäre und lässt das öffentliche Interesse nicht überwiegen (Jahrbuch 2001, 180). Das OLG Düsseldorf teilt diese grundsätzliche Beurteilung: „Die Abbildung von individuellen Opfern eines Unglücksfalls ist generell nicht gerechtfertigt" (AfP 2000, 574).

c) Leichenfotos

Noch strenger sind Presserat und Gerichte, wenn es um den Abdruck der Fotografie eines Toten geht. Der Presserat rügte eine Zeitung wegen der Abbildung der Leiche eines ertrunkenen Kindes als unangemessen sensationelle Darstellung. Die ohnehin schon extrem belasteten Eltern würden ein zweites Mal zu Opfern und in ihren Gefühlen tief verletzt. (Jahrbuch 2001, 170)

Nach einer Entscheidung des Oberlandesgerichts Düsseldorf kann die Abbildung eines Toten sogar zu Schmerzensgeldansprüchen für die Hinterbliebenen führen. Unter der Überschrift „Lebendig begraben" hatte eine Zeitung das Foto eines Mannes abgedruckt, der bei einem Arbeitsunfall tödlich verunglückt war. Er war in einer Baugrube verschüttet worden und erstickt. Auf dem Foto war das Gesicht des Mannes mit weit aufgerissenem Mund zu erkennen. Das **Unglück**, so das Gericht, lasse den Mann **nicht zur relativen Person** der **Zeitgeschichte** werden, die Bildveröffentlichung sei nicht gerechtfertigt. Obwohl der Artikel nicht reißerisch oder rufschädigend, sondern eher mitleiderregend war, und obwohl das sandverkrustete Gesicht des Toten nur für Eingeweihte wirklich identifizierbar war, sah das Gericht „die **Schamgrenze** in nicht mehr hinnehmbarer Weise verletzt". Der Mensch könne in seinem Tod grundsätzlich Achtung und Zurückhaltung seitens der Medien beanspruchen, so das Gericht. Dieses Foto mache den Tod des Mannes drastisch deutlich. „Die Veröffentlichung des tödlich verunglückten Ehemannes verletzt die **Privatsphäre der Ehefrau**, die darin ihren Ausdruck findet, mit der Trauer um ihren verstorbenen Ehemann für sich zu bleiben, insoweit sich selbst zu gehören." (OLG Düsseldorf AfP 2000, 574) Die Zeitung wurde verurteilt, der Ehefrau 8.000 DM Schmerzensgeld zu zahlen.

Diese Schamgrenze sah das LG Berlin in einem anderen Fall noch nicht überschritten, in dem es um die Veröffentlichung des Fotos einer verunglückten Frau ging. Zu sehen waren Rettungssanitäter bei der Reanimierung, von der Verunglückten sah man deren nackten Bauch, nicht das Gesicht. Anders als in dem vom OLG Düsseldorf (a.a.O.) entschiedenen Fall wurde der Tod der Frau durch das Foto nicht so schockierend dargestellt, dass eine Geldentschädigung erforderlich wäre (AfP 2002, 540).

d) Begleiter als relative Personen der Zeitgeschichte

Begleiter von absoluten Personen der Zeitgeschichte, soweit sie sich gemeinsam der **Öffentlichkeit zeigen**, sind **für diesen Moment** relative Personen der Zeitgeschichte (BVerfG NJW 2001, 1921). Das kurze Zusammensein genügt nicht, z. B. ein Journalist interviewt einen Prominenten (OLG Hamburg AfP 1997, 535), es muss sich um

Ehepartner, Lebensgefährten oder „vertraute Begleiter" handeln (Prinz/Peters, Rz. 856). Vorraussetzung ist aber, dass das Bild **im Zusammenhang mit einem Ereignis** gezeigt wird, an dem das öffentliche Interesse höher wiegt als das Persönlichkeitsrecht der Begleitperson. Das ist nicht der Fall, wenn sich der Beitrag nur mit dem Aussehen der Begleitperson befasst (BGH NJW 2004, 1795). Ohne Einwilligung der Begleitperson ist die Verbreitung des Bildes unzulässig, auch wenn es bei einem vorausgegangenen zeitgeschichtlichen Ereignis entstanden ist. Nicht ausgeschlossen ist aber, dass das Foto bei einem späteren Ereignis wieder veröffentlicht werden darf. Die Verbreitungsbefugnis beschränkt sich nicht auf das Ereignis, bei dem das Foto entstand (BGH NJW 2004, 1795).

Die „Verbrecherbraut", Begleiterin eines Straftäters, über den mit Bild berichtet werden darf, gehört nicht dazu, auch nicht durch eine enge Beziehung zur Person der Zeitgeschichte.

2. Personen – Beiwerk in der Landschaft

Diese Ausnahme (§ 23 Abs. 1 Nr. 2 RuG) gilt für Bilder, deren **Gesamteindruck** durch die abgebildete Umwelt (Landschaft, Straße, Gebäude, Innenraum usw.) bestimmt wird. Die Personen erscheinen darauf nur zufällig, sie können auch die Funktion haben, die Lebendigkeit der Gesamtdarstellung beiläufig zu erhöhen.

Entscheidend ist die **Unterordnung der Personenabbildung** unter die Gesamtdarstellung in einem solchen Ausmaß, dass die Personenabbildung auch entfallen könnte, ohne den Gegenstand und den Charakter des konkreten Bildes zu verändern (OLG Oldenburg GRUR 1989, 344).

Eine Person, die zufällig neben Personen der Zeitgeschichte auf einem Bildnis abgebildet wurden, ist kein Beiwerk, sondern bleibt Privatperson mit vollem Recht am eigenen Bild. Zeigt das Bild die Person der Zeitgeschichte in ihrem öffentlichen Leben, wird man in der Regel die stillschweigende Einwilligung der daneben abgebildeten Privatperson annehmen können.

3. Bilder von Versammlungen, Aufzügen und ähnlichen Vorgängen

Nach § 23 Abs. 1 Nr. 3 dürfen ebenfalls ohne Einwilligung verbreitet werden „Bilder von Versammlungen, Aufzügen und ähnlichen Vorgängen, an denen die dargestellten Personen teilgenommen haben." In dieser Form der Bildberichterstattung geht es um die Darstellung eines **Geschehens**, das sich in der Öffentlichkeit abspielt. Wer an solchen Veranstaltungen teilnimmt, **muss damit rechnen**, dass er auf Bildern von der Veranstaltung abgebildet wird.

a) Versammlungen

Versammlungen sind Demonstrationen, Protestveranstaltungen (Sit-Ins), Sportveranstaltungen, Karnevalsumzüge, zu denen **öffentlich eingeladen** wurde. Private Geburtstagsfeiern, Hochzeiten und Empfänge gehören deshalb nicht dazu. Allerdings bedeutet der Begriff der Öffentlichkeit nicht, dass jedermann Zugang zu der Veranstaltung haben muss, deshalb kann auch die Feier einer eingeladenen **Hochzeitsgesellschaft**, die unter den Augen der Öffentlichkeit stattfindet, dazu gehören (Wenzel, 8 Rz. 49).

Beerdigungen gelten als private Veranstaltungen, es sei denn, sehr bekannte Personen werden beigesetzt oder es geht um ein Opfer eines vielbeachteten Verbrechens (zu Großaufnahmen der Trauernden: siehe unten unter Berechtigtes Interesse). So durfte eine Fernsehanstalt nicht im Rahmen eines Dokumentarfilmes „Die Stadt als Lebensraum" einen Trauerzug zeigen, das Landgericht Köln gab dem Recht der Trauergemeinde, in ihrer Trauer vom Fernsehpublikum unbeobachtet zu bleiben, den Vorrang (AfP 1994, 246).

Hinsichtlich der reinen Anzahl ist eine Menschenansammlung dann eine Versammlung im Sinne des KUG, wenn die Menge so groß ist, dass der Einzelne sich nicht mehr aus ihr heraushebt. Die Grenze wird bei **zwölf Personen** gesehen (Prinz/Peters, Rz. 872).

b) „Ähnliche Vorgänge"

Probleme bereiten in der Praxis der Bildberichterstatter Menschenansammlungen, die nicht dem klassischen Begriff der Demonstration o. Ä. zuzuordnen sind. Die Journalisten gehen meistens von der Faustregel aus, dass einwilligungsfrei fotografiert werden darf, sobald eine „Hand voll" Menschen beieinander steht. Auch hier sollte der Fotograf aber differenzieren.

Entscheidend für die **Einordnung eines Geschehens** unter den Begriff „ähnliche Vorgänge" ist, dass die Beteiligten des Geschehens, den **kollektiven Willen** haben, etwas **gemeinsam** zu tun. Zwar ist nicht erforderlich, dass diese Personen sich zu einem Vorgang geplant zusammengefunden haben, doch ist es jedenfalls notwendig, dass die Mehrzahl von ihnen sich „von einem gemeinsamen Willen tragen lassen". Das trifft zu für Teilnehmer einer kirchlichen Diskussionsveranstalltung. (OLG Köln, Az. 15 U 36/94) Fahrgäste der Straßenbahn, Wartende vor dem Arbeitsamt, Sonnenbadende auf der Wiese haben diesen Willen dagegen nicht (OLG München NJW 1988, 915). Diese Fälle sind eher dadurch gekennzeichnet, dass Personen, die sich nicht kennen, **unabhängig voneinander**, aber gleichzeitig in einer Warteschlange stehen, in einem öffentlichen Park sonnenbaden oder **zufällig gemeinsam** ein Verkehrsmittel benutzen.

Gleiches dürfte für Bilder gelten, die immer wieder zur Illustration alltäglicher Berichterstattung benötigt werden: Saisoneröffnung im Schwimmbad, Bilder aus der örtlichen **Diskothek,** aus der Musical- oder **Theatervorstellung**, von der öffentlich ausgerufenen **Single-Party**. Auch hier ist jeweils die Frage zu stellen, ob diese privaten Tätigkeiten von einem gemeinsamen **Willen** der Teilnehmer getragen werden, etwas **gemeinsam** in der **Öffentlichkeit** zu tun. Wollen die Teilnehmer etwas miteinander zu tun haben? Wollen sie miteinander kommunizieren? Sind sie da, weil auch andere da sind? Verfolgen sie ein gemeinsames Ziel? Oder ist die Anwesenheit anderer nur ein Zufall?

Unabhängig von anderen Besuchern will der Theatergast die Darbietungen erleben, gleichgültig, ob andere dabei sind. Für die Premierenfeier dagegen mag dies wieder anders aussehen, denn sie wird in der Regel wohl nicht der Vorstellung wegen sondern wegen des **gemeinsamen gesellschaftlichen Auftritts** der Gäste besucht. Wer aber ins Schwimmbad geht, will in erster Linie die **Einrichtungen des Badebetriebes nutzen**. Auch Schwimmbadbesucher begegnen einander eher zufällig und unabhängig voneinander. Anders könnte zu entscheiden sein, wenn das Schwimmbad zu einem besonderen Ereignis, etwa einem Tag der offenen Tür oder zu einem Wettbewerb einlädt. Und die von der örtlichen Zeitung veranstaltete Fahrrad-Rallye ist ein gemeinschaftliches Ereignis, das Bildberichterstattung mit sich bringt.

c) Ausschnitte und Vergrößerungen

Bei den Aufnahmen, die unter diesen Ausnahmetatbestand fallen, muss es um den repräsentativen Eindruck vom **Gesamtgeschehen** gehen, nicht gezielt um einzelne Personen. Werden die in der Abbildung besonders hervorgehoben, verliert der Bildberichterstatter seine Berechtigung nach der gesetzlichen Ausnahmeregelung. Das **„Herausschießen" von einzelnen Gesichtern** ist nicht zulässig und von der Ausnahmeregelung nicht gedeckt, ein Foto ohne Einwilligung verbreiten zu dürfen. So dürfen Fernsehaufnahmen von einem Fußballspiel zum Beispiel nicht einzelne Personen heran zoomen, um deren Reaktion nach einem Tor besonders herauszustellen (Schricker, § 23 KUG, Rz. 22).

Das Herausstellen von Einzelpersonen ist allenfalls erlaubt, wenn diese durch **besondere Handlungen** aus dem Rahmen fallen. Sie ziehen die Aufmerksamkeit auf sich, um aufzufallen, damit willigen sie möglicherweise in Bildaufnahmen ein. **Vorsicht** ist aber geboten, wenn es um die **richtige Einordnung** solcher Handlungen geht. So hatte das OLG Köln (Az. 15 U 36/94) die heftigen und lautstarken Diskussionsbeiträge von Sektenmitgliedern während einer kirchlichen Diskussionsveranstaltung nicht als außergewöhnliches Verhalten eingestuft, das deren porträtmäßige Aufnahme gerechtfertigt hätte.

Das Geschehen kann andererseits nicht immer komplett im Bild erfasst werden. Es genügt deshalb, wenn die Aufnahme für die Veranstaltung noch **repräsentativ** ist (OLG Hamburg ZUM 1990, 244).

4. Berechtigtes Interesse des Abgebildeten

Die Befugnis zur Bildveröffentlichung erstreckt sich jedoch nicht auf eine Verbreitung, durch die ein berechtigtes Interesse des Abgebildeten, oder falls der verstorben ist, seiner Angehörigen, verletzt wird (§ 23 Abs. 2 KUG). Eine solche Verletzung kann sich ergeben durch:

Das **redaktionelle Umfeld** – Vorgänge, mit denen der Abgebildete nichts zu tun hat, zum Beispiel das Bild eines Tänzers in der Disco zum Berichtsthema „Aids-Ansteckungsort Disco" oder zum Thema „Drogen".

Bildunterzeilen können das berechtigte Interesse des Abgebildeten verletzen, z. B. die Bezeichnung als „Mafia-Mörder".

Die Verwendung von Pressebildern zu **Werbezwecken** verletzt das Interesse der Abgebildeten (BGH NJW 1958, 827). Eine Ausnahme besteht, wenn auf der Titelseite einer Zeitschrift Bilder aus dem Innenteil erscheinen und mit einem Foto der Titelseite die **aktuelle Ausgabe beworben** wird. Für ein **Presseerzeugnis,** das über eine absolute Person der Zeitgeschichte berichtet, darf unter Verwendung eines Bildnisses dieser Person geworben werden (BGH AfP 2002, 435 – Marlene Dietrich). Bei diesem Bild muss es sich grundsätzlich nicht um dasselbe handeln, welches im Rahmen der Berichterstattung verwendet wird. Wenn ein anderes Foto allerdings zu einer zusätzlichen Beeinträchtigung des Persönlichkeitsrechts führt, muss der Betroffene dies nicht hinnehmen, so zum Beispiel, wenn das Motiv besonders unvorteilhaft ist, der Abgebildete in unglücklicher Situation aufgenommen wurde oder das Bild aus dem Kontext gerissen und dadurch verfälscht wurde. Auch der Eindruck, der Abgebildete identifiziere sich mit dem beworbenen Produkt, darf nicht erweckt werden.

Auch **Personen der Zeitgeschichte** müssen grundsätzlich nicht dulden, dass von ihnen innerhalb ihrer **privaten Umgebung** ohne ihr Wissen und gegen ihren Willen Bildaufnahmen zum Zwecke der Veröffentlichung angefertigt werden. Dies gilt nicht nur für die Personen selbst, sondern auch für den Bereich des persönlichen Lebens, der die Personen umgibt (Wohnung). Eventuell ist aber ein ernsthaftes Informationsinteresse nicht auszuschließen.

Der Schutz prominenter Personen – etwa vor Paparazzi – ist nicht auf ihren häuslichen Bereich beschränkt; vielmehr umfasst er auch solche Situationen, in denen sich der Abgebildete „in eine **örtliche Abgeschiedenheit** zurückgezogen hat, in der er objektiv erkennbar für sich allein sein will, und in der er sich so verhält, wie er es in der breiten Öffentlichkeit nicht tun würde" (BGH NJW 1996, 1129). Gegenstand des Verfahrens vor dem Bundesgerichtshof waren u. a.

Fotos, die Prinzessin Caroline mit ihrem damaligen Begleiter in einem Gartenlokal in vertrauter Pose zeigten.

Im Urteil vom Dezember 1999 bestätigt das Bundesverfassungsgericht diese Einschätzung, stellt aber klar, dass dies nur der **Ausnahmefall** sein kann. Auf den bloßen Willen des Prominenten, allein zu sein, komme es nicht an. Geht die **Prinzessin** über einen belebten Markt, sitzt sie in einem gut besuchten Lokal, reitet auf einem Pferd oder fährt Fahrrad, kann sie sich kaum gegen Fotos und deren Verbreitung wehren. Der Europäische Gerichtshof für Menschenrechte (EGMR) hat diese Rechtsprechung deutscher Gerichte in einem Grundsatzurteil vom 24. Juni 2004 gerügt (Az. 59320/00, NJW 2004, 2647). Die Öffentlichkeit habe „kein legitimes Interesse daran zu erfahren, wo Prinzessin Caroline sich aufhält und wie sie sich allgemein in ihrem Privatleben verhält, auch wenn sie sich an Orte begibt, die nicht immer als abgeschieden bezeichnet werden können." Für die Abwägung zwischen Informationsfreiheit und Schutz des Privatlebens sei entscheidend, „inwieweit die veröffentlichten Fotos zu einer Debatte beitragen, für die ein Allgemeininteresse geltend gemacht werden kann." Dies könnten die Bilder von den Freizeitaktivitäten der Prinzessin nicht tun, sie beträfen ausschließlich Einzelheiten ihres Privatlebens, sie übe darauf kein öffentliches Amt aus. Die Bundesrepublik Deutschland hat nicht von ihrer Möglichkeit Gebrauch gemacht, gegen dieses Urteil Rechtsmittel einzulegen.

Das Urteil wird für künftige vergleichbare Fälle bei der Auslegung als „Muster" herangezogen werden. Die ohnehin strenger werdende Rechtsprechung zu Bildveröffentlichungen von Prominenten könnte sich künftig weiter verschärfen. Allerdings schließt der EGMR Politiker von dem strengen Schutz aus.

Ein Lokalredakteur, der seinen **Bürgermeister** abbilden will, der samstags auf dem **Markt** einkauft und anschließend in die **Kneipe** geht, sollte dennoch vorsichtig sein. Der Bürgermeister als **relative Person der Zeitgeschichte** muss sich öffentliche Aufmerksamkeit nur so weit gefallen lassen, als es seine **Funktion** und **politische Rolle** in der Gemeinde unmittelbar berührt. Ohne seine Einwilligung sind daher etwa Fotos nur im sachlichen Zusammenhang mit der Berichterstattung über das Amt oder ein lokales Ereignis erlaubt.

Fotos vom Markt- und Lokalbesuch des Bürgermeisters sind also im Zweifel tabu, soweit es keinen Zusammenhang zum Amt oder ein besonderes Ereignis gibt – es sei denn, er ist einverstanden.

Ein **Gemeinderatsabgeordneter** wird sich nicht gegen ein Foto wehren können, das ihn **schlafend während einer Sitzung** zeigt. Sein Schläfchen auf einer Parkbank wird wohl seine Privatsache sein. Sitzt der Bürgermeister dagegen als Zuschauer des Fußballspiels nicht mitten im Publikum sondern in der von Fotografen angepeilten VIP-Loge, so wird man ihm stillschweigende Einwilligung mit den Bildaufnahmen unterstellen können, die eine Veröffentlichung zulässig macht.

Strenge Maßstäbe wendet das Bundesverfassungsgericht für den **Schutz von Kindern** prominenter Personen an. Die Kinder dürfen in Begleitung ihrer Eltern nur dann im Foto abgebildet werden, wenn die sich **bewusst der Öffentlichkeit zuwenden** und z. B. an Veranstaltungen teilnehmen. „Sie liefern sich den Bedingungen öffentlicher Auftritte aus" (BVerfG NJW 2000, 1021). Unzulässigkeit der Veröffentlichung solcher Bilder kann sich allerdings aus dem begleitenden Text ergeben, z. B. wenn ein Bild zur Illustration eines Textes genutzt wird, worin es nur um das Aussehen der abgebildeten Tocher einer Prominenten geht. (BGH NJW 2004, 1795)

Bilder aus dem Bereich der Intimsphäre sind grundsätzlich nicht zulässig. Dazu gehören heimliche **Nacktfotos** oder Missgeschicke, die den Abgebildeten bloß stellen, etwa eine Großaufnahme eines Mannes mit **zerrissener Hose**.

Wer allerdings in **Memoiren und Interviews** seine Persönlichkeit, Intimsphäre und privaten Gewohnheiten kundtut und damit eine **großzügige Selbstdefinition** seines Persönlichkeitsrechts erkennen lässt, der kann nicht allein deshalb in diesem Recht verletzt sein, weil die Presse über seine Privatsphäre berichtet.

Die taz hatte unter dem Titel „Gesicht zeigen" auf der Titelseite insgesamt 22 rechtsextreme Aktivisten abgebildet, darunter auch einen Mann, der Verbindungen zu der inzwischen verbotenen Organisation „Blood & Honour" unterhalte. Das OLG Braunschweig hielt diese steckbriefartige Veröffentlichung mit Blick auf die Presse- und Meinungsfreiheit für zulässig: Als Protagonist der rechten Szene, der sich mit seinem politischen Wirken fordauernd selbst in das Licht der Öffentlichkeit stellt, müsse dieser Mann auch abwertende Publizität dulden. Es bestehe ein Interesse an der öffentlichen Auseinandersetzung mit seiner Person (AfP 2000, 588).

5. Karikatur erlaubt?

Wer erkennbar nichts dagegen hat, dass er als Besucher eines politischen Empfanges zusammen mit einem Spitzenpolitiker fotografiert wird, gibt grundsätzlich sein **Einverständnis zur Veröffentlichung** der Fotos. Wenn er sich dafür auch noch ein **Outfit** zugelegt hat, das alle Klischeevorstellungen eines „Urbayers" erfüllt, muss er sich **hieran anknüpfende** spöttische und satirische **Bemerkungen** gefallen lassen (BVerfG NJW 2002, 3767; s. o. C.I.4.a) Karikatur und Satire).

Das berechtigte Interesse einer **Person der Zeitgeschichte** (z. B. des Vorstandsvorsitzenden eines Chemiekonzerns) ist nicht verletzt, wenn ihr **Portrait** auf einem Plakat zu einem satirischen Text („Alle reden vom Klima. Wir ruinieren es.") gestellt wird, das offensichtlich den Zweck verfolgt, **umweltpolitische Kritik** an der FCKW-Produktion zu üben (BVerfG NJW 1994, 124). Das Gericht stellt darauf ab, dass in diesem Fall der Karikierte durch eigene öffentliche Auftritte Anlass zu der Kritik gegeben hat und dies nicht als Privatperson sondern in seiner Funktion als Repräsentant des Unternehmens tat. Wer kraft seiner Stellung Entscheidungen von Tragweite zu verantworten habe, dürfe sich nicht auf seine Privatsphäre berufen, wenn es um Kritik daran gehe (BVerfG a.a.O., S. 127).

Beispiel: Der ehemalige Vorstandsvorsitzende der Deutschen Telekom wurde in einem Wirtschaftsmagazin auf einem bröckelnden rosa T sitzend dargestellt. Sein Bild bestand aus zwei Teilen, der aus einem Foto herausgeschnittene Kopf war auf einen fremden Körper kopiert worden. Der Mann sah seine Rechte dadurch verletzt, dass als Folge der Bild-Bearbeitung sein Gesicht unvorteilhaft verändert worden war. Nach Ansicht des BGH musste er dies aber hinnehmen. Die Fotomontage sei in einem Zusammenhang veröffentlicht worden, der sich mit dem damaligen Zustand der Telekom und der Verantwortlichkeit des Vorstandsvorsitzenden dafür befasste, einem Vorgang von großem öffentlichen Interesse. Die damit verbundene Beeinträchtigung des Persönlichkeitsrechtes müsse ihm zugemutet werden (BGH NJW 2004,596).

Hieraus kann andererseits der Schluss gezogen werden, dass etwa ein **einfacher Dorfpolizist**, der beim jährlichen Schützenfest fotografiert wurde, sein Foto nicht innerhalb einer Karikatur dulden muss, die zum kritikwürdigen Zustand der inneren Sicherheit im Lande Stellung nimmt. Es sei denn, er hat selbst **in Ausübung seines Amtes** dafür einen konkreten Anlass geboten.

Eine **satirische Fotomontage** in der einer abgebildeten Frau ein **nackter Körper untergeschoben** wird, kann in den **Kernbereich der Würde** eingreifen und deshalb unzulässig sein. Dies gilt **auch dann**, wenn sich die Abgebildete (Gattin eines ehemaligen Botschafters) kein sonderlich seriöses Image in der Presse aufgebaut hat, weil sie „mit ihren Reizen nicht geizt" (LG Berlin AfP 2002, 250).

IV. Bauwerke und Sachen im Bild

Beispiel: Im Nobelviertel einer Gemeinde ist ein extravagantes, architektonisch herausragendes Wohnhaus gebaut worden. Als ein Pressefotograf vor dem Haus Aufnahmen macht, verlangt der Eigentümer, das Fotografieren sofort einzustellen: Bilder von seinem Haus dürften nicht veröffentlicht werden, es sei seine Privatsache. Er fühle sich belästigt, und wenn sein Haus in der Zeitung abgebildet werde, locke das nur Einbrecher und Schaulustige an. Muss sich der Fotograf fügen?

Veröffentlicht eine Zeitung Bilder eines Hauses oder einer anderen Sache, die im Privatbesitz steht, muss sie einige Bedingungen beachten. Das **Recht am Bild der Sache** gibt es grundsätzlich nicht (Soehring, Rz. 21.36). Fotos von Sachen verletzen grundsätzlich weder das Eigntumsrecht noch Persönlichkeitsrechte. So kann der Besitzer einer Segelyacht nicht verbieten, dass ein Foto des Schiffes verbreitet wird (LG Hamburg AfP 1994, 161). Auch der Eigentümer von Kunstfiguren kann die nichtgewerbliche Veröffentlichung von Fotos nicht verhindern (OLG Köln AfP 2003, 447).

Bei der Abbildung von **Bauwerken** ist von einem **urheberrechtlichen Schutz** auszugehen. Zulässig ist es aber, Bauwerke, die sich „bleibend an öffentlichen Wegen, Straßen oder Plätzen befinden"

(§ 59 UrhG) auch ohne besondere Erlaubnis öffentlich abzubilden. Dies kann durch Foto, Grafik, Malerei oder Film geschehen (BGH NJW 1989, 2251). Nicht zu beanstanden waren deshalb z. B. die Außenaufnahmen vom Anwesen einer Sekte (OLG Frankfurt/Main NJW 1995, 878).

Ausdrücklich gilt diese generelle **Abbildungs-Erlaubnis** nur für die **Fassaden der Häuser**, die Straßenfront. Das Abbildungsrecht ist also auf die äußere Ansicht beschränkt, auf Teile des Bauwerks, die von der Straße oder von Plätzen aus zu sehen sind. Urheberrechtlich privilegiert sind auch nur solche Aufnahmen von Bauwerken, die den Blick von der öffentlichen Straße oder dem öffentlichen Platz aus wiedergeben, also das, was das Publikum von der Straße aus mit eigenen Augen sehen kann. Dazu gehört deshalb nicht mehr die Abbildung, die von einem für das **allgemeine Publikum** nicht **zugänglichen Ort** aus fixiert wurde, z. B. Aufnahme des Gebäudes aus einer Wohnung in einem gegenüberliegenden Haus (BGH NJW 2004, 594).

Die „Panoramafreiheit" gilt auch **nicht für Innenräume**, Höfe und rückwärtig verdeckte Häuserteile, unabhängig davon, ob es sich um private oder allgemein zugängliche öffentliche Gebäude handelt (Schricker, Urheberrecht Kommentar § 59, Rz. 7, 20). Auch **Luftaufnahmen** eines solchen Gebäudes sind nicht privilegiert, schon weil sie Teile des Gebäudes zeigen, die von dem Weg, der Straße oder dem Platz aus nicht zu sehen sind (BGH NJW 2004, 594).

Die Offenbarung persönlicher Lebensumstände durch Luftbilder von einem Wohnhaus stellt zwar einen Eingriff in die Privatsphäre dar, wegen der Abstraktheit von Gebäuden und Grundstücksteilen aber nur in deren „Randzone" (BGH AfP 2004,116).

Namensnennung und Angabe der Adresse muss sich ein Eigentümer oder Bewohner mit der Abbildung aber nicht gefallen lassen, dies stellt einen Eingriff in sein Persönlichkeitsrecht dar (AG Rüsselsheim AfP 2003, 83). Ausnahme: Es sei denn, er hat bereits umfangreiche Wort- und Bildberichterstattung über sein Domizil hingenommen (BGH AfP 2004, 116).

Der Inhaber von Geschäftsräumen muss die öffentliche Darstellung seiner **Büroräume** nicht hinnehmen, auch wenn er im Mittelpunkt einer Berichterstattung von öffentlichem Interesse steht (OLG München AfP 1992, 78).

Beispiel: In einem Fernsehbeitrag wurden Bilder von Räumen einer Anwaltskanzlei ausgestrahlt. Anlass war die Verwicklung der Kanzlei in einen dubiosen Fall, über den im Beitrag berichtet wurde. Die Arbeitsräume, entschied das OLG München, seien wie die Wohnung vor Bildveröffentlichungen geschützt. Die Bilder der Kanzlei hätten gegen den Willen der Inhaber nicht gezeigt werden dürfen (AfP 1992, 78).

Letztlich entscheidet sich erst durch Anlaß und die **Art und Weise der Veröffentlichung**, ob das Foto unbedenklich ist oder Ärger auslöst. Im Eingangsfall würde die an sich zulässige Bildveröffentlichung vom extravaganten Wohnhaus Persönlichkeitsrechte des Bewohners verletzen, wenn die Zeitung gleichzeitig seinen Namen und die Adresse mitteilt. Auch eine Wegbeschreibung verletzt seine Privatsphäre (BGH AfP 2004, 119). Unterlassung kann der Bewohner des Hauses aber dann nicht verlangen, wenn er vorher Veröffentlichungen seines häuslichen Bereiches gebilligt hatte (BGH AfP 2004, 116). Unbedenklich ist auch, wenn das Bild mit Namensnennung aber ohne Lagebeschreibung nur die Wohnverhältnisse wiedergibt, wie sie sich jedem Passanten vor Ort präsentieren (LG Berlin AfP 2004, 149).

Auch der **Kontext,** in dem Fotos und Bilder erscheinen, spielt eine Rolle. Vorsicht ist zum Beispiel geboten, wenn eine Zeitung oder das Fernsehen ein **Gebäude nur als Symbolfoto** zu einem Bericht abbilden. Das Foto soll nur der optischen Auflockerung dienen und hat mit der konkreten Geschichte nichts zu tun. Sind in solchen Fällen allerdings das Gebäude und sein Besitzer identifizierbar, könnte der Betrachter – obwohl vom Redakteur nicht beabsichtigt – Aussagen aus dem begleitenden Text auf sie beziehen. Hier könnte die Abbildung eines Gebäudes im **Zusammenwirken mit dem Text** sogar zu einer Gegendarstellung, Unterlassungs- und anderen Ansprüchen führen (s. o. E.I. Erkennbarkeit und Betroffenheit).

H. Redaktionelle Inhalte und Werbung

Zeitungen, Zeitschriften, Rundfunk und Fernsehen sind nicht nur Vermittler redaktioneller Informationen, sondern auch Vermittler von Werbebotschaften. Außerdem sind sie selbst Produkte, die im wirtschaftlichen Wettbewerb mit anderen stehen.

I. Medien als Werbeträger

Medien sichern ihre publizistische Unabhängigkeit dadurch, dass sie kommerziellen Anbietern von Waren und Dienstleistungen gegen Bezahlung Raum für ihre Werbung anbieten und diese zusammen mit den redaktionellen Inhalten massenwirksam vertreiben. Zu den bezahlten Werbeeinheiten gehören insbesondere Anzeigen, Beilagen und Beihefter, Werbespots, Sponsoring und Werbebanner.

Die **Anzeige** ist eine gegen Entgelt erfolgende, nicht von der Redaktion ausgehende (nicht redaktionelle) Veröffentlichung in einer Druckschrift, deren Inhalt durch den Auftraggeber (den Zahlenden) bestimmt wird.

§ 10 Landespressegesetz Hamburg: Hat der Verleger eines periodischen Druckwerks oder der Verantwortliche für eine Veröffentlichung ein Entgelt erhalten, gefordert oder sich versprechen lassen, so hat er diese Veröffentlichung deutlich mit dem Wort „Anzeige" zu bezeichnen, soweit sie nicht schon durch Anordnung und Gestaltung allgemein als Anzeige zu erkennen ist.

Inserate mit überwiegend werbendem Inhalt sind als **Meinungsäußerung** anzusehen. Ihr Abdruck wird ebenfalls – wie der redaktionelle Teil – vom Grundrecht der Pressefreiheit umfasst. Der Staat darf Anzeigen also nicht zensieren.

Anzeigen sind nur im Rahmen der allgemeinen Gesetze einzugrenzen, z. B. durch Regelungen zum Jugendschutz, durch das Wettbewerbsrecht, das Strafrecht, das Heilmittelwerbegesetz und das allgemeine Persönlichkeitsrecht.

Die **Prüfungspflicht** des Verlegers, ob eine Anzeige gegen geltendes Recht verstößt, beschränkt sich auf **offenkundige Rechtsverstöße** (OLG Hamburg AfP 2003, 435).

Würden strengere Prüfungsvorschriften angeordnet, müssten die Verlage einen Prüfungsaufwand betreiben, der ein rentables Anzeigengeschäft unmöglich machte. Dies wäre mit dem Schutz der Pressefreiheit unvereinbar.

Das **dauerhafte Verschenken** von Anzeigenraum ist wegen der Gefährdung der Tageszeitungspresse als unzulässig untersagt.

Bei wettbewerbswidrigem Inhalt ist der Verlag Dritten gegenüber nur dann selbst verantwortlich, wenn der wettbewerbsrechtliche Mangel der Anzeige offensichtlich war. Schadensersatz ist nur zu leisten, wenn dem Medienunternehmen der Verstoß bekannt war.

1. Kennzeichnungspflicht und Trennungsgebot

Das Interesse von Agenturen und Werbung Treibenden ist groß, Werbung wie redaktionellen Beitrag aussehen zu lassen, da ein größerer Aufmerksamkeitsgrad erreicht wird. Dies führt zu diversen Formen rechtswidrigen und unlauteren Verhaltens (z. B. auch durch Leserbriefe). Auf der anderen Seite müssen Medienbetriebe als Wirtschaftsunternehmen Gewinne erzielen, um freie Berichterstattung zu ermöglichen. Ihr wirtschaftlicher Erfolg ist Grundlage der Presse- und Informationsfreiheit. Es liegt nahe, dass auch sie nach innovativen Werbeformen suchen. „Ich schließe heute nichts mehr aus," sagte ein Münchner Verleger, als die Bild-Zeitung einmal in der Schlagzeile zum preisgünstigen Kauf bei Karstadt aufrief.

Beispiele: Im Zeitungstitel, zwischen den Worten „Der Tagesspiegel", war ein kleiner Smart abgebildet, darunter der launige Satz: „Ein Smart findet überall einen Platz". Die „Deister- und Weserzeitung" bedeckte im August die Titelseite fast komplett mit Werbung für ein Möbelhaus. Und der „Trierische Volksfreund" ließ die Rubrikenzeile „Vereinsseite" von einer Biermarke „präsentieren".

Maßstab für die rechtliche Beurteilung von Werbung in Printmedien ist nach wie vor der in den Landespressegesetzen festgeschriebene Grundsatz, dass redaktionelle Inhalte und Werbung voneinander getrennt sein müssen. Gleiches gilt für die Trennung von Werbung und Programm im Rundfunk und in den Telediensten. Der Leser geht davon aus, im redaktionellen Teil sachliche und von fremden Interessen unbeeinflusste Information zu finden. Verleger und Werbetreibende, die Werbung getarnt im redaktionellen Teil veröffentlichen, handeln wettbewerbswidrig und verstoßen gegen das Gesetz gegen den unlauteren Wettbewerb (§ 4 Nr. 3 UWG n.F., Baumbach/Hefermehl, Wettbewerbsrecht § 1, Rz. 30, 38 a). Das Trennungsgebot hat sich mit der Reform des UWG im Sommer 2004 nicht geändert (siehe Krimphove, Die UWG-Reform).

Die Landespressegesetze verlangen, dass bezahlte Veröffentlichungen deutlich mit dem Wort „Anzeige" **gekennzeichnet** werden. Von dieser Forderung sind lediglich werbliche Texte ausgenommen, die „schon durch **Anordnung und Gestaltung** allgemein als Anzeige zu erkennen" sind (§ 10 Landespressegesetz). Diese Ausnahme könnte auch für den Smart im Zeitungslogo und das Foto eines Pils-Kronkorkens mitten im redaktionellen Text gelten (siehe Beispiel oben). Die Rechtsprechung hält die **nicht gekennzeichnete Anzeige** dann für zulässig, wenn der **unbefangene Durchschnittsleser** den Anzeigencharakter schon **auf den ersten Blick** aufgrund äußerer Merkmale erkennt. Eine Veröffentlichung, die sich erst bei näherer Betrachtung ihres Inhalts als Anzeige entpuppt, erfüllt dagegen nicht die Anforderungen (Löffler, Presserecht, § 10, Rz. 26 f., m.w. N.). Das **neue Wettbewerbsrecht** wird sich am Leitbild des „durchschnittlich informierten und durchschnittlich verständigen" Verbrauchers orientieren, der Werbung mit einer **der Situation angemessenen Aufmerksamkeit** verfolgt. Es ist nicht ersichtlich, dass dies in der Bewertung zu Änderungen gegenüber den bislang geltenden Grundsätzen führen wird.

Wie der „durchschnittlich verständige" (UWG n. F.) oder der Durchschnittsleser auf den ersten Blick erkennen kann, ob es sich um Anzeige oder redaktionellen Text handelt, muss im Einzelfall entschieden werden. Das Wettbewerbsrecht stellt darauf ab, wie die Umworbenen die Werbebotschaft auffassen (Baumbach/Hefermehl, § 3 Rz. 1). Wird z. B. der **Name der werbenden Firma** auffallend herausgestellt, eventuell verbunden mit einer Abbildung des Unternehmens und der Wiedergabe des **Firmenemblems**, können die Anforderungen an die Erkennbarkeit schon erfüllt sein.

Das Gleiche gilt, wenn **Bild- und Grafik-Elemente** sich von der Gestaltung des redaktionellen Umfeldes **deutlich abheben** und auch farblich unterschiedlich ausgestattet sind (OLG Düsseldorf AfP 1978, S. 53). Der kleine Smart im Zeitungstitel und der Kronkorken im Sportteil sind typische Beispiele.

Eine andere Beurteilung könnte sich für die Anzeigenformate ergeben, die mit dem redaktionellen Teil **textlich und optisch so verbunden** sind, dass der Leser erst den Inhalt zur Kenntnis nehmen muss, um zu erkennen, dass Werbung vorliegt. Diese Fälle sind mit § 10 LPG nicht vereinbar (Löffler, § 10, Rz. 26). Ob dies für die Rubriken-Zeile „Karlsberg Ur-Pils präsentiert die Vereinsseite" gilt, scheint nicht offenkundig. Der **werbegeübte Leser**, auf den die Rechtsprechung zunehmend abstellt, wird kaum über den werbenden Charakter hinwegzutäuschen sein.

Wettbewerbsrecht und Landespressegesetze lassen trotz Trennungsgebot Freiraum für Sonderformen und Innovation im Anzeigengeschäft. Wo allerdings die Grenze zu redaktionellen Inhalten aufgehoben wird, ist auch der wirtschaftliche Erfolg nur scheinbar erreicht. Die **Vermischung geht auf Kosten der redaktionellen Glaubwürdigkeit**. Und die ist wesentlicher Bestandteil dessen, was den Wert des journalistischen Produktes ausmacht.

2. Kopplung

Versprechen über redaktionell „begleitende" Berichterstattung zur Werbung gilt als unzulässige Koppelung von bezahlter Anzeige und – vermeintlich unabhängigem – Text.

Ausdrücklich vereinbarte, rechtlich abgesicherte **Koppelungen** verstoßen gegen das Verbot, Berichterstattung von **geldwerten Leistungen** abhängig zu machen (s. u. II.1.). Wo im Rahmen eines Insertionsauftrages vereinbart wird, dass in derselben Ausgabe einer Zeitung oder Zeitschrift oder auch später eine positive, inhaltlich abgestimmte Berichterstattung über das inserierte Produkt oder die inserierte gewerbliche Leistung veröffentlicht wird, wird irreführend und sittenwidrig i. S. d. UWG und damit wettbewerbswidrig gehandelt.

II. Redaktion und wirtschaftliche Interessen

Presseberichte über Unternehmen, über deren Produkte und Dienstleistungen können werbliche, wirtschaftlich vorteilhafte Auswirkungen für die Betroffenen haben. Dies macht die Berichte nicht von vornherein unzulässig, erfordert aber einen sorgfältigen Umgang mit Informationen und mit den zu veröffentlichenden Texten.

Ziffer 7 Pressekodex: Die Verantwortung der Presse gegenüber der Öffentlichkeit gebietet, dass redaktionelle Veröffentlichungen nicht durch private oder geschäftliche Interessen Dritter oder durch persönliche wirtschaftliche Interessen der Journalistinnen und Journalisten beeinflusst werden. Verleger und Redakteure wehren derartige Versuche ab und achten auf eine klare Trennung zwischen redaktionellem Text und Veröffentlichungen zu werblichen Zwecken.

1. Unabhängigkeit des Journalisten

Journalisten dürfen im Zusammenhang mit ihrer beruflichen Tätigkeit keine **Vorteile** annehmen oder sich versprechen lassen. Unzulässig ist die Annahme von **Geschenken** und **Einladungen** zum Zwecke positiver Berichterstattung. Von Bedeutung sind insoweit Zuwendungen die die wirtschaftliche, rechtliche oder persönliche Lage eines Journalisten objektiv messbar verbessert und ihm individuell gewährt wird.

Wo **Geld** oder **geldwerte Leistungen** eingesetzt werden, um die Presse zu einer bestimmten positiven Berichterstattung zu bringen, ist die Grenze des journalistisch Zulässigen überschritten, z. B. bezahlte Einkaufstipps (Abgrenzung zu rein redaktionellen Empfehlungen, s. u. 3.).

a) Reisen und Geschenke

Journalisten müssen sich in vielen Fällen mit eigenen Augen ein Bild machen. Reisen allerdings, zu denen sie großzügig eingeladen werden, die ein fertiges Programm beinhalten und deren Kosten vom Veranstalter getragen werden, sind mit Vorsicht zu behandeln. **Ablehnen** sollte der Journalist eine solche Einladung, wenn der Veranstalter – gewissermaßen als Gegenleistung für seine Großzügigkeit – Bedingungen stellt und **Einfluss auf die Berichterstattung** nehmen will. Derartige Absprachen verstoßen nicht nur gegen wettbewerbsrechtliche Vorschriften, sie gehen vor allem auch zu Lasten der Glaubwürdigkeit des Journalisten und des von ihm repräsentierten Mediums. Niemand würde ihm später glauben, dass er sich über die Wünsche des Veranstalters hinweggesetzt hat.

Auch wenn keine Gegenleistung verlangt wird, besteht die Gefahr, dass der Journalist sich in seiner Berichterstattung beeinflusst fühlt. Es wird nicht immer leicht sein, sich davon frei zu machen, insbesondere wenn das Erlebnis überaus angenehm war. Wenn die Reise auch **Negatives** über den Veranstalter zutage fördert, darf dies für die Berichterstattung **nicht tabu** sein. Was zählt, ist die wirklich **freie Entscheidung des Journalisten**, ein Thema zu veröffentlichen oder es zu lassen.

Selbst wenn der Reiseveranstalter keine gezielten Angriffe auf die Berichterstattung des Journalisten unternimmt und seine Entscheidungsfreiheit nicht beeinträchtigt, bleibt ein **Risiko für die Glaubwürdigkeit**. Wenn die Reise offenkundig nur Vergnügen und kaum Berichtenswertes brachte, wird der Journalist anschließend argwöhnisch beobachtet werden, ob er nicht aus nachwirkender Dankbarkeit kritische Berichte über seinen Gönner wegfallen lässt, ob **Distanz verloren** ging.

Dass allerdings auch ein **Gewinn an Informationen** erzielt werden kann, der ohne Teilnahme an einer vordergründig nur unterhaltenden Reise nicht zu bekommen gewesen wäre, ist vorstellbar. Es gibt Informationen, an die der Journalist ohne eine organisierte Reise nicht herankommt. Es gibt Länder, in denen er sich nicht frei bewegen oder in die er ohne Einladung gar nicht einreisen kann. Hier könnte eine organisierte Veranstaltung, etwa eines ortsansässigen Unternehmens, dem Journalisten Recherche-Chancen eröffnen.

b) Wertpapierhandel

Journalisten, die über börsennotierte Unternehmen berichten, haben das Wertpapierhandelsgesetz zu beachten und unterliegen einer besonderen Sorgfaltspflicht beim privaten Handel mit Wertpapieren. Sie dürfen keine Informationen, die sie aufgrund ihrer journalistischen Tätigkeit erhalten, für ihre privaten oder familiären Wertpapiergeschäfte nutzen, ehe sie veröffentlicht worden sind.

Nach dem Wertpapierhandelsgesetz dürfen „Insider" so genannte **Insiderinformationen** nicht geschäftlich nutzen, indem sie **für eigene oder fremde Rechnung** für sich selbst oder für einen anderen Wertpapiere erwerben oder veräußern. Ein **Journalist ist** im Sinne des Gesetzes **Insider**, wenn er „auf Grund seines Berufes oder seiner Tätigkeit oder seiner Aufgabe bestimmungsgemäß Kenntnis von einer nicht öffentlich bekannten Tatsache hat, die sich auf einen oder mehrere Emittenten von Insiderpapieren oder auf Insiderpapiere bezieht und die geeignet ist, im Falle ihres öffentlichen Bekanntwerdens den Kurs der Insiderpapiere erheblich zu beeinflussen (Insidertatsache)".

Journalisten dürfen ihre Insiderinformation journalistisch veröffentlichen, aber nicht anderen gezielt weitergeben oder **außerhalb** ihrer **journalistischen Publikation** für Empfehlungen **nutzen**. Unzulässig ist auch die nicht-öffentliche Vorausinformation über eine bevorstehende Presseveröffentlichung.

2. Redaktionelles Umfeld der Werbung

Die bloße thematische Nähe einer Anzeige zu einem dazu passenden Bericht führt nicht von vornherein zur Wettbewerbswidrigkeit der Berichterstattung.

Hat eine Tageszeitung einen aktuellen **publizistischen Anlass**, auf ein ortsansässiges gewerbliches **Unternehmen** und seine Erzeugnisse/Leistungen hinzuweisen (etwa bei einer Geschäftseröffnung oder einer bevorstehenden Modenschau), und entsteht durch den Zeitungsbeitrag eine gewisse **Werbewirkung**, so liegt selbst dann kein Verstoß gegen das UWG vor, wenn in derselben Ausgabe an anderer Stelle eine **bezahlte Werbeanzeige** des betreffenden Unternehmens veröffentlicht wird.

Ein publizistischer Anlass wird häufig von den an Berichterstattung interessierten Unternehmen selbst geschaffen, sodass Zeitungen zur positiven Berichterstattung förmlich genötigt werden. Sie kommen ihrer Chronistenpflicht nach, wenn Ausstellungen in den örtlichen Banken stattfinden, wenn Politiker etwa eine Veranstaltung des örtlichen Kaufhauses zum Thema Verbraucherschutz besuchen o. Ä.

Ein unkritisches redaktionelles Lob für ein Restaurant ohne erkennbaren Anlass und daneben Abdruck einer Anzeige des Lokals ist dagegen wettbewerbswidrig. Gleiches kann gelten für einen Bildbericht über einen Fußballer mit Sponsorenlogo auf dem Hemd, daneben die Anzeige des Sponsors.

Hinweise des Verlages auf ein geplantes spezielles redaktionelles Themenumfeld (zum Beispiel in Spezialausgaben, Sonderveröffentlichungen) sind dagegen zulässig. Es ist nicht Aufgabe der Wettbewerbsrechtsprechung, Berichterstattung und Anzeigenplatzierungen über das Notwendige hinaus zu kontrollieren oder zu verhindern. Die sachliche oder räumliche Nähe einer themenbezogenen Berichterstattung zu Anzeigen, die zum Thema passen, kann daher für sich allein kein Unzulässigkeitskriterium sein.

3. Schleichwerbung

Es ist nicht zu beanstanden, wenn sich als Nebenwirkung von Produkt- und Unternehmensberichten ein werblicher Effekt für die erwähnten Anbieter ergibt. Ein Bericht ist aber dann unzulässig, wenn er ein Produkt in einem Maße erwähnt, das nicht mehr als sachliche Information zu rechtfertigen ist.

Ob ein solcher **„werblicher Überschuss"** vorliegt, hängt davon ab, so der Bundesgerichtshof, ob neben der **Absicht** einer Zeitung, das Publikum **zu unterrichten**, der **„Zweck der Förderung eigenen oder fremden Wettbewerbs"** eine wesentliche Rolle spielt (BGH AfP 96, 387). So erkannte das OLG Hamburg einen unzulässigen „Kaufappell" in einem Bericht, der unter der Überschrift „Diese Seite ist bares Geld wert" Produkte, Preise, Bestell-, Zahlungs- und Lieferbedingungen, einschließlich Bürozeiten, eines Londoner Arzneimittelversandes herausgestellt hatte (OLG Hamburg, 3 U 250/97, Magazin Dienst 7/8/99, 866).

Der Presserat rügte eine Lokalzeitung, weil sie örtliche Geschäfte ohne Distanz mit Lobeshymnen anpries wie „Wer in die Weinhandlung von Ypsilon in X kommt, taucht ein in die faszinierende Welt des Weins." Die Zeitung schwärmte von einem phantastischen Waren- und Beratungsangebot (Jahrbuch 1998, 147).

Ob Schleichwerbung vorliegt, hängt auch von der Frage ab, ob journalistischer Anlass für den Bericht gegeben ist. Den hatte der Bundesgerichtshof einer Zeitung zugestanden, die ausführlich über den Sieg eines Lokalsenders bei der regelmäßig durchgeführten Media-Analyse berichtet hatte. Sogar die Anzeige des Lokalsenders in derselben Ausgabe und Gemeinsamkeiten mit dem redaktionellen Bericht hielt der BGH für unbedenklich, weil es nahe liege, dass als **aktuelle Reaktion auf das Ereignis** nicht nur **berichtet**, sondern **auch geworben** würde. Es gab einen „gemeinsamen Anlass für die Berichterstattung und die Anzeige" (AfP 96, 387)

Der Deutsche Presserat hatte einen Bericht über Pharma-Produkte als werblich missbilligt, weil einige der beschriebenen Produkte schon länger auf dem Markt waren und ein sachlicher Anlass für deren Hervorhebung nicht ersichtlich war (Jahrbuch 2000, S. 221).

Wird in einem Bericht nur eines von vielen Produkten genannt, bedeutet dies noch nicht notwendig eine werbliche und damit rechtlich angreifbare Herausstellung (BGH GRUR 1997, 541 „Produkt-Interview"). Der Bereich des Zulässigen wird dann verlassen, wenn lediglich anpreisende Informationen ohne genügende kritische Distanz in den redaktonellen Artikel übernommen werden (OLG Köln AfP 2004, 136).

4. Kritik am Konkurrenten

Gegenseitige Kritik zwischen Medienhäusern wird gewöhnlich zur Förderung der öffentlichen Meinungsbildung und nicht zu Wettbewerbszwecken ausgetragen.

Wer sich im Wirtschaftsleben oder in der Politik betätigt, muss sich in weitem Umfang Kritik gefallen lassen. Unternehmerisches Handeln ist in der Regel nicht mehr der Privatsphäre der Akteure zuzuordnen. Ein berechtigtes öffentliches Interesse macht Berichterstattung über Vorgänge in Unternehmen zulässig. Medienbetriebe sind davon nicht ausgeschlossen.

In der Rechtsprechung ist es deshalb unbestritten, dass die Medien die Grundsätze der Meinungsäußerungsfreiheit auch dort für sich in Anspruch nehmen können, wo sie sich **kritisch mit anderen Medien**, also auch mit Wettbewerbern, auseinander setzen (Soehring, S. 477). Wenn es dem Journalisten frei steht, Produkte und Dienstleistungen aller möglichen Anbieter zu kritisieren, so gibt es nach Auffassung der Gerichte keinen Grund, ausgerechnet Medienbetriebe vor öffentlicher Kritik zu verschonen (BGH AfP 1998, 215; BGH AfP 1997, 798; LG München AfP 1997, 828). Dies gilt auch dann, wenn mit der Berichterstattung über den Konkurrenten **eigene Interessen verfolgt** werden.

Als zulässig wurde deshalb der Bericht einer kleinen Tageszeitung angesehen, der über eine **einstweilige Verfügung** informierte, die die Zeitung selbst gegen ein **konkurrierendes Blatt** erwirkt hatte, das unlautere Werbemethoden angewandt hatte (OLG Hamm AfP 1983, 469). In einem anderen Fall hatte eine Fachzeitschrift harte Kritik an einem Zeitschriftenverleger geübt, der einen Kunstpreis ausgelobt hatte. Stein des öffentlichen Anstoßes waren die Bedingungen für die Ausschreibung zum Wettbewerb. Das Oberlandesgericht Köln befand den Bericht als zulässig (AfP 1993, 657). Und das Oberlandesgericht München gestattete einer Redaktion, über die **fehlerhafte und ehrabschneidende Berichterstattung einer Boulevardzeitung** zu schreiben, sie führe den Leser in Niederungen, die auf keiner Landkarte der Publizistik oder der Kriminalistik verzeichnet seien, die aber dort liegen müssten, wo auf beiden noch weiße Flecken seien (AfP 1991, 534).

5. Schmähung des Wettbewerbers

Wie bei jeder Produkt- und Dienstleistungskritik liegen die Grenzen der Berichterstattung dort, wo sachliche Kritik in **Schmähung** umschlägt oder wo **falsche Tatsachen** über ein Unternehmen, seine Verantwortlichen oder seine Produkte verbreitet werden. Das Risiko der Medien, durch ungesicherte Spekulationen oder nachweisliche Falschmeldungen das beschriebene Unternehmen zu schädigen, ist erheblich. Falschberichte beeinträchtigen das wirtschaftliche Fortkommen eines Unternehmens und können eine **Kreditgefährdung** im Sinne von § 824 BGB darstellen, die sogar **Schadensersatzforderungen** auslöst.

So beging nach Ansicht des OLG Hamm eine Lokalzeitung, die über das in der gleichen Region erscheinende Konkurrenzblatt wahrheitswidrig behauptete, das Blatt stehe in einigen Verbreitungsgebieten **„vor dem Aus"**, weil es dort Redaktionen schließen wolle, eine derartige Rechtsverletzung und wurde zur Unterlassung verurteilt (AfP 1992, 255). Diese Tatsachenbehauptung war nachweislich falsch und schädigte die so beschriebene Zeitung, weil sie, so das Gericht, „geeignet ist, über ihre Vertriebspolitik Verwirrung zu stiften und **Leser und Inserenten zu verunsichern.**" Neben Berichtigung und Unterlassung ist auch eine Geldentschädigung denkbar, wenn ein konkreter Schaden infolge der Berichterstattung nachzuweisen ist.

6. Sonderform: Preisrätsel/Gewinnspiel

Das Preisrätsel gehört in der Regel zur redaktionellen Berichterstattung. Auch nach dem neuen Wettbewerbsrecht sollen **Gewinnspiele in Presse und Rundfunk** als Bestandteil des **redaktionellen Angebotes** anerkannt bleiben. Es gibt allerdings Anforderungen an die Durchführung.

Preise dürfen nicht **werblich herausgestellt** werden, es gilt eine sachlich nüchterne Beschreibung, Fotos dürfen nicht im Großformat gezeigt werden. Sofern Preise von Unternehmen etwa kostenlos zur Verfügung gestellt wurden, muss ein Hinweis angebracht werden, um den Irrtum auszuschließen, es handle sich um eine redaktionelle Auswahl (BGH GRUR 94, 821). Die Teilnahmeberechtigung darf nicht vom Kauf einer Zeitung oder Zeitschrift abhängig gemacht werden, etwa durch die Notwendigkeit, einen Coupon einzusenden. Teilnahmebedingungen müssen klar und deutlich angebracht werden (im Einzelnen: Baumbach/Hefermehl, § 1 UWG a. F. Rz. 149 ff. und 899 ff.).

7. Tests: „Die Besten"

Beispiel: Das Magazin „FOCUS" hatte 1993 jeweils auf der Titelseite zunächst eine Artikelserie „Die 500 besten Ärzte Deutschlands" angekündigt, in einer späteren Ausgabe „Die 500 besten Anwälte". Als Kriterien für die Auswahl der „besten" Ärzte wurden die Häufigkeit des Eingriffs, die wissenschaftliche Reputation, die Empfehlungen von Ärzten und die Teilnahme an Kongressen genannt. Die Auswahlmethode, durch die angeblich die „wissenschaftliche Qualität von Medizinern objektiv messbar" wurde, erläuterte das Magazin im Rahmen eines Interviews mit einem Medizin-Psychologen. Zugleich wurden unter der Überschrift „Die 500 besten Ärzte Teil I.: Spezialisten für Herzkrankheiten" 46 Mediziner unter Angabe ihres Namens und ihrer Wirkungsstätte in einer Tabelle mit den Auswahlkriterien vorgestellt. Sechs Professoren wurden abgebildet. Die genannten Ärzte hatten an der Veröffentlichung nicht mitgewirkt. Die Bayrische Landesärztekammer beanstandete die Veröffentlichung als wettbewerbswidrig und verlangte Unterlassung. Gegen das Ranking der Anwälte, die nach Darstellung von Focus aufgrund ihrer „Reputation unter Kollegen" und ihrer „Präsenz in Fachkreisen" ausgewählt worden waren, erhob die Rechtsanwaltskammer Unterlassungsklage. Der BGH gab den Klägern in beiden Fällen Recht (NJW 1997, 2697 – „Die Besten I" und 2681 – „Die Besten II").

Nach Ansicht des BGH ist die Bezeichnung namentlich genannter Ärzte als „Die besten Ärzte Deutschlands" in einer redaktionellen Berichterstattung, der keine **aussagekräftigen Beurteilungskriterien** zugrunde liegen, gemäß den Grundsätzen zur getarnten Werbung als sittenwidrige **Förderung fremden Wettbewerbs** im Sinne des UWG zu beanstanden. Die Anpreisung der Ärzte verlässt den Rahmen einer sachlich veranlassten Information. Es bestand in dem Fall ein **werblicher Überschuss** ohne sachliche Rechtfertigung. Die Herausstellung einzelner Ärzte beruhte auf einer Einschätzung, die mangels überprüfbarer Kriterien diese Einordnung nicht trägt. Das Gleiche wurde für die Darstellung der besten Anwälte entschieden (BGH NJW a.a.O.).

Die redaktionelle Veröffentlichung von **Warentests** ist grundsätzlich von der Meinungsfreiheit gedeckt. Unzulässig sind im Testbericht enthaltene unwahre Tatsachenbehauptungen. Ein vom Test Betroffener kann verlangen, dass die Ergebnisse so veröffentlicht werden, dass Missdeutungen ausgeschlossen sind (OLG Karlsruhe AfP 2003, 346). **Testberichte** erfordern **Neutralität** (Unabhängigkeit zwischen Getesteten und berichtendem Medium), **Objektivität** (= Bemühen um objektive Richtigkeit, Richtigkeit und Vollständigkeit sind nicht Bedingung) und **Sachkunde** (Sorgfalt bei der Auswahl des testenden Personals und bei der Festlegung der Testverfahren und -Apparaturen).

Auch wenn Medien ein unabhängiges und als **verlässlich bekanntes Institut** mit Tests und Umfragen beauftragen, kann es im Einzelfall durch **grobe Methodenfehler** zu unvertretbaren Testergebnissen kommen, die dem verbreitenden Medium als eigene Verletzungshandlung gegenüber dem getesteten (kritisierten) Unternehmen, der Behörde oder der Einzelperson angelastet werden.

Anhang

Übersicht:

I. Deutscher Presserat – das journalistische „Ehrengericht"

Es ist schwer vorstellbar, dass die Furcht vor unangenehmen Folgen seines Tuns (Widerruf, Geldentschädigung oder Gegendarstellung) einen Journalisten davon abhalten könnte, etwas zu schreiben, das er für richtig hält. Auch der Deutsche Presserat, das Selbstkontrollorgan der gedruckten Medien, vertritt die Meinung, Gesetze allein könnten nicht für Fairness und Anstand sorgen (Jahrbuch 1997, S. 16). Der Presserat sieht sich als ein wirksames Instrument gegen unsaubere Arbeit im Journalismus (Jahrbuch 1996, S. 20). Mit einem von ihm verfassten Pressekodex will er eigene Regeln festlegen, die nicht nur dazu dienen sollen, die „Berufsethik der Presse" zu „konkretisieren" (Präambel zum Pressekodex). Der Presserat will vielmehr auch Orientierung in „rechtlichen Fragen der Massenkommunikation" geben (Jahrbuch 2003, letzte Umschlagseite) und „Praktiker in den Redaktionen" sogar bei der Beantwortung von rechtlichen Fragen unterstützen (Jahrbuch 2000, letzte Umschlagseite). Inzwischen bezeichnet sich der Presserat selbst als „journalistisches Ehrengericht" (Presseinformation des Deutschen Presserats vom 11. 3. 2004).

1. Organisation und Aufgaben

Im November 1956 reagierten fünf Zeitungsverleger und fünf Journalisten auf die geplante Einführung eines Bundespressegesetzes und gründeten den Deutschen Presserat als „freiwillige Instanz der publizistischen Selbstkontrolle". Vorbild war der bereits 1953 gegründete British Press Council. Nach Streitigkeiten zwischen Verlegern und Journalisten-Organisationen über den Abdruck öffentlicher Rügen und zeitweiliger Handlungsunfähigkeit der Organisation gründeten der **Bundesverband Deutscher Zeitungsverleger,** der **Deutscher Journalisten-Verband,** die **IG Medien/Fachgruppe Journalismus** und der **Verband Deutscher Zeitschriftenverleger** 1985 den **Trägerverein des Deutschen Presserats** und entwarfen eine neue Satzung sowie eine Geschäfts- und eine Beschwerdeordnung. Die vier Trägerorganisationen entsenden seit 2004 jeweils sieben Mitglieder (vorher waren es jeweils fünf), die im Hauptberuf verlegerisch oder journalistisch tätig sind. Diese **achtundzwanzig Mitglieder** bilden das **Plenum** des Deutschen Presserats. Die Mehrheit aller Verlage stimmte in einer **Selbstverpflichtung** gegenüber dem Presserat dem Abdruck öffentlicher Rügen in den eigenen Publikationen zu.

Der Presserat sieht seine **Aufgaben** im Engagement für die Pressefreiheit, im Eintreten für den unbehinderten Zugang zu Nachrichtenquellen, er will das Ansehen der deutschen Presse fördern, indem er unter anderem publizistische Grundsätze (Pressekodex) sowie Richtlinien für die redaktionelle Arbeit entwickelt und fortschreibt. Er will Missstände im Pressewesen beseitigen und Beschwerden über redaktionelle Veröffentlichungen und journalistische Verhaltensweisen auf der Basis des Pressekodex behandeln. Er will sich um die Selbstregulierung des Redaktionsdatenschutzes kümmern und Ansprechpartner für Leser, Journalisten und Verleger sein. (Quelle: www.presserat.de)

Einzelne Personen, Vereine oder Verbände können sich beim Presserat über Zeitungen, Zeitschriften und redaktionelle Inhalte von Online-Diensten der Verlage beschweren, auch dann, wenn sie nicht selbst betroffen sind. Die **Beschwerde** ist kostenlos. Für den Rundfunk, für Gegendarstellungs- und Schmerzensgeldansprüche sowie für Anzeigen und Werbung ist der Presserat nicht zuständig.

Der Beschwerdeausschuss, der sich mindestens fünf Mal im Jahr trifft, entscheidet über einzelne Fälle. Ist eine Beschwerde begründet, wird der Ausschuss dem Medium gegenüber aktiv. Die **Sanktionsmöglichkeiten** des Presserats sind begrenzt:

- Er kann eine **öffentliche Rüge** aussprechen und die Redaktion zu deren Abdruck verpflichten.
- Er kann eine **nicht-öffentliche Rüge** aussprechen und auf Abdruck verzichten, z. B. aus Gründen des Opferschutzes.
- Er kann eine **Missbilligung** aussprechen, die Öffentlichkeit muss darüber nicht informiert werden.
- Er kann mit einem **Hinweis** die Redaktion informieren, dass etwas zu beanstanden war.

Der Beschwerdeausschuss kann trotz begründeter Beschwerde **auf eine Maßnahme verzichten**, wenn die Redaktion oder der Verlag den Fall „in Ordnung gebracht" hat (z. B. durch den Abdruck eines Leserbriefes oder eine redaktionelle Richtigstellung). Andererseits verlangt der Presserat inzwischen immer häufiger, dass eine Redaktion **auch außerhalb der kodifizierten Abdruckverpflichtung** dem Leser die Kritik des Gremiums zu einem bestimmten Fall mitteilt und das Ergebnis des Beschwerdeverfahrens abdruckt (was in der Praxis eher zur Fortsetzung als zur Beendigung eines Streites mit dem Beschwerdeführer beiträgt).

Wegen der zunehmenden Zahl von Beschwerden wurde der Beschwerdeausschuss im Mai 2004 von einer auf zwei gleichberechtigte Kammern erweitert. Jede Kammer besteht aus sechs Mitgliedern und hat ihren eigenen Vorsitzenden. Für Fragen des Redaktionsdatenschutzes ist ein gesonderter Ausschuss zuständig.

2. Der Pressekodex und journalistischer Anstand

Seit 1973 bildet der Pressekodex die Grundlage für die Bewertung journalistischen Handelns durch den Deutschen Presserat. Der ausdrückliche Hinweis, dass diese publizistischen Grundsätze **keine rechtlichen Haftungsgründe** darstellten, wurde im Jahr 1996 **gestrichen**.

Im Jahr 2001 erweiterte der Presserat seinen Zuständigkeitsbereich, indem er eine Selbstverpflichtung der Medien für den **Daten-**

schutz in Redaktionen organisierte und seine Richtlinien und den Kodex entsprechend erweiterte.

„Die Regelungen zum Redaktionsdatenschutz gelten für die Presse, soweit sie personenbezogene Daten zu journalistisch-redaktionellen Zwecken erhebt, verarbeitet oder nutzt. Von der Recherche über Redaktion, Veröffentlichung, Dokumentation bis hin zur Archivierung dieser Daten achtet die Presse das Privatleben, die Intimsphäre und das Recht auf informationelle Selbstbestimmung des Menschen." (Präambel zum Pressekodex)

Eine auf Journalismus bezogene **Definition** der abstrakten Begriffe **Ethik, Moral**, **Verantwortung** und **Anstand** fällt schwer. Einige Medienwissenschaftler vertreten sogar die Ansicht, dass es sie im Journalismus gar nicht geben kann, oder sie bezweifeln, dass sich äußere Maßstäbe „guten Handelns" überhaupt auf den Journalismus anwenden lassen. Wenn man eine Liste zitierfähiger „Sollens-Sätze" zum Journalismus aufstellt, könne dies allenfalls das Gerüst für den ethischen **Diskurs** bilden, so Journalistik-Professor Siegfried Weischenberg (Journalistik, 171 ff. und journalist 7/92). Es blieben Zweifel, ob es für moralisches Verhalten in einer modernen Gesellschaft Routinen geben kann. Das Problem seien die **Maßstäbe** für „gut" und „schlecht".

Der Deutsche Presserat findet den Ansatz für seine Aktivitäten nicht in wissenschaftlich-philosophischen Ethik-Debatten. Er nähert sich den Anstands-Begriffen von der praktischen Seite. In sechzehn Kodex-Ziffern und angefügten Richtlinien trägt er – bunt gemischt – seit 1973 alles zusammen, was ihm im Journalistenalltag regelungsbedürftig erscheint. Anlass für Überarbeitungen des Kodex sind nach eigenen Angaben „Beratungen des Presserats über **konkrete Beschwerdefälle**, die den Bedarf nach einer Aktualisierung verdeutlichen." (Jahrbuch 1995, S. 27). Der Presserat orientiert sich also daran, welche Beschwerden an ihn herangetragen werden und bezieht daraus seine **Impulse für Novellierungen des Kodex** und der Richtlinien. Er handelt nach der Erkenntnis, dass **Ethikbedarf** nicht in der Theorie, sondern **in der Praxis auszumachen** ist.

Das **Nachdenken** über journalistisches Handeln, so auch Weischenberg, wird nachhaltig **durch Grenzfälle stimuliert**, die sich bei der Berichterstattung ergeben (in Journalistik, 209 und journalist 7/92).

Der Pressekodex ist als eine **Ansammlung von Empfehlungen, Geboten und Feststellungen** zu bezeichnen. Darin sind **drei Kategorien** auszumachen: eine moralische, eine handwerkliche und eine rechtliche.

a) Verantwortung und Glaubwürdigkeit

Die **typischen Anstandsregeln**, für die der Presserat Kontrollkompetenz beansprucht, dienen vor allem dem Schutz der Menschenwürde und den Persönlichkeitsrechten.

Daneben geht es um **Glaubwürdigkeit der Medien**. Sie sollen bei der Vermittlung von Meinungen und Sachverhalten auf **Distanz und Neutralität** achten, zum Beispiel durch Ausgewogenheit in der Wahlkampfberichterstattung. Der Presserat fordert, Funktionen in öffentlichen Ämtern strikt zu trennen von publizistischer Tätigkeit (Richtlinie 6.1), Journalisten sollten sich nicht zum Werkzeug von Verbrechern machen lassen (Richtlinie 11.2).

Was konkret in diesem Kontext als richtig oder falsch zu beurteilen ist, hat der Presserat selbst formuliert, so zum Beispiel nach der Geiselnahme von Gladbeck 1988, beim Grubenunglück von Borken 1988, in Fällen von Krankheiten und Suizid-Versuchen 1996 und 1997 oder im Falle eines Zeitschriften-Berichts über einen Kinderschänder 1997. (Siehe im Einzelnen: „Schwarz-Weiss-Buch", Spruchpraxis Deutscher Presserat, Band 1 und 2.)

Das Selbstkontrollorgan der Presse ist, abgesehen von einer **allgemeinen selbstreinigenden öffentlichen Debatte**, bislang die einzige Instanz, deren Urteil in Fällen dieser Art öffentlich wahrgenommen wird. Die daraus gezogenen Erkenntnisse in seinen Richtlinien haben eine **gewisse Verbindlichkeit für alle Medien** gewonnen.

b) Ordentliches Handwerk

Die zweite Kategorie der vom Presserat aufgestellten berufsethischen Regeln betrifft das journalistische **Handwerk**. Ordentlich ausgeführtes Handwerk gehört zum journalistischen Anstand. Professionalität bringt Qualität und Ordnung und schafft damit auch einen Rahmen für den angemessenen Umgang mit gegensätzlichen Interessen.

Obwohl es für den Journalistenberuf keine Zugangsbeschränkungen in Form von Prüfungen und anderen Leistungsnachweisen gibt, haben sich **handwerkliche Standards** entwickelt, welche Redaktionen, Verlage, Rundfunksender und inzwischen auch Anbieter redaktioneller Online-Dienste zur professionellen Grundlage ihrer Arbeit machen.

c) Respekt vor rechtlichen Grenzen

Dass zum Anstand auch **Gesetzestreue** gehören muss, liegt auf der Hand. Der Pressekodex enthält dazu nicht etwa nur einen Querverweis, sondern er formuliert detailliert Grundsätze, die sich bereits aus dem Bürgerlichen Gesetzbuch, aus den Landespressegesetzen, dem Urheberrecht, dem **Gesetz gegen den Unlauteren Wettbewerb**, der **Straf- und Zivilprozessordnung** und aus der Rechtsprechung ordentlicher Gerichte ergeben.

So werden zum Interview Empfehlungen formuliert, deren Notwendigkeit sich auch schon aus dem Vertrags-, dem Urheberrecht und dem allgemeinen Persönlichkeitsrecht ergibt (z. B. Schutz des Interviewten vor Entstellungen seiner Aussagen). Auch die Richtlinie zum Umgang mit Leserzuschriften gibt hilfreiche Anleitungen, die ebenso gut aus einem Kommentar zum **Urheberrecht**, zum **allgemeinen Persönlichkeitsrecht** oder zum Landespressegesetz, Stichwort **Sorgfaltspflicht**, stammen könnten.

Die **wettbewerbsrechtliche Pflicht** zur Trennung von redaktionellen und werblichen Inhalten findet sich in Ziffer 7 des Pressekodex wieder, ebenso die Kennzeichnungspflicht von Anzeigen, die in § 10 Landespressegesetz normiert ist. Viele der von der Rechtsprechung entwickelten Grundsätze zum allgemeinen Persönlichkeitsrecht sind unter Ziffer 8 des Pressekodex aufgeführt, einschließlich der vom Bundesverfassungsgericht in den **Lebach-Urteilen** ausgesprochenen **Resozialisierungsgedanken** zugunsten eines verurteilten Straftäters. Schließlich widmet der Pressekodex der **Verdachtsberichterstattung**, einem Schwerpunkt des kritischen, investigativen Journalismus, beinahe alle wesentlichen Hinweise und Argumente, die auch Gerichte bei der Beurteilung des Einzelfalles nach dem BGB in ihre Urteile schreiben. Beinahe wortgleich mit den gesetzlichen Bestimmungen ist die Formulierung der **journalistischen Sorgfaltspflicht** in Ziffer 2 Pressekodex.

3. Überschneidungen von Ethik und Recht – Handlungsanweisungen des Presserats

Das bunte Zusammenfügen von Verhaltensanleitungen aus den Bereichen der Moral, des Handwerks und des Rechts in dem „presseethischen Regelwerk" (Lutz Tillmanns, Jahrbuch 1996, 29) birgt aber auch **Gefahren**. Wenn der Pressekodex helfen soll, das Bewusstsein der Medienschaffenden für Verantwortung, Fairness und Sorgfalt zu schärfen, muss dies im Idealfall bei demjenigen, der alle Regeln beachtet, zu der Überzeugung führen: Ich befolge den Pressekodex, also **handle ich richtig**. Und „richtig" könnte, gefördert durch das **neue Selbstverständnis** des Presserats, auch **rechtlich Orientierung** zu geben, zugleich verstanden werden als „**rechtmäßig**". Unterstützt wird dieses Verständnis dadurch, dass der Pressekodex und die Richtlinien eine **Fülle von Termini aus der Rechtssprache** enthalten, wie zum Beispiel „Rechtsanspruch auf Abdruck" (Richtlinie 2.6), „Persönlichkeitsrecht" (Richtlinie 8.1), „Geheimsphäre des Betroffenen" und „Personen der Zeitgeschichte" (Richtlinie 8.4).

Zugleich bewegt sich die Sprache des Regelwerkes hinsichtlich der **Verbindlichkeit einer Empfehlung** in deutlich differenzierten Abstufungen: „darf nicht" (Richtlinie 1.1), „müssen gekennzeichnet werden" (Richtlinie 1.3), „Der Deutsche Presserat empfiehlt" (Richtlinie 2.1), „Klarstellung geboten" (Richtlinie 2.2), „Wer...verbreitet, darf sich...verlassen" (Richtlinie 2.3), „Journalisten sollten" (Richtlinie 2.4), „muss angegeben werden" (Richtlinie 2.4) oder „hat richtig zu stellen" (Ziffer 3 Kodex).

Es entsteht so der Eindruck einer abschließenden, komplexen Regelung des journalistischen Arbeitsfeldes durch das „**journalistische Ehrengericht**" (siehe oben). Tatsächlich ergeben sich unter rechtlichen Gesichtspunkten aber **Lücken** und Ungenauigkeiten. Die **Möglichkeiten der Wahrheitsfindung** durch den Presserat sind zudem **begrenzt**, vergleichbare Instrumente, wie sie Straf- und Zivilprozessordnung einem Gericht geben, hat der Presserat nicht zur Verfügung.

Die Empfehlungen und kodifizierten Grundsätze des Presserates, so wichtig und nützlich sie sind, reichen als rechtliche Orientierung in der journalistischen Arbeit nicht aus. Bei den **Pflichten zum Interview** weicht er z. B. von Rechtsgrundsätzen sogar gefährlich ab: Er gibt Journalisten nur die schwache Empfehlung, sie „sollten" sich bei einem Interview als solche zu erkennen geben (Richtlinie 2.4 und Jahrbuch 1996, 31). Juristisch ist dies aber nicht **ins Belieben des Journalisten zu stellen**, sondern notwendig, denn der Interviewpartner, der über den Zweck des Gesprächs und über das veröffentlichende Medium getäuscht wird, kann seine Einwilligung zu dem Interview anschließend für unwirksam erklären, so dass der Abdruck des Interviews eine **Persönlichkeitsrechtsverletzung** wäre. Und das wäre dann nicht nur ein Fall für den Presserat, sondern auch für das Zivilgericht (siehe oben B.II.).

II. Publizistische Grundsätze (Pressekodex)

Vom Deutschen Presserat in Zusammenarbeit mit den
Presseverbänden beschlossen und Bundespräsident
Gustav W. Heinemann am 12. Dezember 1973 in Bonn überreicht
in der Fassung vom 20. 6. 2001

Die im Grundgesetz der Bundesrepublik verbürgte Pressefreiheit schließt die Unabhängigkeit und Freiheit der Information, der Meinungsäußerung und der Kritik ein. Verleger, Herausgeber und Journalisten müssen sich bei ihrer Arbeit der Verantwortung gegenüber der Öffentlichkeit und ihrer Verpflichtung für das Ansehen der Presse bewusst sein. Sie nehmen ihre publizistische Aufgabe nach bestem Wissen und Gewissen, unbeeinflusst von persönlichen Interessen und sachfremden Beweggründen wahr.

Die Publizistischen Grundsätze konkretisieren die Berufsethik der Presse. Sie umfasst die Pflicht, im Rahmen der Verfassung und der verfassungskonformen Gesetze das Ansehen der Presse zu wahren und für die Freiheit der Presse einzustehen.

Die Regelungen zum Redaktionsdatenschutz gelten für die Presse, soweit sie personenbezogene Daten zu journalistisch-redaktionellen Zwecken erhebt, verarbeitet oder nutzt. Von der Recherche über Redaktion, Veröffentlichung, Dokumentation bis hin zur Archivierung dieser Daten achtet die Presse das Privatleben, die Intimsphäre und das Recht auf informationelle Selbstbestimmung des Menschen.

Die Berufsethik räumt jedem das Recht ein, sich über die Presse zu beschweren. Beschwerden sind begründet, wenn die Berufsethik verletzt wird.

Ziffer 1. Die Achtung vor der Wahrheit, die Wahrung der Menschenwürde und die wahrhaftige Unterrichtung der Öffentlichkeit sind oberste Gebote der Presse.

Richtlinie 1.1 – Exklusivverträge: Die Unterrichtung der Öffentlichkeit über Vorgänge oder Ereignisse, die nach Bedeutung, Gewicht und Tragweite für die Meinungs- und Willensbildung wesentlich sind, darf nicht durch Exklusivverträge mit den Informationsträgern oder durch deren Abschirmung eingeschränkt oder verhindert werden. Wer ein Informationsmonopol anstrebt, schließt die übrige Presse von der Beschaffung von Nachrichten dieser Bedeutung aus und behindert damit die Informationsfreiheit.

Richtlinie 1.2 – Wahlkampfveranstaltungen: Es entspricht journalistischer Fairness, dient der Informationsfreiheit der Bürger und wahrt die Chancengleichheit der demokratischen Parteien, wenn die Presse in ihrer Berichterstattung über Wahlkampfveranstaltungen auch Auffassungen mitteilt, die sie selbst nicht teilt.

Richtlinie 1.3 – Pressemitteilungen: Pressemitteilungen, die von Behörden, Parteien, Verbänden, Vereinen oder anderen Interessenvertretungen herausgeben werden, müssen als solche gekennzeichnet werden, wenn sie ohne Bearbeitung durch die Redaktion veröffentlicht werden.

Ziffer 2. Zur Veröffentlichung bestimmte Nachrichten und Informationen in Wort und Bild sind mit der nach den Umständen gebotenen Sorgfalt auf ihren Wahrheitsgehalt zu prüfen. Ihr Sinn darf durch Bearbeitung, Überschrift oder Bildbeschriftung weder entstellt noch verfälscht werden. Dokumente müssen sinngetreu wiedergegeben werden. Unbestätigte Meldungen, Gerüchte und Vermutungen sind als solche erkennbar zu machen.

Symbolfotos müssen als solche kenntlich sein oder erkennbar gemacht werden.

Richtlinie 2.1 – Umfrageergebnisse: Der Deutsche Presserat empfiehlt der Presse, bei der Veröffentlichung von Umfrageergebnissen von Meinungsbefragungsinstituten die Zahl der Befragten, den Zeitpunkt der Befragung, den Auftraggeber sowie die Fragestellung mitzuteilen.

Sofern es keinen Auftraggeber gibt, soll vermerkt werden, dass die Umfragedaten auf die eigene Initiative des Meinungsbefragungsinstituts zurückgehen.

Richtlinie 2.2 – Symbolfoto: Kann eine Illustration, insbesondere eine Fotografie, beim flüchtigen Lesen als dokumentarische Abbildung aufgefasst werden, obwohl es sich um ein Symbolfoto handelt, so ist eine entsprechende Klarstellung geboten. So sind

– Ersatz- oder Behelfsillustrationen (gleiches Motiv bei anderer Gelegenheit, anderes Motiv bei gleicher Gelegenheit etc.)
– symbolische Illustrationen (nachgestellte Szene, künstlich visualisierter Vorgang zum Text etc.)
– Fotomontagen oder sonstige Veränderungen

deutlich wahrnehmbar in Bildlegende bzw. Bezugstext als solche erkennbar zu machen.

Richtlinie 2.3 – Vorausberichte: Die Presse trägt für von ihr herausgegebene Vorausberichte, die in gedrängter Fassung den Inhalt einer angekündigten Veröffentlichung wiedergeben, die publizistische Verantwortung. Wer Vorausberichte von Presseorganen unter Angabe der Quelle weiter verbreitet, darf sich grundsätzlich auf ihren Wahrheitsgehalt verlassen. Kürzungen oder Zusätze dürfen nicht dazu führen, dass wesentliche Teile der Veröffentlichung eine andere Tendenz erhalten oder unrichtige Rückschlüsse zulassen, durch die berechtigte Interessen Dritter verletzt werden.

Richtlinie 2.4 – Interview: Ein Interview ist auf jeden Fall journalistisch korrekt, wenn es vom Interviewten oder dessen Beauftragten autorisiert wurde. Unter besonderem Zeitdruck ist es auch korrekt, Äußerungen in unautorisierter Interviewform zu veröffentlichen, wenn den Gesprächspartnern klar ist, dass die Aussagen zur wörtlichen oder sinngemäßen Publikation gedacht sind. Journalisten sollten sich stets als solche zu erkennen geben.

Wird ein Interview ganz oder in wesentlichen Teilen im Wortlaut übernommen, so muss die Quelle angegeben werden. Wird der wesentliche Inhalt der geäußerten Gedanken mit eigenen Worten wiedergegeben, entspricht eine Quellenangabe journalistischem Anstand.

Bei Ankündigung eines Interviews in Form einer Kurzfassung ist zu beachten, dass der Interviewte gegen Entstellungen oder Beeinträchtigungen, die seine berechtigten Interessen gefährden, geschützt ist.

Richtlinie 2.5 – Sperrfristen: Sperrfristen, bis zu deren Ablauf die Veröffentlichung bestimmter Nachrichten aufgeschoben werden soll, sind nur dann vertretbar, wenn sie einer sachgemäßen und sorgfältigen Berichterstattung dienen. Sie unterliegen grundsätzlich der freien Vereinbarung zwischen Informanten und Medien. Sperrfristen sind nur dann einzuhalten, wenn es dafür einen sachlich gerechtfertigten Grund gibt, wie zum Beispiel beim Text einer noch nicht gehaltenen Rede, beim vorzeitig ausgegebenen Geschäftsbericht einer Firma oder bei Informationen über ein noch nicht eingetretenes Ereignis (Versammlungen, Beschlüsse, Ehrungen u. a.). Werbezwecke sind kein sachlicher Grund für Sperrfristen.

Richtlinie 2.6 – Leserbriefe: (1) Den Lesern sollte durch Abdruck von Leserbriefen, sofern sie nach Form und Inhalt geeignet sind, die Möglichkeit eingeräumt werden, Meinungen zu äußern und damit an der Meinungsbildung teilzunehmen. Es entspricht der journalistischen Sorgfaltspflicht, bei der Veröffentlichung von Leserbriefen die Publizistischen Grundsätze zu beachten.

(2) Zuschriften an Verlage oder Redaktionen können als Leserbriefe veröffentlicht werden, wenn aus Form und Inhalt erkennbar auf einen solchen Willen des Einsenders geschlossen werden kann. Eine Einwilligung kann unterstellt werden, wenn sich die Zuschrift zu Veröffentlichungen des Blattes oder zu allgemein interessierenden Themen äußert. Der Verfasser hat keinen Rechtsanspruch auf Abdruck seiner Zuschrift.

(3) Es entspricht einer allgemeinen Übung, dass der Abdruck mit dem Namen des Verfassers erfolgt. Nur in Ausnahmefällen kann auf Wunsch des Verfassers eine andere Zeichnung erfolgen. Die Presse sollte beim Abdruck auf die Veröffentlichung von Adressangaben verzichten. Bestehen Zweifel an der Identität des Absenders, soll auf den Abdruck verzichtet werden. Die Veröffentlichung fingierter Leserbriefe ist mit der Aufgabe der Presse unvereinbar.

(4) Änderungen oder Kürzungen von Zuschriften namentlich bekannter Verfasser ohne deren Einverständnis sind grundsätzlich unzulässig. Kürzungen sind möglich, wenn die Rubrik Leserzuschriften einen ständigen Hinweis enthält, dass sich die Redaktion bei Zuschriften, die für diese Rubrik bestimmt sind, das Recht der sinnwahrenden Kürzung vorbehält. Verbietet der Einsender ausdrücklich Änderungen oder Kürzungen, so hat sich die Redaktion, auch wenn sie sich das Recht der Kürzung vorbehalten hat, daran zu halten oder auf den Abdruck zu verzichten.

(5) Alle einer Redaktion zugehenden Leserbriefe unterliegen dem Redaktionsgeheimnis. Sie dürfen in keinem Fall an Dritte weitergegeben werden.

Ziffer 3. Veröffentlichte Nachrichten oder Behauptungen, insbesondere personenbezogener Art, die sich nachträglich als falsch erweisen, hat das Publikationsorgan, das sie gebracht hat, unverzüglich von sich aus in angemessener Weise richtig zu stellen.

Richtlinie 3.1 – Richtigstellung: Für den Leser muss erkennbar sein, dass die vorangegangene Meldung ganz oder zum Teil unrichtig war. Deshalb nimmt eine Richtigstellung bei der Wiedergabe des korrekten Sachverhalts auf die vorangegangene Falschmeldung Bezug. Der wahre Sachverhalt wird geschildert, auch dann, wenn der Irrtum bereits in anderer Weise in der Öffentlichkeit eingestanden worden ist.

Richtlinie 3.2 – Dokumentierung: Führt die journalistisch-redaktionelle Erhebung, Verarbeitung oder Nutzung personenbezogener Daten durch die Presse zur Veröffentlichung von Richtigstellungen, Widerrufen, Gegendarstellungen oder zu Rügen des Deutschen Presserats, so sind diese Veröffentlichungen von dem betreffenden Publikationsorgan zu den gespeicherten Daten zu nehmen und für dieselbe Zeitdauer zu dokumentieren wie die Daten selbst.

Richtlinie 3.3 – Auskunft: Wird jemand durch eine Berichterstattung in der Presse in seinem Persönlichkeitsrecht beeinträchtigt, so hat das verantwortliche Publikationsorgan dem Betroffenen auf Antrag Auskunft über die der Berichterstattung zugrunde liegenden, zu seiner Person gespeicherten Daten zu erstatten. Die Auskunft darf verweigert werden, soweit

– aus den Daten auf Personen, die bei der Recherche, Bearbeitung oder Veröffentlichung von Beiträgen berufsmäßig journalistisch mitwirken oder mitgewirkt haben, geschlossen werden kann,

– aus den Daten auf die Person des Einsenders, Gewährsträgers oder Informanten von Beiträgen, Unterlagen und Mitteilungen für den redaktionellen Teil geschlossen werden kann,

– durch die Mitteilung der recherchierten oder sonst erlangten Daten die journalistische Aufgabe des Publikationsorgans durch Ausforschung des Informationsbestandes beeinträchtigt würde oder

– es sich sonst als notwendig erweist, um das Recht auf Privatsphäre mit den für die Freiheit der Meinungsäußerung geltenden Vorschriften in Einklang zu bringen.

Ziffer 4. Bei der Beschaffung von personenbezogenen Daten, Nachrichten, Informationsmaterial und Bildern dürfen keine unlauteren Methoden angewandt werden.

Richtlinie 4.1 – Grundsätze der Recherchen: Recherche ist unverzichtbares Instrument journalistischer Sorgfaltspflicht. Journalisten geben sich grundsätzlich zu erkennen. Unwahre Angaben des recherchierenden Journalisten über seine Identität und darüber, welches Organ er vertritt, sind grundsätzlich mit dem Ansehen und der Funktion der Presse nicht vereinbar.

Verdeckte Recherche ist im Einzelfall gerechtfertigt, wenn damit Informationen von besonderem öffentlichen Interesse beschafft werden, die auf andere Weise nicht zugänglich sind.

Bei Unglücksfällen und Katastrophen beachtet die Presse, dass Rettungsmaßnahmen für Opfer und Gefährdete Vorrang vor dem Informationsanspruch der Öffentlichkeit haben.

Richtlinie 4.2 – Recherche bei schutzbedürftigen Personen: Bei der Recherche gegenüber schutzbedürftigen Personen ist besondere Zurückhaltung geboten. Dies betrifft vor allem Menschen, die sich nicht im Vollbesitz ihrer geistigen oder körperlichen Kräfte befinden oder einer seelischen Extremsituation ausgesetzt sind, aber auch Kinder und Jugendliche. Die eingeschränkte Willenskraft oder die besondere Lage solcher Personen darf nicht gezielt zur Informationsbeschaffung ausgenutzt werden.

Richtlinie 4.3 – Sperrung oder Löschung personenbezogener Daten: Personenbezogene Daten, die unter Verstoß gegen den Pressekodex erhoben wurden, sind von dem betreffenden Publikationsorgan zu sperren oder zu löschen.

Ziffer 5. Die vereinbarte Vertraulichkeit ist grundsätzlich zu wahren.

Richtlinie 5.1 – Vertraulichkeit: Hat der Informant die Verwertung seiner Mitteilung davon abhängig gemacht, dass er als Quelle unerkennbar oder ungefährdet bleibt, so ist diese Bedingung zu respektieren. Vertraulichkeit kann nur dann nicht bindend sein, wenn die Information ein Verbrechen betrifft und die Pflicht zur Anzeige besteht. Vertraulichkeit muss nicht gewahrt werden, wenn bei sorgfältiger Güter- und Interessenabwägung gewichtige staatspolitische Gründe überwiegen, insbesondere wenn die verfassungsmäßige Ordnung berührt oder gefährdet ist.

Über als geheim bezeichnete Vorgänge und Vorhaben darf berichtet werden, wenn nach sorgfältiger Abwägung festgestellt wird, dass das Informationsbedürfnis der Öffentlichkeit höher rangiert als die für die Geheimhaltung angeführten Gründe.

Ziffer 6. Jede in der Presse tätige Person wahrt das Ansehen und die Glaubwürdigkeit der Medien sowie das Berufsgeheimnis, macht vom Zeugnisverweigerungsrecht Gebrauch und gibt Informanten ohne deren ausdrückliche Zustimmung nicht preis.

Richtlinie 6.1 – Trennung von Funktionen: Übt ein Journalist oder Verleger neben seiner publizistischen Tätigkeit eine Funktion, beispielsweise in einer Regierung, einer Behörde oder in einem Wirtschaftsunternehmen aus, müssen alle Beteiligten auf strikte Trennung dieser Funktionen achten. Gleiches gilt im umgekehrten Fall. Widerstreitende Interessen schaden dem Ansehen der Presse.

Richtlinie 6.2 – Nachrichtendienstliche Tätigkeiten: Nachrichtendienstliche Tätigkeiten von Journalisten und Verlegern sind mit den Pflichten aus dem Berufsgeheimnis und dem Ansehen der Presse nicht vereinbar.

Ziffer 7. Die Verantwortung der Presse gegenüber der Öffentlichkeit gebietet, dass redaktionelle Veröffentlichungen nicht durch private oder geschäftliche Interessen Dritter oder durch persönliche wirtschaftliche Interessen der Journalistinnen und Journalisten beeinflusst werden. Verleger und Redakteure wehren derartige Versuche ab und achten auf eine klare Trennung zwischen redaktionellem Text und Veröffentlichungen zu werblichen Zwecken.

Richtlinie 7.1 – Trennung von redaktionellem Text und Anzeigen: Für bezahlte Veröffentlichungen gelten die werberechtlichen Regelungen. Nach ihnen müssen die Veröffentlichungen so gestaltet sein, dass die Werbung für den Leser als Werbung erkennbar ist.

Richtlinie 7.2 – Schleichwerbung: Redaktionelle Veröffentlichungen, die auf Unternehmen, ihre Erzeugnisse, Leistungen oder Veranstaltungen hinweisen, dürfen nicht die Grenze zur Schleichwerbung überschreiten. Eine Überschreitung liegt insbesondere nahe, wenn die Veröffentlichung über ein begründetes öffentliches Interesse oder das Informationsinteresse der Leser hinausgeht.

Die Glaubwürdigkeit der Presse als Informationsquelle gebietet besondere Sorgfalt beim Umgang mit PR-Material sowie bei der Abfassung eigener redaktioneller Hinweise durch die Redaktionen.

Dies gilt auch für unredigierte Werbetexte, Werbefotos und Werbezeichnungen.

Richtlinie 7.3 – Sonderveröffentlichungen: Sonderveröffentlichungen unterliegen der gleichen redaktionellen Verantwortung wie alle redaktionellen Veröffentlichungen.

Ziffer 8. Die Presse achtet das Privatleben und die Intimsphäre des Menschen. Berührt jedoch das private Verhalten öffentliche Interessen, so kann es im Einzelfall in der Presse erörtert werden. Dabei ist zu prüfen, ob durch eine Veröffentlichung Persönlichkeitsrechte Unbeteiligter verletzt werden.

Die Presse achtet das Recht auf informationelle Selbstbestimmung und gewährleistet den redaktionellen Datenschutz.

Richtlinie 8.1 – Nennung von Namen/Abbildungen: (1) Die Nennung der Namen und die Abbildung von Opfern und Tätern in der Berichterstattung über Unglücksfälle, Straftaten, Ermittlungs- und Gerichtsverfahren (siehe auch Ziffer 13 des Pressekodex) sind in der Regel nicht gerechtfertigt. Immer ist zwischen dem Informationsinteresse der Öffentlichkeit und dem Persönlichkeitsrecht des Betroffenen abzuwägen. Sensationsbedürfnisse können ein Informationsinteresse der Öffentlichkeit nicht begründen.

(2) Opfer von Unglücksfällen oder von Straftaten haben Anspruch auf besonderen Schutz ihres Namens. Für das Verständnis des Unfallgeschehens bzw. des Tathergangs ist das Wissen um die Identität des Opfers in der Regel unerheblich. Ausnahmen können bei Personen der Zeitgeschichte oder bei besonderen Begleitumständen gerechtfertigt sein.

(3) Bei Familienangehörigen und sonstigen durch die Veröffentlichung mittelbar Betroffenen, die mit dem Unglücksfall oder der Straftat nichts zu tun haben, sind Namensnennung und Abbildung grundsätzlich unzulässig.

(4) Die Nennung des vollständigen Namens und/oder die Abbildung von Tatverdächtigen, die eines Kapitalverbrechens beschuldigt werden, ist ausnahmsweise dann gerechtfertigt, wenn dies im Interesse der Verbrechensaufklärung liegt und Haftbefehl beantragt ist oder wenn das Verbrechen unter den Augen der Öffentlichkeit begangen wird.

Liegen Anhaltspunkte für eine mögliche Schuldunfähigkeit eines Täters oder Tatverdächtigen vor, sollen Namensnennung und Abbildung unterbleiben.

(5) Bei Straftaten Jugendlicher sind mit Rücksicht auf die Zukunft der Jugendlichen möglichst Namensnennung und identifizierende Bildveröffentlichungen zu unterlassen, sofern es sich nicht um schwere Taten handelt.

(6) Bei Amts- und Mandatsträgern können Namensnennung und Abbildung zulässig sein, wenn ein Zusammenhang zwischen Amt und Mandat und einer Straftat gegeben ist. Gleiches trifft auf Personen der Zeitgeschichte zu, wenn die ihnen zur Last gelegte Tat im Widerspruch steht zu dem Bild, das die Öffentlichkeit von ihnen hat.

(7) Namen und Abbild Vermisster dürfen veröffentlicht werden, jedoch nur im Benehmen mit den zuständigen Behörden.

Richtlinie 8.2 – Schutz des Aufenthaltsortes: Der private Wohnsitz sowie andere Orte der privaten Niederlassung, wie z. B. Krankenhaus-, Pflege-, Kur-, Haft- oder Rehabilitationsorte, genießen besonderen Schutz.

Richtlinie 8.3 – Resozialisierung: Im Interesse der Resozialisierung müssen bei der Berichterstattung im Anschluss an ein Strafverfahren in der Regel Namensnennung und Abbildung unterbleiben.

Richtlinie 8.4 – Erkrankungen: Körperliche und psychische Erkrankungen oder Schäden fallen grundsätzlich in die Geheimsphäre des Betroffenen. Mit Rücksicht auf ihn und seine Angehörigen soll die Presse in solchen Fällen auf Namensnennung und Bild verzichten und abwertende Bezeichnungen der Krankheit oder der Krankenanstalt, auch wenn sie im Volksmund anzutreffen sind, vermeiden. Auch Personen der Zeitgeschichte genießen über den Tod hinaus den Schutz vor diskriminierenden Enthüllungen.

Richtlinie 8.5 – Selbsttötung: Die Berichterstattung über Selbsttötung gebietet Zurückhaltung. Dies gilt insbesondere für die Nennung von Namen und die Schilderung näherer Begleitumstände. Eine Ausnahme ist beispielsweise dann zu rechtfertigen, wenn es sich um einen Vorfall der Zeitgeschichte von öffentlichem Interesse handelt.

Richtlinie 8.6 – Opposition und Fluchtvorgänge: Bei der Berichterstattung über Länder, in denen Opposition gegen die Regierung Gefahren für Leib und Leben bedeuten kann, ist immer zu bedenken: Durch die Nennung von Namen oder die Wiedergabe eines Fotos können Betroffene identifiziert und verfolgt werden. Gleiches gilt für die Berichterstattung über Flüchtlinge. Weiter ist zu bedenken: Die Veröffentlichung von Einzelheiten über Geflüchtete, die Vorbereitung und Darstellung ihrer Flucht sowie ihren Fluchtweg kann dazu führen, dass zurückgebliebene Verwandte und Freunde gefährdet oder noch bestehende Fluchtmöglichkeiten verbaut werden.

Richtlinie 8.7 – Jubiläumsdaten: Die Veröffentlichung von Jubiläumsdaten solcher Personen, die sonst nicht im Licht der Öffentlichkeit stehen, bedingt, dass sich die Redaktion vorher vergewissert hat, ob die Betroffenen mit der Veröffentlichung einverstanden sind oder vor öffentlicher Anteilnahme geschützt sein wollen.

Richtlinie 8.8 – Datenübermittlung: Alle von Redaktionen zu journalistisch-redaktionellen Zwecken erhobenen, verarbeiteten oder genutzten personenbezogenen Daten unterliegen dem Redaktionsgeheimnis. Die Übermittlung von Daten zu journalistisch-redaktionellen Zwecken zwischen den Redaktionen ist zulässig. Sie soll bis zum Abschluss eines formellen datenschutzrechtlichen Beschwerdeverfahrens unterbleiben.

Eine Datenübermittlung ist mit dem Hinweis zu versehen, dass die übermittelten Daten nur zu journalistisch-redaktionellen Zwecken verarbeitet oder genutzt werden dürfen.

Ziffer 9. Es widerspricht journalistischem Anstand, unbegründete Behauptungen und Beschuldigungen, insbesondere ehrverletzender Natur, zu veröffentlichen.

Ziffer 10. Veröffentlichungen in Wort und Bild, die das sittliche oder religiöse Empfinden einer Personengruppe nach Form und Inhalt wesentlich verletzen können, sind mit der Verantwortung der Presse nicht zu vereinbaren.

Ziffer 11. Die Presse verzichtet auf eine unangemessen sensationelle Darstellung von Gewalt und Brutalität. Der Schutz der Jugend ist in der Berichterstattung zu berücksichtigen.
Richtlinie 11.1 – Unangemessene Darstellung: Unangemessen sensationell ist eine Darstellung, wenn in der Berichterstattung der Mensch zum Objekt, zu einem bloßen Mittel, herabgewürdigt wird. Dies ist insbesondere dann der Fall, wenn über einen sterbenden oder körperlich oder seelisch leidenden Menschen in einer über das öffentliche Interesse und das Informationsinteresse der Leser hinausgehenden Art und Weise berichtet wird.
Richtlinie 11.2 – Berichterstattung über Gewalttaten: Bei der Berichterstattung über Gewalttaten, auch angedrohte, wägt die Presse das Informationsinteresse der Öffentlichkeit gegen die Interessen der Opfer und Betroffenen sorgsam ab. Sie berichtet über diese Vorgänge unabhängig und authentisch, lässt sich aber dabei nicht zum Werkzeug von Verbrechern machen. Sie unternimmt keine eigenmächtigen Vermittlungsversuche zwischen Verbrechern und Polizei.
Interviews mit Tätern während des Tatgeschehens darf es nicht geben.
Richtlinie 11.3 – Unglücksfälle und Katastrophen: Die Berichterstattung über Unglücksfälle und Katastrophen findet ihre Grenze im Respekt vor dem Leid von Opfern und den Gefühlen von Angehörigen. Die vom Unglück Betroffenen dürfen grundsätzlich durch die Darstellung nicht ein zweites Mal zu Opfern werden.
Richtlinie 11.4 – Abgestimmtes Verhalten mit Behörden/Nachrichtensperre: Nachrichtensperren akzeptiert die Presse grundsätzlich nicht. Ein abgestimmtes Verhalten zwischen Medien und Polizei gibt es nur dann, wenn Leben und Gesundheit von Opfern und anderen

Beteiligten durch das Handeln von Journalisten geschützt oder gerettet werden können. Dem Ersuchen von Strafverfolgungsbehörden, die Berichterstattung im Interesse der Aufklärung von Verbrechen in einem bestimmten Zeitraum, ganz oder teilweise zu unterlassen, folgt die Presse, wenn das jeweilige Ersuchen überzeugend begründet ist.

Richtlinie 11.5 – Verbrecher-Memoiren: Die Veröffentlichung so genannter Verbrecher-Memoiren verstößt gegen die Publizistischen Grundsätze, wenn Straftaten nachträglich gerechtfertigt oder relativiert werden, die Opfer unangemessen belastet und durch eine detaillierte Schilderung eines Verbrechens lediglich Sensationsbedürfnisse befriedigt werden.

Richtlinie 11.6 – Drogen: Veröffentlichungen in der Presse dürfen den Gebrauch von Drogen nicht verharmlosen.

Ziffer 12. Niemand darf wegen seines Geschlechts oder seiner Zugehörigkeit zu einer rassischen, ethnischen, religiösen, sozialen oder nationalen Gruppe diskriminiert werden.

Richtlinie 12.1 – Berichterstattung über Straftaten: In der Berichterstattung über Straftaten wird die Zugehörigkeit der Verdächtigen oder Täter zu religiösen, ethnischen oder anderen Minderheiten nur dann erwähnt, wenn für das Verständnis des berichteten Vorgangs ein begründbarer Sachbezug besteht.

Besonders ist zu beachten, dass die Erwähnung Vorurteile gegenüber schutzbedürftigen Gruppen schüren könnte.

Ziffer 13. Die Berichterstattung über Ermittlungsverfahren, Strafverfahren und sonstige förmliche Verfahren muss frei von Vorurteilen erfolgen. Die Presse vermeidet deshalb vor Beginn und während der Dauer eines solchen Verfahrens in Darstellung und Überschrift jede präjudizierende Stellungnahme. Ein Verdächtiger darf vor einem gerichtlichen Urteil nicht als Schuldiger hingestellt werden. Über Entscheidungen von Gerichten soll nicht ohne schwerwiegende Rechtfertigungsgründe vor deren Bekanntgabe berichtet werden.

Richtlinie 13.1 – Vorverurteilung – Folgeberichterstattung: Die Berichterstattung über Ermittlungs- und Gerichtsverfahren dient der sorgfältigen Unterrichtung der Öffentlichkeit über Straftaten, deren Verfolgung und richterlichen Bewertung. Bis zu einer gerichtlichen Verurteilung gilt die Unschuldsvermutung, auch im Falle eines Geständnisses. Auch wenn eine Täterschaft für die Öffentlichkeit offenkundig ist, darf der Betroffene bis zu einem Gerichtsurteil nicht als Schuldiger im Sinne eines Urteilsspruchs hingestellt werden.

Vorverurteilende Darstellungen und Behauptungen verstoßen gegen den verfassungsrechtlichen Schutz der Menschenwürde, der uneingeschränkt auch für Straftäter gilt.

Ziel der Berichterstattung darf in einem Rechtsstaat nicht eine soziale Zusatzbestrafung Verurteilter mit Hilfe eines „Medien-Prangers" sein. Daher ist zwischen Verdacht und erwiesener Schuld in der Sprache der Berichterstattung deutlich zu unterscheiden.

Hat die Presse über eine noch nicht rechtskräftige Verurteilung eines namentlich erwähnten oder für einen größeren Leserkreis erkennbaren Betroffenen berichtet, soll sie auch über einen rechtskräftig abschließenden Freispruch bzw. über eine deutliche Minderung des Strafvorwurfs berichten, sofern berechtigte Interessen des Betroffenen dem nicht entgegenstehen. Diese Empfehlung gilt sinngemäß auch für die Einstellung eines Ermittlungsverfahrens.

Kritik und Kommentar zu einem Verfahren sollen sich erkennbar vom Prozessbericht unterscheiden.

Richtlinie 13.2 – Straftaten Jugendlicher: Bei der Berichterstattung über Ermittlungs- und Strafverfahren gegen Jugendliche sowie über ihr Auftreten vor Gericht soll die Presse mit Rücksicht auf die Zukunft der Betroffenen besondere Zurückhaltung üben. Diese Empfehlung gilt sinngemäß für jugendliche Opfer von Straftaten.

Ziffer 14. Bei Berichten über medizinische Themen ist eine unangemessen sensationelle Darstellung zu vermeiden, die unbegründete Befürchtungen oder Hoffnungen beim Leser erwecken könnte. Forschungsergebnisse, die sich in einem frühen Stadium befinden, sollten nicht als abgeschlossen oder nahezu abgeschlossen dargestellt werden.

Richtlinie 14.1 – Medizinische oder pharmazeutische Forschung: Die Berichterstattung über angebliche Erfolge oder Misserfolge der medizinischen oder pharmazeutischen Forschung zur Bekämpfung von Krankheiten verlangt Sorgfalt und Verantwortungsgefühl. In Text und Aufmachung ist alles zu unterlassen, was bei Kranken und deren Angehörigen unbegründete und mit dem tatsächlichen Stand der medizinischen Forschung nicht in Einklang stehende Hoffnungen auf Heilung in absehbarer Zeit erweckt. Andererseits sollen durch kritische oder gar einseitige Berichte über kontrovers diskutierte Meinungen Kranke nicht verunsichert und der mögliche Erfolg therapeutischer Maßnahmen nicht in Frage gestellt werden.

Ziffer 15. Die Annahme und Gewährung von Vorteilen jeder Art, die geeignet sein könnten, die Entscheidungsfreiheit von Verlag und Redaktion zu beeinträchtigen, sind mit dem Ansehen, der Unabhängigkeit und der Aufgabe der Presse unvereinbar. Wer sich für die Verbreitung oder Unterdrückung von Nachrichten bestechen lässt, handelt unehrenhaft und berufswidrig.

Richtlinie 15.1 – Einladungen und Geschenke: Die Gefahr einer Beeinträchtigung der Entscheidungsfreiheit von Verlagen und Redaktionen sowie der unabhängigen Urteilsbildung der Journalisten besteht, wenn Redakteure und redaktionelle Mitarbeiter Einladungen oder Geschenke annehmen, deren Wert das im gesellschaftlichen Verkehr übliche und im Rahmen der beruflichen Tätigkeit notwendige Maß übersteigt. Schon der Anschein, die Entscheidungsfreiheit von Verlag und Redaktion könne durch Gewährung von Einladungen oder Geschenken beeinträchtigt werden, ist zu vermeiden.

Geschenke sind wirtschaftliche und ideelle Vergünstigungen jeder Art. Die Annahme von Werbeartikeln zum täglichen Gebrauch oder sonstiger geringwertiger Gegenstände zu traditionellen Gelegenheiten ist unbedenklich.

Recherche und Berichterstattung dürfen durch die Vergabe oder Annahme von Geschenken, Rabatten oder Einladungen nicht beeinflusst, behindert oder gar verhindert werden. Verlage und Journalisten sollten darauf bestehen, dass Informationen unabhängig von der Annahme eines Geschenks oder einer Einladung gegeben werden.

Ziffer 16. Es entspricht fairer Berichterstattung, vom Deutschen Presserat öffentlich ausgesprochene Rügen abzudrucken, insbesondere in den betroffenen Publikationsorganen.

Richtlinie 16.1 – Rügenabdruck: Für das betroffene Publikationsorgan gilt:

Der Leser muss erfahren, welcher Sachverhalt der gerügten Veröffentlichung zugrunde lag und welcher publizistische Grundsatz dadurch verletzt wurde.

III. Schlusswort

Dieses Buch wäre ohne die Unterstützung einiger Wegbegleiter nicht entstanden. Danke: Dem Journalisten und Juristen Martin Huff, der das Projekt auf die Schiene hob; der Journalistin Heike Groll, die der Autorin in vielen Gesprächen wertvolle Anregungen gab und ihr journalistische Bodenhaftung vermittelte; dem Kollegen und SPIEGEL-Justiziar Dietrich Krause, der für fachlichen Austausch immer wieder mal hilfreich zur Verfügung stand; dem Rechtsreferendar und wissenschaftlichen Mitarbeiter der Uni Hamburg, Tobias Gostomzyk, der mit hohem medienrechtlichen Sachverstand das Manuskript gegenlas, und dem Journalisten und Ehemann Peter Bölke, dessen Geduld und Vertrauen alles überhaupt erst ermöglichte.

Sachverzeichnis

Zahlen = Seiten

Buchanzeigen

Management und Marketing

Schultz
Basiswissen Betriebswirtschaft

Management, Finanzen, Produktion, Marketing.
Das Buch bietet einen Überblick über die gesamte Betriebswirtschaft und ist gleichermaßen Nachschlagewerk wie Handbuch für Studium und Praxis.
....
1.A. 2003. 328 S.
€ 9,50. dtv 50863 €

Pepels
Marketing-Lexikon

Über 3000 grundlegende und aktuelle Begriffe für Studium und Beruf.
....
2.A. 2002. 969 S.
€ 22,–. dtv 5884 €
....

Pepels
Praxiswissen Marketing

Märkte, Informationen und das Instrumentarium des Marketing.
....
1.A.1996. 349 S.
€ 10,17. dtv 5893 €
....

Schäfer
Management & Marketing Dictionary

Englisch-Deutsch/ Deutsch-Englisch.
Die vollständig überarbeitete Neuauflage enthält in nun einem Band mehr als 26 000 Stichwörter.
....
3.A. 2004. 768 S.
€ 19,50. dtv 50887 €
....

Dichtl/Issing
Vahlens Großes Wirtschaftslexikon

4 Bände in Kassette.
....
2.A.1994. 2505 S.
€ 70,56. dtv 59006 €
....

Diller
Vahlens Großes Marketinglexikon
....
2.A. 2003. 1966 S.
2 Bände im Schuber
€ 49,–. dtv 50861 €
....

P135575-S43

Management und Marketing

Becker
Das Marketingkonzept
Zielstrebig zum Markt-
erfolg!
Die notwendigen Schritte
für schlüssige Marketing-
konzepte, systematisch
und mit Fallbeispielen.

2.A. 2002. 261 S.
€ 9,50. dtv 50806 €

Dichtl
**Strategische Optionen
im Marketing**
Durch Kompetenz und
Kundennähe zu
Konkurrenzvorteilen.

3.A.1994. 303 S.
€ 8,64. dtv 5821 €

Neumann/Nagel
**Professionelles
Direktmarketing**
Das Praxisbuch mit einem
Angebot zu interaktivem
Training.

1.A. 2001. 316 S.
€ 12,50. dtv 5886 €

Schwan/Seipel
**Personalmarketing für
Mittel- und Klein-
betriebe**

1.A.1994. 295 S.
€ 8,64. dtv 5841 €

Becker
**Lexikon des
Personalmanagements**
Über 1000 Begriffe zu
Instrumenten, Methoden
und rechtlichen Grundlagen
betrieblicher Personalarbeit.

2.A. 2002. 677 S.
€ 19,–. dtv 5872 €

**Kleine-Doepke/Standop/
Wirth**
**Management-
Basiswissen**
Konzepte und Methoden
zur Unternehmens-
steuerung.

2.A. 2001. 292 S.
€ 12,50. dtv 5861 €

Füser
Modernes Management
Lean Management,
Business Reengineering,
Benchmarking und viele
andere Methoden.

3.A. 2001. 240 S.
€ 10,–. dtv 50809 €

Hofstede
**Lokales Denken,
globales Handeln**
Interkulturelle Zusammen-
arbeit und globales Mana-
gement.

2.A. 2001. 455 S.
€ 15,–. dtv 50807 €

Schelle
**Projekte
zum Erfolg führen**
Projektmanagement
systematisch und kompakt.

4.A. 2004. 329 S.
€ 11,–. dtv 5888 €

Management und Marketing

Bruhn
Kundenorientierung
Bausteine für ein exzellentes Customer Relationship Management (CRM). Innovationsmanagement, Qualitätsmanagement, Servicemanagement, Kundenbindungsmanagement, Beschwerdemanagement, Integrierte Kommunikation sowie Internes Marketing.

2.A. 2003. 369 S.
€ 14,–. dtv 50808 €

Röthlingshöfer
Werbung mit kleinem Budget
Der Ratgeber für Existenzgründer, kleine und mittlere Unternehmen.
Ganz ohne Werbedeutsch zeigt der Ratgeber, was man für erfolgreiche Werbung braucht.

1.A. 2004. 255 S.
€ 10,–. dtv 50876 €

Pepels
Lexikon der Marktforschung
Über 1000 Begriffe zur Informationsgewinnung im Marketing.

1.A.1997. 358 S.
€ 12,73. dtv 50803 €

Kastin
Marktforschung mit einfachen Mitteln
Daten und Informationen beschaffen, auswerten und interpretieren.

2.A.1999. 409 S.
€ 15,29. dtv 5846 €

Aberle/Baumert
Öffentlichkeitsarbeit
Ein Ratgeber für Klein- und Mittelunternehmen.
„Wer nichts sagt, wird übersehen" – praktische Hilfe, wie gerade kleinere Unternehmen einen erfolgreichen Auftritt in der Öffentlichkeit und Presse schaffen, bietet dieser Ratgeber mit vielen Checklisten.

1.A. 2002. 210 S.
€ 10,–. dtv 50857 €

Hoffmann/Schoper/
Fitzsimons
Internationales Projektmanagement
Interkulturelle Zusammenarbeit in der Praxis. Kommunikation und Information, Führung im Projekt, Entscheidungsfindung, Konflikt-, Risiko- und Lieferantenmanagement, Projektorganisation und -steuerung u.v.m.

1.A. 2004. 378 S.
€ 14,–. dtv 50883 €

Neu im Oktober 2004

Management und Marketing

Leitfaden für die Pressearbeit
Anregungen · Beispiele · Checklisten
Von Knut S. Pauli
3. Auflage

Beck-Wirtschaftsberater im dtv

Pauli
Leitfaden für die Pressearbeit

Anregungen, Beispiele, Checklisten.
Das Buch beschreibt, mit welchem Konzept man erfolgreiche Pressearbeit betreibt und welche Tipps und Trends man kennen muss, um Fehler zu vermeiden.

3.A.2004. 217 S.
€ 9,50. dtv 5868 €
Neu im November 2004

Rota
Public Relations und Medienarbeit
Effektive Öffentlichkeitsarbeit der Unternehmen im Informationszeitalter.

3.A. 2002. 360 S.
€ 12,50. dtv 5814 €
→

Presserecht für Journalisten
Freiheit und Grenzen der Wort- und Bildberichterstattung
Von Dorothee Bölke

Beck-Rechtsberater im dtv

Bölke
Presserecht für Journalisten

Freiheit und Grenzen der Wort- und Bildberichterstattung.
Was ist Journalisten erlaubt und was verboten? Mit Auswertung von Gerichtsurteilen, Checkliste für eine einwandfreie Verdachtsberichterstattung, Tipps zur Fehlervermeidung und zur Schadensbegrenzung.

1.A. 2004. 265 S.
€ 12,50. dtv 50627 §
Neu im Januar 2005

Public Relations und Medienarbeit
Effektive Öffentlichkeitsarbeit der Unternehmen im Informationszeitalter
Von Franco P. Rota
3. Auflage

Beck-Wirtschaftsberater im dtv

Der Veranstaltungsmanager
Aktives Marketing bei Ausstellungen, Kongressen und Tagungen
Von Elisabeth Mehrmann und Irmhild Plaetrich
2. Auflage

Beck-Wirtschaftsberater im dtv

Mehrmann/Plaetrich
Der Veranstaltungsmanager

Aktives Marketing bei Ausstellungen, Kongressen und Tagungen.

2.A. 2003. 247 S.
€ 12,50. dtv 5867 €

Heinrichs/Klein
Kulturmanagement von A–Z

600 Begriffe für Studium und Praxis.

2.A. 2001. 427 S.
€ 12,50. dtv 5877 €

Klein
Kultur-Marketing

Das Marketingkonzept für Kulturbetriebe.
Viele praktische Beispiele stellen den Aufbau eines Kultur-Marketing-Konzepts dar und beschreiben seine Umsetzung.

1.A. 2001. 544 S.
€ 15,–. dtv 50848 €

Volkswirtschaft kompakt

Lexikon der Volkswirtschaft
Über 2200 Begriffe für Studium und Beruf
Von Michael Hohlstein, Barbara Pflugmann, Herbert Sperber und Joachim Sprink
2. Auflage

Beck-Wirtschaftsberater im dtv

Toptitel

Hohlstein/Pflugmann/ Sperber/Sprink
Lexikon der Volkswirtschaft

Über 2200 Begriffe für Studium und Beruf. Kompetent, präzise und verständlich das Wichtigste aus Geld- und Fiskalpolitik, Ordnungs- und Wettbewerbspolitik, Steuer- und Arbeitsmarktpolitik, Außenwirtschafts- und Entwicklungpolitik, Sozialpolitik und empirischer Wirtschaftsforschung.

2.A. 2003. 885 S.
€ 19,50. dtv 5898 €

Wagner
Volkswirtschaft für jedermann

Die marktwirtschaftliche Demokratie.

2.A.1994. 160 S.
€ 7,11. dtv 5822 €

Sinn
Mut zu Reformen

50 Denkanstöße für die Wirtschaftspolitik.
Ein spannender Einstieg in aktuelle wirtschaftspolitische Themen mit vielen nützlichen, wenn auch nicht immer angenehmen Denkanstößen.

1.A. 2004. 169 S.
€ 9,50. dtv 50888 €

Neu im Oktober 2004

Sinn/Sinn
Kaltstart

Volkswirtschaftliche Aspekte der deutschen Vereinigung.

1.A.1993. 332 S.
€ 6,54. dtv 5856 €

Thieme
Soziale Marktwirtschaft

Hintergrundwissen zu Zielen und Instrumenten: Ordnungskonzeption und wirtschaftspolitische Gestaltung.

2.A.1994. 153 S.
€ 6,60. dtv 5817 €

Zeichenerklärung: § Rechtsberater € Wirtschaftsberater